佛祖禪文化研究院
研究시리즈 XI

傳心法要·宛陵錄 研究

鄭 唯 眞

경서원
2009

*이 저서는
동국대학교 저서 번역 장려금 지원에 의하여 이루어졌음*

머리말

선은 처음부터 끝까지 마음의 문제를 설명한다. 「卽心卽佛」(마음이 그대로 부처)이라 하고, 「以心傳心」(마음을 마음에 전해 줌)이라고 하는 것은 무엇보다도 그것을 증명해 준다. 초조 달마도 마음의 문제를 극명하게 밝히고 있지만 특히 중국에 와서 8세기 말부터 9세기에 걸쳐서 馬祖一百丈一黃檗一臨濟 등이 활약할 무렵, 이 마음의 문제는 바로 부처와 직결시킨다. 즉 마음 = 부처의 관계로 이야기하게 된다. 黃檗의 『傳心法要』는 그러한 마음의 근본진리를 해명한 것에 지나지 않는다.

『전심법요』는 黃檗希運의 설법을 재속의 제자 裵休(797～870)가 필기한 것을 바탕으로 한 것이다. 그 필록이 江西의 鍾陵에서 會昌2년(842)의 설법과 宛陵에서 大中2년(848)의 그것을 포함하고 있는 것은 본서의 처음에 배휴 그 스스로가 기록하고 있는 것에 의하여 분명히 알 수 있다. 이 어록을 사상적인 견지에서 말한다면 배휴라는 뛰어난 필록자의 손에 의하여 집록되었기 때문에 오늘날 더 한층 주목을 받고 있다고 해도 좋을 것이다. 배휴는 황벽 외에 圭峰宗密(780～841)과 潙山靈祐(771～853)에게도 귀의한 독실한 거사이다. 그는 武宗에 의한 會昌廢佛(845～847) 후 宣宗朝의 재상으로서 활약했으며, 해가 갈 수록 저하해 가는 당조의 위신을 만회하는 일에 힘을 쏟은 사람이다. 『전심법요』가 훌륭한 선학개론으로서 높은 논리성에 입각하여 일관성 있게 전개하고 있기 때문에 다른 어록에서 볼 수 없는 특색을 이루는 것은 무엇보다도 필록자 배휴의 인품에 영향을 받은 바가 클 것이다.

『전심법요』는 『黃檗山斷際禪師 傳心法要』와 『黃檗斷際禪師 宛陵錄』의 2부로 되어 있다. 大中11년(857) 10월 8일의 日附를 붙이고 있는 배휴의 序는 원래 전자에 대한 것이지만 그 필록의 공개가 인연이 되어 다른 제자들이 기록한 완릉에서의 설법을 정리한 것이 후자이다. 즉 전자는 배휴에 의하여 종릉과 완릉에서의 설법을 기록한 것이고, 후자는 다른 사람에 의한 완릉의 기록이다. 다만 완릉에서의 기록은 이것 외에도 존재한 것 같으며, 명대의 『四家語錄』에 수록된 것은 그 하나의 예이다.

대체로 『전심법요』의 텍스트는 옛날부터 이미 일정하게 정해져 있었던 것 같다. 마조・백장・황벽・임제라는 4대의 어록을 모은 『사가어록』이 편찬된 것은 元豊8년(1085)의 일이지만 『전심법요』는 그 중요한 일부를 이루고 있었던 것 같다. 현재의 『사가어록』은 명대의 재편으로 『완릉록』의 후반에 현저한 증보가 있지만 그 부분은 『천성광등록』 권8의 본문을 그대로 부가한 것에 지나지 않고 본래의 텍스트는 유포본과 동일했다고 생각해도 좋을 것이다. 사실 『四家語錄』의 편집에 앞서 延壽의 『宗鏡錄』에 부분적으로 인용되어 있는 것이나 慶曆戊子(1048)년에 남종의 天眞이 『경덕전등록』 권9에 붙인 그 首部는 거의 현재의 유포본과 일치하며, 북송 말부터 남송 초에 걸쳐서 福州

에서 출판된 2종의 대장경에 들어 있는 판본은 현재 유포본과 완전히 같다. 한국에 전해진 『禪門撮要』상권의 판본도 또한 완전히 동일하다. 다만 명판 대장경에 포함된 『전심법요』(『대정신수대장경』 제48권의 저본)와 같은 명판 대장경의 「古尊宿語錄」 권5에 수록된 판본은 모두 후세에 수정한 것이다.

이미 『傳心法要』와 『宛陵錄』은 송초에 그 定本이 완성되고, 이전에 福州版 대장경에 입장되었다. 당시 洪覺範이 서문을 붙여 單行한 것이 있고, 서문만을 『石門文字禪』 권25에 전한다.

『대정장』 권48의 본은 明藏을 저본으로 했기 때문에 최후의 上堂이 많다. 상당이 늘어나는 것은 백장회해의 선원독립 이후 송대에 들어와서 두드러지게 나타나는 현상이다. 『四家語錄』의 본도 또한 『宛陵錄』의 후반에 변화가 있다. 이 본은 중국에서는 金陵刻經處의 상하 2권본(光緒10년<1884> 刊)으로 이어진다.

그러나 『전심법요』와 『완릉록』의 원형은 西谷啓治・柳田聖山, 『禪家語錄I』, 筑摩書房, 1985, p.260(入矢義高 역주)에 수록된 宋本이 좋으며, 『조당집』 권16, 『경덕전등록』 권9, 『천성광등록』 권8, 『종경록』 권5・권11・권24・권98 등의 인용이 참고가 된다.

이번에 중국문학전공자 入矢義高의 『傳心法要・宛陵錄』(禪の語錄8), 筑摩書房, 소화54년(1979)을 번역하면서 느낀 것은 천 년 전의 어록을 바로 그 때로 되돌아가서 읽는 것 같은 느낌을 받았다. 특히 구어나 속어를 밝혀내어 상세하게 용례와 더불어 설명한 것은 대단히 유익했다.

선어록을 읽어내려 갈 때 정신을 가다듬고 주의하여 보아야 할 말이 있다. 그것은 다름 아닌 「但」(다만)이라는 한 글자이다. 흔히 독자들은 이 말을 소홀히 하거나 대수롭지 않게 보고 간과하는 경우가 많다. 그렇게 읽는 사람은 어록의 거의 전부를 놓치고 있다고 해도 과언이 아닐 것이다. 왜냐 하면 선불교의 실천수행이 이 「但」이란 한 글자 속에 다 들어 있기 때문이다. 예를 들면 『전심법요』 제2단에 "단지 무심하기만 하면 그것이 바로 구경의 경지이다"라고 말한 황벽선사의 주장에 더 이상 추가하거나 뺄 말이 없다. 「단지 무심하기만 하면」이란 말에 <수행을 한다>거나 <깨달음을 얻는다>는 말을 덧붙일 필요도 없다. 그 말속에 수행과 깨달음이 다 포함되어 있기 때문이다. 또 이 말은 지금 목전에서 단 하나의 행동만 허용될 뿐 다른 모든 행동은 일체 허용하지 않는 것이다. 이것이 바로 일행삼매이다. 그리고 이 말속에는 시간과 공간을 초월한 의미가 포함되어 있다. 왜냐하면 어떤 하나의 일에 철저히 몰입한 상태는 시간의 흐름이라든가 좁고 넓은 공간 따위는 의식밖에 있기 때문이다. 선불교의 수행은 천태나 화엄처럼 수행단계를 절대 복잡하고 장황하게 설명하지 않는다. 교학불교의 복잡함에서 탈피하여 선불교의 수행은 단지·다만·오직(祇·但·唯·只), 다시 말해서 「단지」라는 한 글자 속에 집약하여 간단명료하게 제시하고 있다. 그 이유는 복잡하고 어려우면 실천이 불가능하기 때문이다.

위와 같은 용례는 본서 안에 너무 많아 일일이 다 열거할 수 없다. 본서 외에 한 가지 예를 들면 조사선의 대성자 마조도일(7

09~788)의 『어록』에 「道不用修, 但莫汚染」(도는 닦을 필요가 없다. 단지 오염되지 않게만 하면 된다)도 비슷한 취지이다. 여기의 「道」는 황벽선사가 말하는 「無心」과 같다(無心是道).

「但」이란 한 글자 속에 수행을 집약시켜 간단하고 쉽게 수행방법을 제시하는 현상은 육조혜능의 『단경』 이후, 즉 마조도일의 시대부터 부각되기 시작한다. 특히 황벽의 『전심법요』에 그 구체적인 실례가 현저하게 나타난다.

사실 선의 생명은 간단·명료·쉬움에 있다. 간단하고 명료하지 않으면 언제 어디서 누구나 쉽게 접근할 수 없기 때문이다. 천태와 화엄의 교학체계가 우주를 감싸고도 남을 정도로 심오하지만 생명이 오래 동안 지속되지 못한 이유는 복잡하고 어려워서 실천할 수 없었기 때문이며, 그 결과 대중으로부터 외면당한 것이다. 이 맹점을 보완하고 나온 사람이 육조혜능이다. 이를 계승한 사람이 마조이다. 이어 황벽의 어록에 오면 더욱 심화되고, 임제의 시대에 오면 극치를 이루게 된다.

불기2552(2008) 7월 11일

금곡산 불조선문화연구원에서

活空 唯眞 화남

차 례

黃檗山斷際禪師 傳心法要

黃檗斷際禪師 宛陵錄

○ 미리 봐 두기

(1) 본서는 入矢義高의 『傳心法要・宛陵錄』(禪の語錄8), 筑摩書房, 소화54년(1979)을 완역한 것이다. 단 入矢義高의 역주본 주기에 미비하다고 생각되는 부분이나 꼭 필요하다고 생각되는 부분을 보충한 개소도 있다.

(2) 본 역주본의 저본은 京都 知恩院所藏의 송판 대장경(紹興年間, 福州 開元寺版)의 『천성광등록』 중에 있는 텍스트를 이용한 것이다.

(3) 이것을 또 다른 단행의 제본과 對校했지만 그들은 거의 모두 뒤의 端平3년(1236) 간본에 바탕을 두고 있으며, 그리고 이 단평간본은 위의 복주판 대장경본을 근본으로 하고 있기 때문에 이들 諸版本의 본문 그대로의 근원은 여기에 있다고 말해도 좋다.

(4) 다만 원판 『경덕전등록』권9에 付載한 節約 텍스트와 명판 『고존숙어록』권2・3과 그리고 명판 『사가어록』권4・5에 수록된 텍스트는 가끔 다른 판본에 보이지 않는 중요한 字句의 異同이 있다. 본 역주본에서는 그것에 따라 저본의 자구를 고친 경우는 일일이 그것을 주기해 두었다.

(5) 위의 것 외에도 원문자구에 의심스러운 부분이 몇 개소가 있어서 이것도 그 하나하나의 의문점을 지적해 두었다.

(6) 읽어 내려가는 도중에 종래의 읽는 방법에 보이는 많은 잘못을 모두 訂正해 두었다.

(7) 원문의 문답체 부분은 전체가 구어체로 기술되어 있으며, 당시 구어가 자유롭게 사용되어 있다. 그것의 현대어역은 오히려 쉽지만 이것을 종래와 같은 훈독법, 다시 말해서 일부러 문어체로 바꾸어 읽는 방법은 원래 처음부터 무리가 있다. 그 무리를 다소나마 카바하기 위하여 읽어 내려가는 글에 있어서는 구어의 어휘를 가능한 한 原義에 입각하여 훈독해 두었다. 예를 들면 但是(모든)·多是(모두)·本自(원래)·亦復(또)·爲復(도대체, 대체)·當復(도대체)·枉(쓸데없이, 헛되이, 허무하게)·可中(만약)·若也(만약)·合殺(필경, 결국)·祇如(예를 들면)·且如(예를 들면)·祇是(다만)·欲得(…하고 싶다고 생각하다)·將謂(생각하다).

(8) 역문은 가능한 한 원문에 입각하여 원래의 語氣를 살리도록 노력했지만 때로는 다소의 패러프레이즈를 붙인 부분도 있다.

(9) 주석은 필요에 따라 최소 한도로 했지만 특히 戰後에 돈황문헌의 정밀한 조사에 따라 唐代 선종사 연구의 면에서 얻을 수 있는 풍부한 성과에 대해서는 관련이 있는 것은 애써 언급해 두었다.

(10) 단락을 나누는 방법은 舊來 판본의 그것에 따랐지만 다만『전심법요』의 구래의 제1단은 매우 긴 장문이기 때문에 편의상 이것을 3단으로 나누었다. 각 단의 標題는 이것 또한 읽기 쉽게 편의적으로 붙인 것이다.

한 가지 아쉬운 것은 宮內廳의 書陵部에 소장된 송판『고존숙어록』(嘉熙2년<1238>, 福州 鼓山 重刊本)을 참조할 수 없었던 것이지만 이것에 대해서는 다음의 기회를 기다릴 것을 생각하고 있다.

○ 時情・황벽・판본에 대하여

柳田聖山

1. 亂世의 영웅

1) 唐代史의 구분

당조 300년을 나누어 初・盛・中・晩의 4기로 하는 것은 원래 文學史家의 설이지만 이 구분은 대체로 다른 영역에도 통하며, 불교사도 또한 그 예외는 아니다. 즉 초당의 불교는 六朝 이래의 경향을 계승하면서 점차 당대 독자적인 특색을 형성한 시대로 현장(600~664)의 신역불교가 그것을 대표하고, 도선의 『속고승전』은 양으로부터 당초에 이르는 前代 불교를 집대성하여 새로운 불교의 여명을 알리려고 했다. 그런데 則天武后(624~705)의 혁명을 시기로 하여 그러한 통일의 공기를 깨고 화엄・선・밀교 등의 신불교가 등장하고, 이윽고 성당의 불교를 대표하기에 이르는 것이지만 어째서 이들의 3宗이 성당불교의 대표자가 될 수 있었을까? 한 마디로 말하면 그들이 모두 깊은 인간성의 긍정에 서 있었기 때문이다. 대체로 인도의 종교는 현세의 부정으로부터 출발하지만 중국불교는 처음부터 인간긍정의 원리를 모색하여 왔던 것이며, 그것이 성당에 이르러 겨우 완성되었다고 말해도 좋다.

그러나 현종의 말년에 발발한 安史의 難(755~763) 이후 지방호족들의 실력적인 대두와 함께 불교도 또한 변질하여 많이 지방으로 분산되었다. 그리고 인간긍정에 빠지기 십상인 萎靡와 퇴폐를 구원한 것은 지방풍토의 건강함이었다. 피는 꽃의 색깔이 아름답게 빛나는 것처럼 성당의 문화가 장안과 낙양의 2京을 중심으로 한 것에 대하여 중당의 불교는 변경으로 펴졌다. 그 중에서도 특히 강서와 호남의 선은 北邊 오대산의 밀교와 화엄 신앙과 함께 이 시대 종교의 특색을 나타내고 있다. 불교는 帝都로부터 지방으로, 상층으로부터 일반 민중으로 확대되어 신비한 것, 이상한 것으로부터 일상생활에 입각한 것으로 되어 갔다.

중당과 만당은 확실히 선종의 시대이었다. 그것은 중국인의 창조에 의한 중국불교의 출발을 의미한다. 인도로부터 전래된 경전의 연구나 종교의례의 계승을 뛰어넘어 있는 그대로의 일상생활 그 자체 가운데서 불교의 정신을 찾아내고자 하는 일종의 종교혁명이 시작된 것이다. 전통적인 불교가 성당의 문화와 함께 쇠퇴의 길로 향했음에도 불구하고 선종은 오히려 새로운 정신의 역사를 창조했다. 특히 만당으로부터 오대에 이르러 중국 전토에 미친 혼란의 와중에 五家라고 불리는 독자적인 禪宗諸派의 형성을 이끈 것은 정말로 획기적인 사건이었다. 말하자면 그들은 불교의 諸子百家이었다. 가치 있는 사상은 모두 특색 있는 개성에 기인하지만 중·만당의 선승들은 모두 그러한 一匹狼的인 매력으로 넘쳐흐르고 있었다. 더구나 그러한 사람들이 이 한 시기에 집중적으로 배출하고 있는 것은 참으로 경이롭다고 말해도 좋다.

중당으로부터 만당에 이르는 시대는 확실히 정치적으로는 하강의 시대이며, 내적으로는 朋黨의 항쟁, 외적으로는 지방군벌이 대두하여 천하를 뒤덮을 무서운 공기가 말기적 증상을 드러내고 있었다. 邊疆을 노리는 색외의 세력도 점점 강해졌다. 매일 어디에선가 百姓一揆의 새로운 소식이 흘러 왔다. 그러한 시대의 위기는 인간의 존재와 가치에 대한 깊은 성찰을 불러일으키지 않은 채 가만히 내버려 두지 않았다. 말할 수 없는 불안한 시대의 단층을 직시하고 사람들은 高遠한 철학체계보다도 생생한 현실에 입각한 구체적인 사색을 심화시키고 있었다. 그래서 선종은 만당에 이르러 가장 번창했다. 文學史家가 만당이 시작한다고 하는 제14대 문종황제의 開成元年(836) 무렵을 경계로 하여 소위 선종 5가의 개화를 보는 것이지만 특히 開成을 이은 會昌 말년에 일어난 武宗의 유명한 폐불정책은 종래의 불교 각파에 대단한 타격을 주어 거의 그 숨통을 끊었다고 조차 말해지는데 선종만은 그것을 계기로 하여 전성기를 맞이하기에 이른 것이다. 좀 더 상세하게 말하면 무종의 다음에 즉위한 宣宗이 적극적으로 정치와 경제의 재건에 힘을 기울임과 더불어 불교를 지지한 관계도 있어서 사회적으로도 잠시 상대적인 안정기를 맞이하여 이 시대에 선의 각 파가 꽃을 피운 것이며, 본서의 주인공인 황벽희운(?~856?)과 같은 인물은 확실히 그 대표적인 한 사람이었다.

2) 廢佛과 新興

무종의 폐불은 여러 가지 계기를 가지고 있었다. 원래 일률적으로 말할 수는 없지만 중층적으로 內攻하고 있던 당나라 역사의 病源을 그것이 단번에 드러냄과 동시에 또 한 차례 해결을 가지고 온 것은 확실하다. 『資治通鑑』(정치를 도우는 역사의 거울)의 大和8년 11월의 條에 문종이 탄식한 말로써,

"하북의 도적을 제거하는 일은 쉽지만 조정의 朋黨을 없애는 것은 어렵다."

고 한 것처럼 밖으로 하북의 三鎭을 대표하는 지방군벌의 대두와 내적으로 당쟁의 격화에 시달려 온 당조는 회창의 維新을 기회로 하여 제16대 宣宗의 즉위와 함께 어쨌든 양자의 중압을 털고 당분간 소강의 시대에 들어간 것이다.

원래 무종의 폐불정책은 사회적・경제적인 면을 많이 가지고 있었다. 당시 이미 과도하게 膨張하여 많은 불순한 요소를 잉태하고 있던 불교계에 대하여 그것이 단숨에 숙청을 가져왔던 것은 묵인할 수 없다. 선종은 제11대 헌종의 열세 번째 아들로서 11세 때 光王에게 책봉되었지만 이 해 형인 목종이 즉위하자 그(선종)는 겨우 4세의 年少한 무종에게 미움을 받았기 때문에 당분간 사미로서 선문으로 피신하여 潙山靈祐(771~853)의 제자에 해당하는 香嚴智閑이나 마조도일(709~788)의 제자 塩官齊安(?~842)의 슬하에 숨어있었던 것이며, 황벽희운과도 서로 알고 있었다고 한다. 후에 大中年間에 이르러서 전자에게 悟空

禪師, 후자에게 斷際禪師라고 각각 하사하여 이름한 것은 이 불우한 시대의 인연을 기념하는 것이었다.

그러나 일본 叡山의 입당구법승 圓仁(794~864)이 공교롭게도 회창의 폐불에 휩쓸려 몸소 말법의 고난을 맛보고 있었을 무렵 강남에서는 선승들이 대개 평일과 다름없이 정신생활을 계속하고 있었다. 그들은 폐불 중에 생존하는 것을 그대로 선의 수행으로 알고 있던 것 같다. 예를 들면 番禺(현재의 광동성 광주시)의 鄭愚라는 사람이 위산영우를 위하여 쓴 「潭州大潙山同慶寺大圓禪師碑銘幷序」는 廢佛期에 있어서 강남 선승들의 모습을 다음과 같이 전하고 있다.

"무종이 절을 파괴하고 스님들을 추방했기 때문에 同慶寺는 사람이 없었다. 영우는 머리를 감추고 서민의 동료가 되어 보통 무지한 무리와 구별되는 것을 싫어했지만 유식한 사람은 더욱더 그를 敬重했다. 이윽고 호남의 관찰사로 원래 재상이었던 裴休는 열심히 불사를 믿고 있었는데 마침 그 때 宣宗이 무종의 禁令을 풀었기 때문에 영우를 맞이하러 간 사람들 중에서 [영우를] 찾아내어 자기의 가마에 모시고 친히 그 행렬의 길벗을 삼았으며, 또 다시 수염과 머리를 깎아 주실 것을 권했다. 그는 처음부터 그러한 것을 좋아하지 않았다. 그리고 제자들에게 농담하며 말하기를, 「그대들은 수염과 머리 깎는 것을 佛法이라고 생각하는가?」라고 했다. 그러나 제자들은 더욱더 체발을 강요했기 때문에 거절하지 못하고 웃으면서 응했다. 또 이전에 살았던 곳에 동경사를 부흥하여 거기로 돌아갔다. 다시 많은 제자들이 모여들었는데 그 모습은 처음과 다름이 없었다. 그러나 그는 그러한 것을 모두 幻化와 같이 보고 아무 것도 생각하지 않았다."

영우가 무지한 서민 가운데 들어가 거기에서 나오는 것을 싫어한 것은 결코 무종의 금령을 두려워했기 때문만은 아닐 것이다. 오히려 그것은 그가 저변의 어리석은 사람들과 한 무리가 되어 함께 있는 것을 기뻐하며, 폐불이나 復佛의 일에는 개의치 않았던 것을 말하는 것이다. 하강하는 시대에 중앙의 狂氣를 비판하는 것은 그러한 저변 민중의 소박한 건강함이었다.

영우는 황벽과 동문이며, 아울러 백장(720~814)의 제자이다. 마조와 백장으로부터 시작되는 강서의 새로운 불교는 그와 같은 건전한 민중 속에서 자라났다. 그들은 사람들과 함께 밭을 경작하고, 소와 말을 모는 일상생활을 모두 불법의 일로 삼았다. 그들에게 있어서는 폐불도 복불도 모두 관심사는 아니었다. 말하자면 만당오대에 이르러 개화한 禪宗五派의 선구로서 위산이나 황벽의 불법은 강서·호남의 대지에 정말로 새로운 활동을 보이기 시작한 것이다. 폐불과 그 재흥은 선에 있어서는 오히려 새로운 흥륭의 출발을 의미한다.

2. 홍주종

1) 정통의 문제

중당시대에 활약한 화엄과 선의 학자 圭峰宗密(780~841)은 그 당시에 알려진 선종에 대하여 그의 『中華傳心地禪門師資承襲圖』(중국에 마음의 법을 전한 선문의 스승과 제자와의 계승의 차제를 도시한 기록)에 다음과 같은 五派를 분류하고 있다.

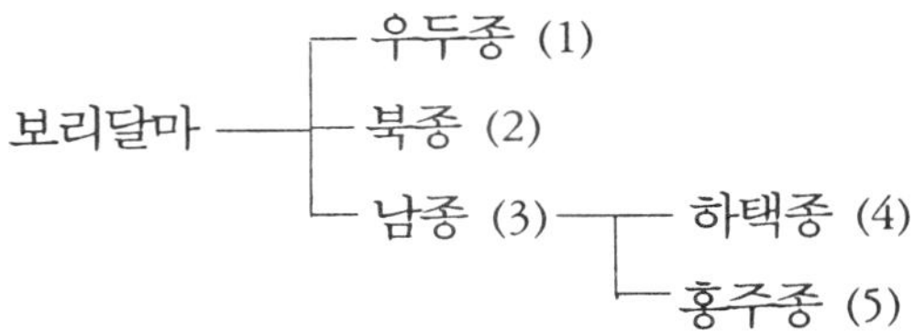

종밀은 여기에서 자신이 속한 하택종을 보리달마로부터 시작되는 중국선의 正系로 하고, 나머지 다른 것을 이단으로 간주할 의도를 가지고 있다. 특히 같은 남종 가운데 하택과 홍주를 나눈 것은 전자를 정통, 후자를 이단으로 하려고 한 것일 것이다.

지금 우두종과 북종에 대해서는 잠시 미루어 둔다. 종밀에 의하면 같은 남종 가운데 하택과 홍주가 갈라진 것은 다음과 같은 사정에 의한다고 한다.

"남종은 원래 조계혜능의 종지로 달마 이래의 정통이며, 동문의 신수 일파가 북방의 낙양과 장안에 행해진 것에 대하여

그의 제자 신회가 그것을 비판하기를,

「師承은 傍系이고」(그 전통은 이단이고)

「법문은 점교이다」(그 가르침은 修定主義的이다.)

라고 한다. 낙양 하택사를 중심으로 생애를 걸고 혜능의 법을 현창한 것에 의한 것이며, 남종은 그대로 하택에게 계승되어졌기 때문에 하택은 확실히 남종을 계승한 것이지만 같은 남종 가운데 홍주라고 하는 이단이 출현했기 때문에 이것과 구별하여 하택종이라고 부르는 것이다."

종밀이 여기에서 이단이라고 하는 홍주종은 강서의 홍주(지금의 강서성 南昌縣)를 중심으로 그 독자적인 종풍을 떨친 마조도일과 그 문하의 사람들을 가리킨다. 원래 이 계통은 앞에 조계혜능의 제자에 南嶽懷讓이 있어 마조는 회양의 후계자이었지만 회양은 호남의 남악산에 은거하여 몰래 좌선만 했으므로 일반에게 알려지는 일이 없었던 것에 반해 제자인 마조가 천하의 각지에 포교를 했기 때문에 이 계통이 갑자기 번창하게 된 것이라고 종밀은 말한다.

생각건대 종밀의 당시 가장 세력이 있었던 것은 오히려 홍주종이다. 하택은 이미 과거의 것이었다. 이것을 正系로 하는 것은 아마 정통(orthodoxy)을 좋아하는 종밀에 의하여 希求되어 재홍된 입장일 것이다. 홍주종은 그 이름과 같이 강서의 홍주를 중심으로 하여 실제로 隱然한 실력을 가지고 있었다. 중당시대의 선종은 낙양이나 장안의 帝都에서는 없었고 지방의 사람들에 의하여 지지를 받고 있었다는 것은 이미 서술했다. 물론 이

파를 개창한 마조도일은 당시 이미 존재하지 않았다. 그의 제자인 百丈懷海가 뒤를 이었고, 또 백장 밑에 위산영우와 황벽희운이 있어서 전자는 호남의 위산 同慶寺에, 후자는 홍주에 가까운 高安의 황벽산을 무대로 그 종풍을 떨치고 있었던 것이다. 종밀이 홍주종이라고 부른 것은 지리적으로는 정확히 황벽희운 바로 그 사람을 가리키는 것 같다.

도대체 종밀이 극구 홍주종을 이단이라고 단정하는 것은 무엇 때문일까? 원래 사상적으로 이유가 있는 것이지만 처음 유교를 배우고 화엄의 철학에 심취한 종밀은 역시 옛날 전통이나 권위에 너무 밀착하고 있어서 새로운 시대의 선으로서 홍주종의 본질을 이해할 수 없었기 때문일 것이다. 예를 들면 처음 종밀에게 귀의하여 그의 저작 거의 모든 것에 序를 붙이고 있는 裴休(797~870)가 종밀의 寂後에 이르러 홍주의 황벽희운에게 귀의한 후 스스로 그의 설법을 기록하여 『전심법요』를 편찬한 사정은 이 책의 처음에 있는 서문에 의하여 밝혀졌지만 그는 희운을 「조계육조의 적손이고, 백장의 사법제자이며, 서당의 법질이시다. 단지 최상승만을 지니고 문자의 그림자를 여의었다. 오직 한 마음만을 전했을 뿐 또 다른 법이라는 것은 없었다」(본서 하동배휴의 서 참조)고 말하고 있다.

이것은 종밀이 허락하지 않는 것이었다. 그가 주장한 정통과 이단의 구별은 여기에서는 거의 무시되어 있는 것은 아닐까? 시대는 그러나 벌써 여기까지 움직이고 있었던 것이다. 종밀의 시대와 배휴가 이 序를 쓴 대중11년(857)과의 사이는 겨우 10년 정도 차이가 나지만 이 사이에 낀 회창 폐불사건의 정체를 그것은 똑똑히 보여주는 것이라고 말해도 좋다.

2) 밀가루와 우동

東都 낙양에 거점을 둔 하택종에 대하여 홍주종이라고 하는 것은 시골의 선이라는 의미를 포함하고 있다. 그것이 종밀에 의한 貶稱인 것은 명확하게 밝혀졌지만 중당부터 만당에 이르러 종교와 문화의 중심은 이미 낙양이나 장안으로부터 지방 도시로 옮겨지고 있었다. 그것은 전통적인 권위에 대한 비판과 새로운 가치의 창조라고 하는 두 가지의 의미를 가지고 있다. 홍주종이 설하는 것은 일반 사회인으로서의 본연의 자세, 혹은 각오를 기술하고 있어서 특수한 도그마의 정취를 가지지 않는다. 오히려 신선한 인간성으로 넘쳐흐르고 있다.

홍주종의 개조로 여겨지는 마조도일의 전기는 그의 용모가 매우 기괴하여 마치 소처럼 걷고 호랑이와 같이 예리한 눈으로 사물을 보며, 혀를 내밀어 코를 핥고, 발 가운데 붓다와 같은 二輪의 모양이 있었다는 것을 붓을 갖추어 말한다. 그것은 이전의 고승과 다른 새로운 위인의 이미지를 드러내 보이는 것이다. 황벽도 또한 이마의 사이가 肉珠처럼 융기하고, 신장은 7척이며, 음성은 朗潤하여 정말로 魏魏堂堂한 偉丈夫로 천성은 禪者이었다고 한다. 더구나 황벽의 전기자료는 어느 것이나 그의 속성을 기록한 것이 없다. 그가 태어난 가문은 사람들에게 기억될 정도로 이름이 있는 것은 아니었던 것 같다.

원래 마조의 문하에는 입실한 제자가 84인이 있었다고 한다.

『경덕전등록』과 그밖에는 136인의 이름을 들고 있으며, 혹은 800인이라고도 말한다. 이 숫자는 문하의 제자 모두를 가리키는 것일 것이지만 이것은 사실 대단한 것이다. 이윽고 황벽의 제자는 1,000여인, 위산문하는 1,500인이라고 말하고 있는 것처럼 홍주종은 우선 그 구성원의 숫자상으로 은연한 실력을 발휘한다. 마조의 제자 興善惟寬이나 佛光如滿은 둘 다 이 시대의 제1급 시인 白樂天의 우인이었으며, 백장도 위산과 함께 當代 제1급 문인의 손에 이루어진 탑명을 남기고 있다. 후에 황벽을 이은 임제가 자신의 선배로서 거명한 麻谷·丹霞·道一·廬山·石鞏 등의 사람들이 거의 모두 홍주종에 한정하고 있는 것도 이 경우 크게 주목해도 좋다. 그것은 이 계통의 사람들이 하나의 확실한 주장을 가지고 있었던 것을 보여준다. 사실 후세가 되면 마조의 선은 백장에 의하여 그 일상성에 입각한 활동의 면이 발휘되고, 황벽이 이것을 거듭 發揚했다고 말해진다. 이상의 3대에 임제를 더하여 4가라고 한다. 하나의 계통을 이루었다고 보여지기에 이른 것이다. 이것은 물론 후세의 일이지만 이미 앞에 인용한 것처럼 종밀이 그 당시 선의 분파를 서술할 때 실제로 자기가 속한 하택에 대립하는 유일한 존재로서 홍주종을 의식하고 있었던 것은 의심하지 않는다. 결국 홍주종은 이 시대의 선종의 전부이었다. 몇 번 갈라진 달마선의 흐름 가운데 하나가 아니라 그것은 당시에 있어서 선종의 전부이었다. 사실 그 강력한 주장은 달마선의 특색을 대표하는 것이며, 종밀도 또 그것을 인정하지 않을 수 없었던 것이다.

종밀은 前記의 책에서 다음과 같이 말하고 있다.

"홍주종의 주장은 우리가 마음을 일으키는 것도, 사념을 움직이는 것도, 손가락을 튕기는 것도, 눈알을 움직이는 것도, 이루는 것도, 하는 것도, 모두 불성의 전체활동이며, 결코 다른 것이 움직이고 있는 것이 아니라고 하는 것이다. 즉 우리가 무엇을 갖고 싶어하거나 무엇에 화를 내거나 사리에 대한 무지한 모든 행위도, 선을 짓거나 악을 짓는 것도, 즐거움을 받거나 괴로움을 받는 것 등 그들 모두가 불성인 것이다. 예를 들면 같은 밀가루로 우동이나 구운 과자, 기타 여러 가지 먹을 것을 만들어 내지만 그 어느 것이나 모두 밀가루인 것과 같다. … 요컨대 마음을 일으켜 惡念을 그만둘 것도 없고, 또 마음을 일으켜 도를 닦을 것까지도 없는 것이다. 도가 그대로 마음이기 때문에 마음으로 마음을 닦는 것은 가능하지 않으며, 악심도 또한 마음이기 때문에 마음으로 마음을 끊는다는 것은 가능하지 않다. 악을 끊지 않고, 선을 짓지 않으며, 형편에 맡겨 자유로운 것을 마음의 해방이라고 부르는 것이다. 어디에도 우리를 구속할 만한 이법도 없거니와 우리들이 노력하여 이룰 만한 부처도 없는 것이다. 마치 허공이 늘어나지도 않고 줄어들지도 않는 것과 같다. 거기에 무엇을 첨가하거나 무엇을 보수할 필요가 있겠는가? 왜냐하면 우리들의 심성 그 자체를 제외하고 겨우 하나의 가치조차도 얻을 만한 것이 전혀 없기 때문이다."

이것은 정말로 놀랄 만한 인간정신의 절대해방이며, 무조건적인 신뢰이다. 여기에는 낙천적이라고 말해도 좋을 정도의 밝음이 있다. 그것은 역시 이 시대의 정신을 보여주고 있다. 본서를 일독하는 것은 종밀이 말한 홍주종이 『전심법요』의 배경을 이루고 있는 것을 용이하게 인정할 수 있을 것이다. 일찍이 『유마경』과 기타 대승경전에 의하여 사람들은 「번뇌가 그대로 보리(깨달음)이고, 생사가 그대로 열반이다」라고 하는 異國의 종교주장을 알게 되었다. 그러나 그것은 대단히 답답한 번뇌의 응시에 의한 절규이고 悲願이었다. 또 「살아 있는 모든 것이 전부 동일한 불성을 가지고 있다」라고 말한 『열반경』의 사상도 또한 이미 일반화하고 있었다. 그러나 그들은 모두 본래적인 가능성, 혹은 이상에 불과했다. 역사적 현실 속에 浮沈하는 사람들이 모두 있는 그대로 부처다라고 하는 것은 도저히 믿기 어려운 것이었다. 적어도 거기에는 무언가 한정이 있었다. 그러나 홍주종은 그것을 돌파해 버렸던 것이다. 혹은 그러한 한계를 돌파한 것에 종밀이 홍주종을 이단이라고 하는 근거가 있는 것이지만 역으로 그것은 종밀의 한계이기도 했다.

예를 들면 종밀은 다음과 같이 말하고 있다.

"진실한 마음의 본체에 두 가지 움직임(작용)이 있다. 하나는 자율적인 움직임(自性用)이고, 다른 하나는 타율적인 움직임(隨緣應用)이다. 지금 거울(鏡)을 예로 들어서 말하면 거울 그 자체는 진실한 마음의 주체이고, 거울이 물건을 투영하는 본질적인 밝음은 자율적인 움직임이지만 그 밝음에 의하여 하나하나의 영상이 투영되어 나오는 것은 타율적인 움직임이다. 다시 말해서 개개의 영상은 개개의 대상을 기다려야 비로소 비치는 것이며, 비치는 대상은 천차만별일지라도 그들을 확실하게 빛으로 물건의 형상을 비추는 작용은 거울 그 자체의 자율적인 움직임인 것이다. 왜냐하면 개개의 대상과 관계없이 그것이 항상 밝음을 유지하고 있기 때문이다. 그와 같은 밝음은 유일하고 평등하며, 그것이야말로 우리의 마음이 항상 고요하고 차분히 있는 것을 말해주며, 그것이 바로 자기의 주체적인 본질이다. 고요하고 차분한 마음이 항상 가지고 있는 「知」의 작용, 그것은 우리들 마음의 자율적인 작용에 비유된다. 따라서 우리가 실제로 무엇을 말하기도 하고, 분별하여 동작하는 것은 모두 타율적인 움직임에 속한다. 지금 홍주종에서 실제로 무엇을 말하는 것이나 그 밖의 행동을 잡아서 그것이 마음이다라고 하는 것은 모두 타율적인 움직임에 불과하며, 마음의 자율적인 움직임이 없는 것이라고 말하지 않으면 안 된다."

여기에서 종밀은 자율적 움직임으로서의 明知를 하택종의 특색으로 하여 홍주종이 말하는 타율적 움직임이 전자의 주체성을 결여한 것이라고 지적한다. 그는 이것에 의하여 홍주종을 이단이라고 단언하는 것이지만 그것이 과연 홍주종의 본질을 파악한 것이라고 말할 수 있을까? 본서의 1권을 통독할 때 누구나 곧 바로 알아차릴 수 있는 것처럼 후에 배휴가 황벽의 주장에 공감하고 그의 설법을 편집한 것은 결코 우연은 아니었다. 일찍이 종밀에 의하여 충족시키지 못했던 것을 그는 홍주에서 찾아낸 것이다.

3) 말하고 동작하는 것

그것에는 홍주종의 특색이 어디에 있었던 것일까? 예를 들면 다음과 같은 황벽의 말은 이것에 대답해 주는 것이며, 적어도 종밀의 그것과 정면으로 대립한다.

"달마대사는 서방의 인도로부터 와서 다만 唯一한 心法만을 전했으며, 일체 중생은 태어나면서부터 부처이고 수행을 통하여 부처가 되는 것이 아니라는 것을 선언했다. 중요한 것은 단지 지금 바로 자기 마음을 자각하여 자신의 본성을 보고 알아차리는 것일 뿐 결코 다른 데서 찾아서는 안 된다고 하는 것이다.

어떻게 자기의 마음을 자각하는 것입니까?(자기의 마음을 자각한다고 하는 것이 어떠한 것인가 하면)

지금 실제로 말을 하고 있는 것이 바로 너의 마음인 것이다. 만약 아무 말도 하지 않으면 작용(활동)도 또한 하지 않는다. 마음의 본체는 마치 허공과 같아서 모양도 없고, 또한 특정한 위치나 방향도 없다. 그렇다고 해서 완전히 존재하지 않는 것이 아니라 존재하고 있으면서도 볼 수 없는 것이다. 그러므로 조사가 말하기를, 「사람의 진성은 깊은 마음의 바닥에 숨겨져 있어서 머리도 없거니와 꼬리도 없다. 그러나 緣에 대응하여 중생을 교화하기 때문에(상대의 움직임에 응하여 여러 가지 모양을 취하기 때문에) 편의상 그것을 지혜라고 이름붙인 것이다」고 한 것이다. 따라서 만약 연에 대응하여 나타나지 않을 때는(상대에 응하여 움직이지 않을 때는) 그것을 있다고도 없다고도 규정할 수 없지만 바로 호응하여 나타나고 있을 그 때에도 그것은 정해진 자취가 없는 것이다. 자기의 마음이 이와 같은 것인 줄 안 이상 지금 다만 <없는> 그 가운데 살아야 한다. 그러면 그것이 곧 모든 부처의 길을 가는 것이다. 경에서 말씀하시기를, 「결코 어디에도 머무는 바가 없이 더구나 그 마음을 내어야 한다」고 한다."(『완릉록』제16단)

종밀의 주장은 어디엔가 잘못이 있다. 실제로 무엇을 말하고, 행동하고 있는 자기 자신이 바로 부처인 것이다. 그것을 제외하고 따로 부처가 있는 것은 아니다. 자기의 본성이 바로 말하고 동작하는 것임에 틀림없다. 적어도 종밀이 마음의 움직임에 대하여 자율과 타율을 나눈 것은 지나친 데가 있다. 그것은 그가 두 가지로 나눈 마음 밖에 파악하고 있지 않았다는 것을 스스로 말하고 있는 것에 불과하다.

물론 그것은 현실의 언어나 행동 모두를 긍정하고, 절대화하는 것은 아니다. 당시 그러한 오해가 있었던 것은 확실하다. 실제 앞에 인용한 종밀의 홍주종 비판은 후에 그대로 宋儒에 받아들여져 불교비판의 근거로 삼았다. 그것 자체는 후대에 있어서 홍주종 발전의 위대함을 보여주는 것이지만 예를 들면 다음과 같은 朱子의 말은 문제의 소재를 분명히 보여준다.

"석씨는 도심을 버리고 오히려 인심의 위험함을 취해 이것을 <작용>이라고 하고 있다. 그 정교함을 망각하고 조잡한 것을 취하여 이것을 도라고 생각하고 있다. 그들이 仁義禮智를 性에 있지 않다고 하고, 눈앞의 작용을 성이라고 생각하는 것은 모두 그것이다. 이것은 정말로 처음부터 잘못되어 있다. … 그것은 告子가 <있는 그대로의 것, 이것을 성이라고 한다>고 주장하는 것과 같은 것이다. 예를 들면 손이 물건을 잡는 작용이 모두 성이라고 한다면 칼을 쥐고 쓸데없이 사람을 베는 것도 역시 성이라고 해야 되지 않겠는가?"(『朱子語類』제126)

주자가 말하는 성은 불가의 부처이며, 도가의 도이다. 그러나 인간의 본성이나 불성을 현실의 근거 혹은 이상이라고 여겨 현실의 생활이 그것에 따라야만 하는 것, 혹은 그것의 표현이라고 하는 한 卽今의 행동은 언제나 중도에 불완전하기 때문에 항상 이상에 의하여 구속되지 않으면 안 된다. 물론 인간행동의 기준 — 예를 들면 인의예지는 어디까지나 이상이며, 바로 현실 그 자체는 아니다. 그러나 인의예지는 즉금의 작용에 구체화되어야 비로소 살아 있는 의미를 가진다. 측은, 羞惡, 사양, 시비의 마음은 누구나 태어나면서부터 가지고 있다. 오히려 인심과 도심을 구별하는 것, 그것이 문제가 아닐까? 두 가지가 구별되는 것은 벌써 인의예지로써 어떤 형태에 빠진 것을 의미하고 있기 때문이다.

그와 같이 경직된 가치관을 비판하고, 유연한 행동에 입각한 새로운 가치를 만들어 내자고 하는 것이 실은 홍주종의 목적이었다. 그것은 또한 남종 혜능의 입장이며, 소급하면 달마의 주장이었던 것이다. 그것은 물론 종밀이라 해도 충분히 알아듣고 있었을 것이라고 생각된다. 아쉽지만 그는 너무나도 정통을 고집했다. 그는 스스로 하택의 6세, 화엄의 5조라고 자칭했지만 거기에는 역사적으로도 무엇인지 無理가 있는 것 같다. 오히려 종밀이 신봉하는 남종과 화엄의 철학이 理로부터 事로 한없이 발전하여 온 방향을 보다 더 한층 확실하게 구체화시켜 사사무애의 세계에 살려고 한 것이야말로 홍주종의 사람들이며, 특히 황벽 바로 그 사람이었다고 말할 수 있지 않을까?

3. 황벽의 인품

1) 전기자료

황벽의 전기는 상당히 많은 자료가 있기는 하지만 반드시 확실하지 않는 것이 많다. 다행히도 배휴의 귀의를 받은 것에 의하여 그의 설법의 기록이 남아 있어 배휴가 쓴 序에 의하여 그의 경력의 대강을 아는 것이 가능하다. 그것은 황벽의 전기자료로서 가장 중요하지만 이 책의 것은 후에 약간 상세하게 고찰하기로 하고 여기서는 우선 일반 불교사, 혹은 선종사의 책에 보이는 황벽의 전기자료의 음미로부터 시작하고 싶다.

자료로서 가장 오래된 것은 『조당집』 권16의 전기이며, 이어서 『송고승전』 권20, 『경덕전등록』 권10, 『광등록』 권8 등이 있다. 별도로 『종경록』, 『사가록』, 『고존숙어록』, 『임제록』을 비롯하여 『林間錄』 그 밖에 송대 수필류도 이것을 보충하는데 충분하지만 후대가 되면 황벽은 그의 제자 임제를 통하여 임제선의 원류로서만 보여지고 그의 독자적인 역사적 위치설정을 잃는 경향이 있기 때문에 지금은 우선 가능한 한 오래된 자료에 의하여 그의 생애의 윤곽을 듣는 것으로 하고 싶다.

황벽의 시호는 希運으로 福州 閩縣(현재의 福建省 閩侯縣)의 출신이지만 앞서 말한 것처럼 모든 자료가 그의 속성을 잃고 있다. 또 그의 입적은 일반적으로 대중년간(847~859)이라고 말할 뿐 그의 年壽도 없기 때문에 생년을 명확하게 하는 것도 가능하지 않지만 임시로 위산영우와 동년배라고 추정하면 大曆·建中 무렵(766~783)의 출생이 된다. 대체로 당시의 복주는 蠱毒(말라리아)의 땅이라고 말해지고, 영남의 소주가 유적의 땅이었던 것과 같이 중원으로부터 멀리 떨어져 정말로 문화의 빛의 막다른 곳이었다. 그런데 마침 그의 출생에 앞선 무렵 나중에 그의 스승이 될 백장이나 동문인 위산, 西院大安(793~883) 등이 일시에 이 땅에서 나온 것은 이미 안사의 난 이후에 지방세력의 태동을 생각하게 하며, 조계혜능을 祖로 받드는 남종선의 운동이 그러한 지방의 풍토와 무관하지 않다는 것을 입증한다. 퇴폐적인 성당기의 도시문화를 거부하고 대지를 힘껏 밟고 산 야인의 등장을 역사는 벌써 기다리고 있었다. 복주의 문화는 만당오대를 지나 송대에 들어섬과 동시에 점차 발전하여 주지하는 바와 같이 송대에는 대혜나 주자가 여기를 중심으로 활약하게 된다.

이리하여 복주에서 태어난 희운은 젊어서 향리의 복주 황벽산으로 출가하지만 그가 후에 강서의 홍주에 가까운 고안현에 황벽산을 개창하는 것은 출신지의 寺名을 그리워했기 때문이라고 여겨지며, 그는 이 절의 이름에 의하여 황벽희운이라고 불린 것이다. 복주 황벽산의 유래는 확실하지 않지만 貞元 무렵에 건립된 것으로 이 지방 불교의 중심지이었던 것 같다. 後에 명말에 이르러 이 절에 주석하고 있던 隱元隆琦(1592~1673)가 일본으로 來朝하여 宇治에 같은 이름의 황벽산 萬福寺를 창건했다. 이것이 오늘날 일본 황벽종의 개산이라고 여겨지는 것은 이 절의 이름과 연관을 지은 것이지만 복주 황벽산은 아마 창립의 당초부터 官設의 개원사 등과 대항하여 새로운 선의 도량으로서의 의도를 짊어진 것이었다고 생각된다.

희운은 당당한 偉丈夫였다. 앞서 말한 것처럼 신장은 7척, 이마 사이에 肉珠가 있었던 것은 배휴가 그에게 준 詩에도 엿볼 수 있지만 특히 漢의 王商보다 1척 작았다고 하는 것을 보면 그의 당당한 장신은 상당히 이색적이었다. 『사가어록』에 의하면 그가 南泉普願(남전보원)의 처소에 있었을 무렵 어느 날 두 사람이 같이 삿갓을 쓰고 외출했을 때 남전이 그를 보고 「그대와 같은 大男이 그토록 작은 삿갓을 이고 있다니」라고 말하며 웃자 희운은 「삼천대천세계가 모두 이 가운데 들어 간다네」라고 대답했다. 남전이 「나도 그렇다네」라고 말했기 때문에 희운은 빨리 걸어 나가버렸다고 한다. 어쨌든 그는 대남으로서 젊어서부터 동료과 크게 달라 어떠한 것에도 구애되지 않고 時流를 내려다보는 기개를 가지고 있었던 것 같다. 후에 「대당국 안에 禪者가 없다」고 하고, 「너희들 모두는 噇酒糟와 같은 놈(술찌꺼기를 먹는 녀석 : 순수한 진리를 깨닫지 못한 사람을 욕하는 말)이다」라고 비판한 것은 확실히 豪放한 시골풍의 말에 어울린다.

이윽고 희운은 두 세 사람의 우인과 함께 천태산에 오르고, 또 上都로 나가 거기에서 한 사람의 노파로부터 백장의 이야기를 듣고 멀리 강서로 가 그에게 참알하고 그의 법을 이었지만 『조당집』이 전하는 것은 대체로 다음과 같다.

"어느 때 걸식을 나가 어떤 문 앞을 지나가면서 「아무쪼록 마침 그 자리에 있는 음식을 먹고 싶다(家常)」고 부탁했다. 문 가까이에서 한 노파가 말했다. 「화상은 대단한 욕심장이군요.」 선사는 그 말을 듣고 이상하게 생각하며 그 뜻을 찾아보려고 했다. 「밥도 아직 주지 않으면서 어떻게 욕심장이라고 비평하십니까?」 노파는 말했다. 「다름 아닌 바로 그것이 욕심장이가 아니겠습니까?」 그는 그 소리를 듣자마자 멈추어 서서 생긋 미소를 지었다. 노파는 선사의 얼굴과 거동이 당당하여 보통의 스님과 다름이 있음을 보고 곧 바로 안으로 들어오게 하여 공양을 올렸다. 그가 공양을 마치자 선사에게 참학경력을 자세히 물었다. 선사는 하나도 숨기지 않고 자기가 알고 있는 식견을 모두 털어놓았다. 노파는 귀에 입을 가까이하여 다시 미묘한 법문을 가르쳐 주었다. 선사는 신비의 문이 와르르 열리는 것을 깨닫고 거듭 감사의 말을 드리며 스승으로 섬기려고 했다. 노파는 말했다. 「나는 여자이기 때문에 다섯 가지 장애가 있는 몸이니 원래 그 법의 그릇이 아닙니다. 강서에 백장대사라는 분이 계시는데 선림의 훌륭한 지도자로서 群峰 가운데 우뚝 솟았다고 하는 말을 듣고 있습니다. 당신은 거기로 가서 묻고 배우는 것이 좋을 것 같습니다. 단지 부탁하고 싶은 것은 장래 반드시 인천의 스승이 될 때 후배를 업신여기지 않도록 각별히 마음을 써 주십사 하는 것입니다.」

희운이 당당한 체격을 하고 있어서 그것이 입도의 인연이 되었던 것은 여기에도 분명히 엿볼 수 있다. 그것은 일찍이 汾州無業이 마조의 처소로 갔을 때도 그 당당한 체격을 보고 마조가 「魏魏한 佛殿, 그 가운데 부처가 없다」고 호소했다는 에피소드를 생각나게 한다.

희운은 이리하여 백장의 후계자가 된다. 그가 처음 백장에게 참문했을 때의 모습은 일반적으로 전하는 것에 의하면 이전에 백장이 마조를 參謁하여 一喝을 듣고 3일간 귀가 먹고 눈이 보이지 않았다고 하는 말을 듣고 무심코 혀를 토해 이것에 의하여 마조의 대기대용을 알았다고 하며, 백장이 이것을 인정하여 「그 깨달음이 스승과 같은 사이는 아직 스승의 덕에 반밖에 미치지 못한 것이지만 스승의 깨달음을 뛰어넘은 제자가 되어야 비로소 법을 전수받기에 충분하다」고 말하고, 「자네는 스승보다 훨씬 더 능가할 능력이 있다」고 칭찬했다고 말한다. 물론 이것은 아마 홍주종의 전통이 성립하고, 특히 임제를 더한 4대의 설이 주장되게 되고 난 후의 일인 것 같다. 일설에는 황벽은 마조에게 참문했다고도 하고, 혹은 마조를 참문하고자 강서로 갔지만 이미 마조가 시적한 후였기 때문에 그 탑을 지키고 있던 백장에게 참문했다고도 하며, 또 『조당집』의 임제전에 의하면 황벽은 스스로 마조에게 참학한 것을 제자들에게 말했다고 서술하고 있다. 물론 마조의 입적은 貞元4년(788)의 일이며, 이것을 史實로 한다면 황벽의 출생은 다시 앞으로 소급되어야 한다. 지금 그들의 사실을 확인할 수도 없지만 어느 것이나 그가 마조 이후의 홍주 전통을 보다 성대하게 한 훌륭한 인물이었던 것의 증좌임에 틀림없다.

또 원래 위산이나 西院을 더한 백장문하의 훌륭한 사제가 모두 복주출신의 사람이었던 것이나 그들 가운데 속성도 알 수 없는 황벽이 특히 훌륭한 인물이었던 것은 홍주종에 있어서 그의 역사적 위치설정의 문제와 밀접하게 관계하고 있는 것이며, 홍주종의 체질을 엿보게 하는데 충분하다.

2) 배휴와 서로 앎

앞서 말한 것처럼 황벽은 백장의 법을 이은 후 이윽고 홍주와 조금 가까운 고안의 땅에 출신의 寺名과 연관지어 황벽산을 개창한다. 백장의 입적은 元和9년(814)의 일이기 때문에 아마 그 몇 년 후일 것이다. 그는 잠깐 그곳 洪州 大安寺(開元寺라고도 함)에 있었다고도 한다. 홍주 대안사는 일찍이 마조가 있었던 곳이기 때문에 황벽이 거기에 있었다고 하는 가능성은 높다. 또 그가 杭州 塩官의 문하에서 아직 사미로서 몸을 숨기고 있던 宣宗과 서로 알게 되었다고 하는 것도 아마 이 사이의 일일 것이며, 남전을 방문한 것도 같은 무렵일 것이다. 그러나 홍주종의 후계자로서 그의 명성이 일시에 알려지기 시작한 것은 아무래도 황벽산의 개창과 시기를 같이 하고 있다. 그와 배휴와의 邂逅를 그가 대안사에서 衆僧들 가운데 섞여 있었던 무렵의 일이라고 하는 유명한 에피소드는 아마 후의 附會일 것이다. 배휴가 그에게 주었다고 하는 시는 그러한 定式의 禪機를 필요로 하지 않는다.

오히려 배휴와 황벽의 만남은 배휴 스스로 기록하고 있는 것처럼 회창2년(842)에 그가 鍾陵, 즉 홍주에 관찰사로 재임했을 때 그의 道名을 듣고 城內의 龍興寺에 맞이하여 조석으로 도를 물은 때의 것이라고 하는 것이 아마 가장 자연스럽다. 그 무렵 배휴는 이미 홍주종의 주장에 대하여 종밀을 통하여 알고 있었던 것으로 그러한 예비지식이 그가 황벽으로의 신로를 더욱더 깊게 한 것이라고 생각한다.

배휴의 전기는 『구당서』 권177, 『신당서』 권182에 실려 있다. 모두 회창년간에 尙書郎으로부터 진출하여 몇 郡의 관찰사를 역임했다고 말하기 때문에 이 사이에 종릉에 재임한 적이 있으며, 이 이전에는 황벽과 직접적으로 서로 알 수 있는 기회가 없었다고 생각된다. 홍주는 종밀에 의하여 항상 선종의 이단으로 간주되어 있었기 때문이다.

어쨌든 황벽은 배휴와 서로 아는 것에 의하여 그의 설법의 기록이 오늘날에 남게 되었다. 裴休의 경우에도 젊어서부터 불교에 친하여 이미 종밀의 가르침을 받을 기회도 있었던 것이지만 황벽의 불교는 그가 지금까지 마음속에 품고 있던 선의 한계를 훨씬 뛰어넘을 정도의 신선한 느낌을 주었다고 생각된다. 그러나 또 반면에 황벽이 배휴와 서로 안 것은 그의 설법집 『전심법요』의 성립에 결정적인 방향설정을 주었던 것도 묵인할 수 없다. 말하자면 황벽은 자신의 설법의 筆錄者로서 최적의 제자를 얻은 것이다. 이미 유교와 불교의 교양도 넓고, 종밀로부터 깊은 선의 지식을 얻은 배휴는 아마 단순한 새로운 종교로서 홍주종의 주장에 만족한 것이 아니라 오히려 그 합리적인 이해와 체계화에 노력한 것이다. 그것은 오늘날 『전심법요』를 읽어 보면 쉽게 인정할 수 있다. 그래서 홍주종의 주장은 『전심법요』의 성립에 이르러 名實과 함께 완성한 것이며, 그것에 배휴가 완수한 역할은 크다.

3) 불법 또한 너저분하지 않음

황벽의 불법은 한편으로는 그의 제자 臨濟義玄(?~866)에 이르러 더욱 발전했다고 생각된다. 의현의 행록인 『임제록』을 통하여 엿볼 수 있는 황벽의 불법은 정말로 홍주종의 특색을 충분히 발휘한 정취가 있다. 그러나 여기에 보이는 황벽은 어디까지나 임제의 스승으로서의 입장에 있으며, 『전심법요』의 경우와 상당히 다르다. 그것은 이미 앞에 서술한 것처럼 『전심법요』의 필록자인 배휴의 이해와 임제 이후의 전통적인 그것과의 상위이다. 말하자면 『임제록』의 황벽과 『전심법요』의 황벽은 함께 표리를 이루는 것이지만 종래는 대체로 임제의 스승으로서 일면만이 주목되어 왔던 것이다.

그러나 임제의 스승으로서의 황벽의 불법은 실은 『전심법요』의 主旨와 반드시 상위하는 것은 아니다. 예를 들면 유명한 임제대오의 이야기의 경우 임제는 大愚에게 가르침을 받고 자신도 모르게 「불법 또한 너저분하지 않다」라고 외쳤다고 하지만 이 말은 황벽불법의 본질을 명확하게 나타내고 있음과 동시에 『

전심법요』의 요지를 훌륭하게 요약하고 있다.

「불법 또한 너저분하지 않다」라고 하는 것은 도대체 어떠한 것일까? 그것은 簡明直截하고 純一無雜한 것이다. 종래의 『임제록』의 주석에 의하면 이것을 「황벽의 불법도 대단한 것이 아니군!」이라는 의미로 이해하여 임제의 자부의 말로 보았다. 『임제록』에 있어서 이 말의 원문은 「뭐야, 황벽의 불법은 단순하구나!」(元來黃檗佛法無多子)이며, 『전등록』에는 「불법 또한 너저분하지 않다」(佛法也無多子)로 되어 있다. 그 사이에 다소 어감의 상위가 있지만 「너저분하지 않다」라고 하는 것은 잡다한 것이 없고, 단일하며, 복잡하지 않다고 하는 것이다. 거기에는 평가적인 어기는 없고, 하물며 스승을 업신여기는 것 같은 기개는 조금도 포함되어 있지 않다. 여기에 「그 깨달음이 스승과 같을 때는 스승의 덕을 반 밖에 얻지 않게 되지만 깨달음이 스승을 넘어야만 확실히 법을 傳授할 만하다」고 하며, 백장이 황벽을 인가했을 때의 말을 가지고 와서 이해하는 것은 너무나도 틀에 빠진 전통의 해석에 지나지 않는다. 불법은 어디까지나 평상심이다. 거기에는 황벽이라든가 임제라든가 하는 한정조차도 없는 것이다. 그가 「대당국에는 禪者가 없다」고 말하고, 「제방에 선을 설하는 자는 모두 噇酒糟漢」(술찌꺼기를 먹는 녀석)에 불과하다고 痛罵한 한 것을 상기하고 싶다.

「너저분하지 않다」라고 하는 것은 극히 당연한, 매우 귀찮은 일이 없는, 시원한 일상의 진리를 깨달았을 때의 놀라움의 말이다. 진리는 그것을 찾는데 있어서 때로는 위엄 있고 무게가 있게 귀찮은 기대를 전제하지만 바로 그 자체는 원래 단순하고,

평범하며, 특히 珍奇한 것은 아니기 때문이다. 제방의 선사들이 玄妙奇特한 법을 설하는 것은 모두 방편인 것이다.

마조가 제자들에게 가르치기를, 「도대체 법을 구하려고 하지만 구해질 법이 있는 것은 절대 아니다. 마음 밖에 다른 부처가 있는 것이 아니고, 부처 밖에 다른 마음이 있는 것도 아니다. …」라고 말한 것은 『유마경』 '부사의품'의 구에 의한 것이지만 이 구가 황벽의 『전심법요』의 배경을 이루고 있는 것은 말할 필요도 없다. 이전에 선종이 무종에게 쫓겨나 한 사람의 사미로서 塩官의 밑에 숨어 있었을 때 염관문하의 수좌였던 황벽이 佛前에 공손하게 예배하고 있는 것을 보고 「부처도 구하지 않고, 법도 구하지 않으며, 스님도 구하지 않아야 하는 것인데 당신은 예배하여 무엇을 구하고 있는 것입니까?」라고 물으면 「부처도 구하지 않고, 법도 구하지 않으며, 스님도 구하지 않기 때문에 언제나 이렇게 예배하는 것이다」라고 황벽은 대답했다. 선종이 또 「예배하면 무엇이 됩니까?」라고 묻자 황벽은 곧 바로 선종을 손바닥으로 때렸다. 선종이 「너무 난폭하다」라고 중얼거리면 「여기가 감히 어디라고 생각하여 난폭하다든가 상냥하다든가라는 따위의 말을 하는가」라고 하고, 또 한 방을 먹였다고 전한다. 이것이 후에 선종이 그에게 「粗行沙門」이라는 시호를 준 기연이라고 말한다. 일의 진위는 원래 확실하지 않지만 황벽의 언행이 당연한 일상생활 가운데 항상 날마다 새로운 진리를 사는 감격에 가득 차 있었던 것은 확실하며, 그것이 마조 이후의 홍주종의 특색을 이루고 있었던 것도 확실할 것이다.

어쨌든 황벽의 불법은 그 문하에 임제를 얻은 것에 의하여 크게 그 특색을 발휘하게 된다. 임제가 어느 때 그의 문하에서 소나무를 심을 때 황벽이 물었다. "이 깊은 산 속에 많은 소나무를 심어서 무엇을 하려는 것인가?" 임제는 말했다.

첫째 절을 위하여 좋은 경치(境致)를 만들고,
둘째 사람들을 위한 본보기(標榜)를 삼고자 하는 것입니다.

라고 말한 것에 연관지어 황벽이 「나의 가르침이 너의 시대에 이르러 세상에 널리 번창하게 될 것이다」라고 평가했다고 하는 것은 황벽이 임제의 장래를 부촉한 말이지만 어쨌든 「너저분함이 없다」고 한 것은 그들의 불법의 본질을 보여주고 있다. 그것은 특히 우리 宗의 번영을 도모하려고 하는 것이 아니라면 회창의 폐불사건에 직면하여 불교의 장래를 걱정한 것이 아닐까? 오히려 그들은 극히 곤란한 역사적 현실 가운데서 거의 곤란함을 느끼지 않을 정도로 자연스럽게 일상적인 행동을 계속할 수 있던 것이며, 그러한 구체적인 힘을 그들의 불교는 가지고 있었던 것이다.

황벽이 회창의 폐불사건에 직면하여 어떠한 행동을 취한 것일까? 그것을 전하는 자료는 전무하다. 『송고승전』 권17의 杭州千頃山楚南傳에 의하면 그는 황벽의 법을 받은 후 곧 바로 무종의 폐불을 만나 깊은 林谷으로 도망쳤지만 이윽고 大中帝가 즉위하여 昇平의 재상 배휴가 완릉을 진압하고, 황벽을 초대하여 산에서 나오게 했을 때 楚南도 또 隨侍했다고 하기 때문에 황벽은 초남과 함께 완릉의 가까운 산중에 숨어 있었던 것일 것이다. 그들의 생활이 앞에 본 위산영우의 경우와 거의 같은 것이었다는 것은 우선 확실할 것이다.

盧肇라는 사람이 쓴 「宣州新興寺碑銘幷序」(『唐文粹』 권64)에 의하면 이 절은 대중2년(848)에 배휴가 재건한 것이지만 그는 이 곳에 부임하자마자 곧 바로 名僧들과 크게 법론을 주고받은 사실을 전한다. 황벽과 선주 신흥사의 관계는 확실하지 않지만 그가 황벽을 治所에 초청하여 법을 물은 것은 이것에 의해서도 극히 자연스럽게 이해된다.

회창의 폐불사건 후 이윽고 황벽의 제자들은 스승을 떠나 각지로 그 법을 전파하기 시작한다. 임제는 하북의 鎭州로 가고, 초남은 항주로 간다. 睦州, 즉 陳蒲鞋와 황벽의 관계는 명확하지 않지만 이 사람은 한 번 황벽에게 참문한 후 睦州 龍興寺에 은닉하여 和光同塵의 생활을 보내며, 짚신을 만들어 길을 가는 사람에게 제공했기 때문에 사람들이 부르기를 진포혜라고 칭했으며, 별도로 목주화상이라 불렀다고도 한다. 『경덕전등록』은 황벽의 嗣法 13인 가운데 7인의 전기를 붙이고 있지만 1,000인이었다고 하는 그의 제자들은 역시 회창의 폐불를 전후로 하여 각지로 흩어졌던 것일 것이다. 사실 황벽의 만년의 일은 아무것도 알 수 없다. 대중년간에 本山에서 죽었다고 할 뿐 명확한 년시도 수령도 전하지 않는다. 「本山」이라는 것은 어딜까? 만약 그것을 홍주의 황벽산이라고 한다면 그는 언제 거기로 돌아간 것일까? 『조당집』은 그의 행록의 존재를 전하지만 아마 오늘날 알려진 것 이상은 있지 않을 것이다. 가장 중요한 것은 그의 墓塔銘조차도 남아 있지 않다. 황벽의 만년은 어쨌든 산뜻

한 것은 있지만 오히려 그것이 그의 생애를 상징하고 있다고 말할 수 있다. 그는 우연히 배휴와 서로 알게 된 것에 의하여 『전심법요』를 남기고, 임제의현을 얻은 것에 의하여 홍주종의 전통을 확립하기는 했지만 그것들이 모두 그가 원한 바이었는지는 의문이다. 그는 오히려 난세 가운데서 번잡스럽지 않은(간단명료한) 불법을 선양한 一匹狼이었다.

4. 『전심법요』의 성립

1) 手記의 公開

배휴가 이 책의 서문을 쓴 것은 대중11년(857) 10월 8일의 일이며, 이 때 그는 帝都의 장안에 있었다. 『구당서』의 裴休傳은 이 해 겨울 그는 檢校戶部尙書·潞州大都督府長史·御史大夫에 임명되고, 昭義節度·潞磁邢洛觀察使에 맡겨졌다고 말하고 있다. 그는 그 전년에 과거 5년 동안 근무한 재상으로의 지위를 그만두고, 檢校戶部尙書·汴州刺史·御史大夫·宣武軍節度使가 되어 金紫光祿大夫·上柱國·河東縣子·食邑五百戶의 신분으로 守太子少保로서 동도의 낙양에 재임하고 있었다.

당시의 潞磁邢洛의 4州, 즉 山西·河北의 땅은 이미 物情이 騷然한 점이 있으며, 특히 昭義軍 그 밖에 하북 三鎭이라 불리는 군벌의 움직임은 당조의 존망을 결정하는 세력으로 존재했다. 배휴는 그러한 중앙의 요직에 있었고, 이전에 강남에서 사사한 황벽의 교훈을 깊이 가슴속에 상기하면서 수첩에 적어 두었던 先師의 말을 다시 널리 일반 사람들의 것으로 하기 위하여 또 다시 그를 찾아 재차 강서로 돌아간다고 하는 동문의 스님에게 부탁한 것이다.

이 책의 劈頭를 보면 배휴는 이미 스스로 「스님은 휴에게 다음과 같게 말해졌다. … 」라고 쓰고 있고, 계속해서 9월 1일, 10월 8일 등이라는 日附를 가진 텍스트가 있는 것은 아마 그의 手記의 원형을 전하는 것일 것이다. 서문의 署名에 단지 「하동의 배휴가 편집하고, 또 서를 썼다」라고 말할 뿐 그 때의 관직명을 기록하지 않은 것도 어쨌든 그의 수기의 흔적을 전한다. 그것은 종밀의 저술에 그가 준 서문의 대부분에 「緜州刺史」라고 하는 직함을 붙이고 있는 것과 무언가 느낌이 다르다. 물론 배휴는 이 해에 종밀의 『선원제전집도서』를 베끼고, 같은 武當山 太一寺의 장노에게 부탁했다고 말하지만 이것은 또 그것보다 50년, 내지 75년 정도 후의 설이며, 『전심법요』의 自序의 신빙성에 못 미친다.

어쨌든 배휴의 수기는 아마 극히 간단하고 짧은 것이었다고 생각된다. 오늘날의 『전심법요』는 배휴의 序와 手記의 공개를 기회로 하여 다른 제자들이 각자의 노트를 가지는 것에 의하여 집대성한 것이다. 오늘날 이 책을 일독하면 우리는 거기에 전후로 중복하는 부분이 있는 것을 알아차릴 수 있다. 그것은 원래 같은 설법을 다른 제자가 同聽異記했기 때문이다.

『조당집』에 황벽의 「行錄」이 존재한 것을 전하며, 『송고승전』에 「어록이 있어서 세상에 유행한다」라고 적고 있는 것도 아마 배휴의 수기의 발표를 기회로 하여 다른 제자들의 필록이 상당히 정리되어 세상에 나온 것을 가리키는 것일 것이다.

앞서 서술한 것처럼 황벽은 언제쯤 어디에서 입적했는지 年壽조차 명확하지 않다. 1,000명에 미치는 다수의 제자들은 그 후 어떻게 되어 버린 것일까? 과연 난세에 생존한 一匹狼일 뿐이며, 멸후의 황벽산을 지키는 후계자의 일 등에 대한 문제는 그의 관심 밖이었던 것 같다. 그가 산중에서 소나무를 심고 있는 임제를 보고 장래의 일을 위촉했다고 하는 것은 아마 임제 이후 제자들의 주장임에 틀림없다.

그러나 개성으로 넘치는 설법은 각지에 四散해 있던 제자들의 귀속에 남아 있었다. 배휴가 수기를 공개한 것을 기회로 하여 각지의 제자들이 기록을 모우기 시작한 것이며, 그것이 그의 어록이 된 것이다. 말하자면 배휴의 悲願으로 가득 찬 요청은 황벽을 위한 가장 훌륭한 탑명의 건립이 되었던 것이다.

우리는 일찍이 붓다의 멸후 그의 유골을 지키는 재가의 제자들과 설법의 집록에 참가했던 출가의 제자들과의 두 가지 그룹이 있었던 것을 알고 있다. 지금 황벽의 설법은 재가의 제자 배휴의 요청에 의하여 집록된 것이다. 물론 배휴의 서문에 보이는 大舟·法建이라는 제자가 어떠한 사람이었는가는 전혀 명확하지 않지만 이 두 사람의 제자가 배휴의 수기와 서문을 부탁받고 舊山의 廣唐寺로 돌아갔을 때부터 황벽 어록의 편집은 시작되었던 것이다.

2) 『완릉록』에 대하여

오늘날의 『전심법요』는 일반적으로 『전심법요』라고 불리는 부분과 『黃檗斷際禪師宛陵錄』이라고 제명하고 있는 것의 두 부분으로 이루어져 있다. 전자는 위에 말한 배휴의 서에 이어진 전후 3회의 설법과 제자의 물음에 대답한 6단의 설법, 그리고 상당이라고 불리는 짧은 1단에 이어져 있고, 또 3단의 문답을 포함하고 있다. 후자는 裴相公과 황벽과의 문답15단과 상당히 긴 상당설법의 1단을 포함하고 있다.

이 내용은 나중에 말하는 것처럼 아마 송초 이후의 것이며, 남송이 시작됨에 이르러 『전심법요』가 대장경의 일부로서 출판된 때도 역시 같은 내용인 것을 보면 이것이 아마 『전심법요』의 본체이었을 것이다. 그러나 과연 이것이 當初에 배휴가 편집했을 때의 원형을 보존하고 있는지 어떤지는 반드시 확실하지 않다. 예를 들면 북송의 초에 『경덕전등록』이 편집되고 얼마되지 않은 慶曆戊子歲(1048)에 스스로 남송의 天眞이라는 이름의 사람이 위의 배휴의 서와 이것에 이은 3회의 설법부분만을 19단으로 나누고, 이것에 「裴休相國傳心偈」라는 것을 더하여 「黃檗希運禪師傳心法要」라고 제목을 붙여 『경덕전등록』제9권의 말미에 수록한 것이 있다. 현재 이것이 가장 오래된 것이며, 아마 이것이 배휴가 수기한 『전심법요』의 원형이 아닐까라고 생각해 본다.

말하자면 전반 부분 가운데 위의 『전등록』에 없는 부분과 『黃檗斷際禪師宛陵錄』의 전부는 반드시 많은 제자들의 수기를 모든 것이다. 특히 『완릉록』이라는 것은 원래 배휴의 서문에 그가 종릉과 완릉의 두 곳에서 두 번에 걸쳐서 황벽의 설법을 듣고 몰래 이것을 기록했다고 말하고 있는 것에 의하여 특히 완릉에서의 그와 황벽과의 문답을 다른 제자가 기록한 것을 여기에 모운 것 같지만 이 부분도 모두 배휴와 황벽의 문답이었는지 어떤지는 반드시 확실하지는 않다. 적어도 최후 상당의 1단과 같은 것은 확실히 『전심법요』의 말미의 것과 중복하는 부분이 있으며, 이 책이 많은 제자들의 필록에서 이루어지고 있는 것을 생각하게 한다. 원래 배휴의 수기는 종릉과 완릉과의 두 번 기록을 포함하고 있는 것이며, 이것에 대하여 『완릉록』이라는 것을 독립시킨 것은 이미 當初의 일이 아니라 명백히 후대의 재편이다.

또한 『전심법요』라고 한 제명 그 자체도 과연 배휴의 命名이었는지 의문이다. 天眞은 명백하게 「黃檗希運禪師傳心法要」라고 말하고 있어서 아마 이것이 『전심법요』라고 하는 이름의 最古의 증거이지만 그것도 과연 당초의 그대로인지 의문이다. 『조당집』이나 『경덕전등록』의 오래된 텍스트에는 이 책의 일에 대하여 아무 말도 하지 않는 것은 역시 문제가 아닐 수 없다. 오히려 『전심법요』라든가 『완릉록』이라는 이름은 배휴의 수기의 내용과 서문을 바탕으로 하여 후인이 명명한 것이라고 보아야 하며, 후자는 특히 그러하다. 다시 말해서 『전심법요』라고 하는 서명은 위에 말한 배휴의 수기와 다른 제자의 그것을 모은 소위 『완릉록』의 전부를 포함한 것이라고 보아도 좋다.

거듭 말하지만 『전심법요』는 많은 제자들의 집록이다. 그 전체적인 집록은 물론 후대의 일이지만 그 내용은 모두 상당히 오래된 재료를 전하고 있다. 오히려 그 主部에 있어서 후대의

改修는 거의 없다. 이것은 『임제록』 등의 경우와 매우 다른 것이며, 우리는 이것에 의하여 황벽 그 사람의 肉聲을 비교적 충실하게 청취할 수 있는 것이 가능하다. 그것은 다음의 『사가어록』의 내용을 음미하는 것에 의하여 한층 더 확인될 수 있을 것이다.

3) 『四家語錄』의 성립

『사가어록』은 일명 『馬祖四家錄』이라고도 불리는 것처럼 마조 · 백장 · 황벽 · 임제라고 하는 四代의 어록을 정리한 것으로 그 성립은 송초 무렵, 아마도 임제계의 제자들이 일가의 견해를 가지고 그 전통을 주장하기 시작한 것에 의할 것이다. 오늘날 일반적으로 사용하고 있는 『사가어록』은 명의 萬曆7년(1589)의 재편본이다. 當初의 것은 없지만 이것을 일본에서 覆刻한 것에는 따로 북송의 元豊8년(1085)에 楊傑이 더한 서문이 있으며, 그 최초의 집록에 임제계의 黃龍慧南(1002~1069)이 관계하고 있었던 것을 전한다. 이것이 확실하다면 앞서 말한 남종의 天眞이 『경덕전등록』 권9의 말미에 『전심법요』를 부록한 것과 서로 전후하는 무렵이다.

원래 마조로부터 시작되는 홍주종의 사람들은 어느 누구나 독자적인 설법집을 남긴 것이 알려져 있지만 그것들이 4가의 어록으로써 하나로 정리되어진 것은 역시 黃龍宗의 성립을 계기로 하는 것이며, 이윽고 황룡3세에 해당하는 覺範慧洪(1071~1128)이 백장의 『大智禪師廣錄』이나 『斷際禪師語錄』에 題跋을 더하고 있는(『石門文字禪』 권25) 것에도 그것이 엿보인다.

이어서 尤袤(1127~1194)의 장서목록에는 『마조사가록』의 이름이 보이는 것도 주의해야 한다.

물론 현재의 명판 『四家錄』은 그 권4에 「筠州黃檗山斷際禪師傳心法要」를, 권5에 「黃檗斷際禪師宛陵錄」을 각각 수록하고 있지만 후자는 앞에 말한 것 외에 『天聖廣燈錄』권8에 있는 黃檗章을 그대로 받아들이고 있어 같은 텍스트에 비하여 약 두 배의 분량에 달하며, 그 증가부분은 이전에 북송말의 咸淳3년(1267)에 重刊된 『古尊宿語錄』권3의 것과 거의 일치한다. 따라서 현재의 새로운 『사가록』은 한 번 『고존숙어록』이 『천성광등록』에 의하여 증보한 것을 잇고 있다고 생각해도 좋다. 송초에 편집된 원본 그대로는 아니지만 위의 『천성광등록』에 의한 부분 이외는 各本을 통하여 거의 일치하기 때문에 이것이 當初의 원형을 전하는 것이며, 앞에서 지적한 것처럼 『전심법요』의 主部는 그 최초의 편집부터 오늘날까지 거의 변화하고 있지 않다고 말해도 좋다.

거듭 주의해도 좋은 것은 원래 『천성광등록』이라는 本은 『경덕전등록』의 뒤를 이어 이것을 증보하려고 한 것이지단 위의 마조·백장·황벽·임제라는 4대의 전기부분에 편자가 특히 힘을 쏟고 있는 것이 특징이며, 특히 4가의 최후 臨濟章에 『임제록』의 전부를 수록하고 있는 것도 놓칠 수 없다. 이 책의 편자는 임제계의 谷隱蘊聰(965~1032)에게 참문한 거사이며, 송초의 훌륭한 관리로서 활약한 李遵勖이지만 여기에도 또 배휴의 『전심법요』의 일을 명확하게 말하지 않고, 오히려 그것과 계통이 다른 자료를 꽤 다량으로 모우고 있는 것은 주의할 만하다. 천진이 이웃고 『전심법요』를 『전등록』에 附錄한 것은 이 책의 황벽전이 없는 것을 보충하려고 하는 의도인 것 같다.

그것으로 판단해 보면 『사가어록』의 성립은 송초에 임제선의 움직임에 따라 『천성광등록』보다 후에 천진이 『전심법요』를 부록한 무렵을 전후로 하여 갑자기 집성된 것이며, 이 때 오늘날의 텍스트의 모든 부분이 거의 결정된 것이다.

5. 『전심법요』의 텍스트

1) 텍스트의 역사

이미 반복해서 말한 것처럼 『전심법요』의 主部는 각 시대의 판본을 통하여 거의 변화하고 있지 않다. 변하고 있는 것은 『사가어록』의 텍스트뿐이지만 이것도 역시 다른 것과 공통하는 것을 제외하고는 『천성광등록』의 자료가 더해진 것에 불과하다.

우선 편의를 위하여 오늘날까지 알고 있는 텍스트의 성립과 지금까지 서술해 온 관계사항을 연대순으로 列記해 본다.

○ 857년 대중11년 10월 8일 : 배휴의 서.
○ 952년 남당의 保大10년 : 『조당집』의 성립.
○ 1004년 景德4년 : 『경덕전등록』의 성립.
○ 1036년 景祐3년 : 『천성광등록』의 성립.
○ 1048년 慶曆戊子 : 남종의 天眞이 『경덕전등록』권9의 말미에 「전심법요」를 부록했다. 텍스트는 원판대장경에 수록되

어 있으며, 현재에는 『대정대장경』과 대만에서 眞善美社가 출판한 『경덕전등록』에 있다.

○ 1060년 嘉祐5년 : 『신당서』가 이 해에 완성. 그 藝文志에 「希運傳心法要一卷, 裵休集」이라고 있다.

○ 1085년 元豊8년 : 楊傑이 『사가어록』에 서문을 쓴다.

○ 1120년 宣和2년 : 『임제록』의 重版.

○ 1128년 建炎2년 : 『斷際禪師語錄』에 題序를 더한 覺範慧洪이 이 해에 입적함. 작품은 『石門文字禪』 제25에 있다.

○ 1148년 紹興戊辰(18년) : 福州 開元寺에서 『천성광등록』 권수에 『전심법요』를 수록한 대장경을 출판했다. 텍스트는 知恩院, 東寺, 醍醐寺 기타에 있다.

○ 1153년 소흥23년 : 右朝奉郎通判建昌軍事任哲이 달마의 『혈맥론』과 황벽의 『전심법요』를 합본한 텍스트에 서문을 더했다. 그 서문과 『혈맥론』만 현존한다.

○ 1170년 乾道6년 : 懶庵道樞가 『黃檗心要』와 『雲門室中錄』을 합한 것에 서문을 더하여 출판했다. 이 텍스트는 東洋文庫所藏의 五山版 『전심법요』와 金澤文庫所藏의 釼阿書寫本 『전심법요』의 원문이라고 생각할 수 있다.

○ 1236년 端平3년 : 者庵劉並信이 『전심법요』(『완릉록』도 포함)를 간행했다. 이 텍스트는 일본 寬永·慶安 和刻本의 원본이 된 것이다.

○ 1267년 咸淳3년 : 物初大觀이 『고존숙어록』48권을 重刊했다. 그 권2에 『전심법요』의 후반, 권3에 『완릉록』 기타를 각각 포함하고 있다.

○ 1283년 弘安6년(일본) : 北條顯時의 요청에 의하여 鎌倉 壽福寺의 大休正念이 발을 더한 『전심법요』가 출판되었다(그 저본은 端平3년 간본이다). 현재 동양문고에 있다.

○ 1302년 正安4년(일본) : 玉峰潛奇가 서문을 더한 『전심법요』가 이 무렵 鎌倉에서 출판되었다. 金澤文庫所藏의 오산판이라고 불러지는 것으로 위의 大休正念의 跋과 覺範의 서문도 붙어 있다. 금택문고에는 이 무렵 釰阿가 다른 송판 텍스트를 베낀 것도 있다.

○ 1552년 天文21년(일본) : 이 무렵 『少林三論』과 『전심법요』를 합하여 베낀 텍스트가 大谷大學에 현존한다.

○ 1589년 萬曆17년 : 『사가어록』이 再編出版된다.

○ 1601년 만력29년 : 명판 대장경이 완성된다. 일본 增上寺의 報恩藏에 소장된 것은 『대정대장경』의 저본이 된다. 그 중에 『전심법요』를 포함하고 있다.

○ 1597년~1614년 慶長年間(?, 일본) : 京都 中村長兵衛尉가 나무 활자판을 간행했다. 그 저본은 弘安6년 간본이다.

○ 1632년 寛永9년(일본) : 경도 村上 平樂寺에서 端平3년 간본을 覆刻했다.

○ 1649년 慶安2년(일본) : 위의 텍스트를 再刻했다.

○ 1673년 寛文13년(일본) : 경도 文台屋治郎兵衛의 출판. 따로 같은 해에 安田重兵衛尉의 출판도 있다.

○ 1883년 光緖9년 : 한국 甘露社에서 『전심법요』와 『완릉록』을 포함한 선록집 『法海寶筏』을 출판했다.

○ 1884년 광서10년 : 남경의 金陵刻經處에서 명판 사가어록

본을 이용하여 상하2권으로 만들어 출판했다. 이것을 香港禪學會에서 佛曆 2507년에 영인출판한 것도 있다.

○ 1886년 明治19년(일본) : 동경 鴻盟社에서 蘆津實全冠注의 텍스트를 출판했다. 같은 것을 경도 大谷津逮堂에서 東惠仁冠注로 출판했다.

○ 1908년 隆熙2년(한국) : 한국 동래 범어사에서 『완릉록』과 『전심법요』를 포함한 선록집 『禪門撮要』를 출판했다.

○ 1928년 昭和3년(일본) : 『대정신수대장경』 제48권에 명판 대장경본과 寬文版을 校合한 텍스트를 수록했다.

○ 1936년 소화11년(일본) : 宇井伯壽 校訂, 암파문고본 『전심법요』 초판.

○ 1958년 : 런던의 라이더社에서 블로우 펠트 譯 『전심법요』 출판(John Blofeld, The Zen Teaching of Huang-Po on the Transmission of mind.). 명판 『사가어록』본을 이용하고 있지만 오역이 상당히 많다.

이상의 것 외에 禪學大系 · 國譯禪宗叢書 · 국역일체경 등의 텍스트와 訓注가 있으며, 그 밖에 영역도 있는 것 같지만 지금은 깊이 들어가지 않는다.

2) 송대에서의 유통

대체로 송대에 『전심법요』가 환영을 받은 것은 우선 이 책의 내용과 그 설하는 방법이 송대 사대부의 기호에 합치했기 때문이며, 그것은 아마 편집자 배휴의 인품에 기인한 바가 클 것이다. 생각건대 송대는 사대부 계급 사이에 불교가 깊이 침투하고 있던 시대이지만 다른 禪錄처럼 공안이나 게송이 포함되지 않고 전체로서 논지의 이론적인 전개에 힘을 쏟고 있는 이 책은 宋學의 불교비판과 서로 어울려 선에 관심을 두고 있는 일반 독서인을 끌어당긴 것이 아닐까? 북송 초기에 있어서 第1流의 관리였던 李遵勖이 『천성광등록』을 編纂하기도 하고, 東坡나 山谷과도 교제한 폭넓은 교양인이며, 황룡종의 중심인물이었던 각범혜홍이 이 책에 題序를 더하고 있는 사실은 무엇보다도 그러한 추정을 돕는다. 또 북송 말부터 남송 초기에 걸쳐서 복주의 開元寺에서 출판된 대장경 중에 특히 이 책이 포함되어 있는 것도 주목할 만하며, 선록의 入藏으로서는 『경덕전등록』이나 『천성광등록』 외에 이것이 유일한 것이며, 무엇인가 역시 다른 禪錄과 구별하여 경전과 동격으로 대우한 것 같은 것을 생각하게 한다. 원래 宋朝禪을 대표하는 것은 임제계이며, 황벽의 이름은 임제의 스승으로서 사람들에게 친숙한 것이었다고 생각되지만 그 경우에도 편자 배휴의 인품과 文才가 크게 이것에 관계한 것은 아닐까?

물론 한편으로는 이 책의 그러한 이론적인 성격에 만족하지 않고, 『벽암록』과 기타의 공안집에 받아들여진 황벽전에 대한 흥미로부터 송대 임제선의 원류로서 황벽도 또한 이미 공안선, 특히 조주무자를 거양했다고 하는 생각이 있었던 것이며, 그러한 내용을 가진 「上堂」이라는 것이 출현하고 있는 것을 보아도 알 수 있다. 명판 대장경에 포함된 『완릉록』 말미의 1단이 바로 그것이다. 일본에서 江戶時代 이후에 출판된 텍스트는 이 부분을 포함하는 것이 일반적이지만 이 「상당」 설법은 이미 『緇門警訓』 제7에 수록되어 있어서 그 성립은 아마 송대로 거슬러 올라간다고 생각된다.

3) 한국에서의 수용

『전심법요』와 『완릉록』의 한국수용에 대하여 언급하기 전에 먼저 독자들에게 송구스러운 말을 전하고 싶다. 실은 황벽의 『전심법요』와 『완릉록』의 한국 전래와 수용에 대하여 학문적으로 자세한 연구를 하지 않았다. 『전심법요』가 「누구에 의하여」 「언제」「어떤 텍스트」가 한국에 최초로 전래되고, 또 그 후 「언제」「어디서」「누구에 의하여」 「어떻게」 개판되고 유통되었는지에 대하여 한국 불교사를 통하여 앞으로 상명하게 연구해야 할 과제로 남겨 둔다.

지금까지 우리나라에서 봐 온 『전심법요』와 『완릉록』은 한국에 전래된 중국찬술과 한국찬술의 어록 15종을 모은 『禪門撮要』의 본이다. 이 본은 북송 말부터 남송 초에 걸쳐서 福州에서 출판된 2종의 대장경에 들어 있는 판본과 완전히 같다. 『禪門撮要』는 隆熙元年(1907)에 경상북도 청도군 虎踞山 운문사에서 개판하였고, 후에 그 판본을 경상남도 동래부 금정산 범어사로 옮겼다. 본서에 포함된 중국 찬술선록의 대부분은 이미 光緒9년(1883)에 甘露社의 葆光居士 劉雲에 의하여 편집개판된 『法海寶筏』에 의거한 것이며, 여기에 지금까지 별행되고 있던 한국찬술의 책과 기타의 것을 더하여 한국선림의 일상 교과서로 만든 것이다.

4) 일본에서의 수용

이어 일본에 있어서 『전심법요』의 출판은 弘安6년(1283)의 그것을 최초라고 하지만 이것은 일본에 있어서 선록출판의 전조로서 주목할 만하다. 대체로 이 책이 언제 일본에 전해졌는지는 반드시 명확하지는 않지만 이전에 宇井伯壽가 지적한 것처럼 明慧上人(1173~1232)의 『邪正問答抄』에 이 책으로부터의 인용이 있으며, 그것과 완전히 같은 것이 夢窓(1275~1351)의 『夢中問答』에도 인용되어 있다. 우정백수는 이것을 근거로 혹시 榮西(1141~1215)가 入宋한 때에 將來한 것이라고 추정하지만 그의 『興禪護國論』은 많은 경론이나 중국의 문헌을 인용하면서 본서에서 언급하는 것은 전혀 없다. 오히려 앞에서 서술한 것처럼 그 무렵 복주 개원사에서 출판된 대장경은 아마 그 몇 개의 組版만이 일본에 장래되어 있었다고 생각되기 때문에 明慧가 그것을 보고 있었을 가능성은 높다.

어쨌든 『전심법요』와 같은 논리적인 선록이 일본에서 다른 선록에 앞서 출판된 것은 비록 이전의 중국의 그것을 따르는 것이었을지라도 주목할 만하며, 특히 그 최초의 출판이 鎌倉에서 이루어져 越州刺史인 北條顯時(1248~1301)가 항상 이 책을 애독하며 좌우에 두고, 그 跋文을 宋僧 大休正念(1235~1289)에게 요청하고 있는 것은 이 책이 단순히 전문적인 선승을 위한 것이 아니라 새로운 사회의 지도자가 된 겸창무사의 교양서로서 널리 일반 독서인에게 달갑게 받아들여졌던 것을 이야기해 준다. 물론 곧 바로 겸창 말부터 室町時代에 걸쳐서 이른바

본격적인 선문학, 예를 들면 『벽암록』과 같은 것이 성행하기 시작하면 이 책의 출판은 잠시 그림자를 숨기는 것 같지만 시대가 흘러서 강호시대에 들어옴과 동시에 다시 성행한다. 그런 경향은 오늘날까지 이어지고 있다.

대체로 강호시대 이후의 근세 일본 불교사는 뭐라고 말해도 黃檗隱元(1592~1673)의 朝來와 함께 시작된다고 말할 수 있지만 대륙의 新風을 들이마신 은원의 선은 마치 종래 일본의 그것과 다른 것 같은 인상을 주어 같은 이름을 가진 황벽의 『전심법요』에 대하여 사람들의 관심을 불러일으킨 점이 있었는지도 모른다.

5) 새로운 과제

이리하여 황벽의 『전심법요』는 멀리 그 성립의 시작부터 오늘날까지 각각의 시대를 통하여 항상 새로운 과제를 널리 일반 독서인에게 던져 온 것처럼 생각된다. 그리고 각 시대의 관심에 의하여 그 텍스트에 다소 출입증감을 보았지만 그 主部는 거의 변화를 받지 않았다.

唐代의 말기라고 하는 가장 격동적인 시대에 살면서 독자적인 가풍을 발휘한 황벽의 말은 그 변함이 없는 주부를 우선 그의 설명법의 리듬 그대로 바르게 읽는 것으로부터 시작해야 할 것이다. 이번에 入矢義高의 새로운 역주는 1천 1백년의 시간을 초월하여 곧 바로 황벽 그 사람의 肉聲에 바싹 다가간 것이라고 믿는다.

그런데 종래 『전심법요』를 읽는데 있어서 고래의 和刻本에 대한 冠注나 先人이 써 넣은 글씨나 강의록이 두세 가지가 있다. 그것을 집대성한 우정백수의 암파문고본은 새로운 독자를 위하여 크게 도움이 될 수 있지만 일반적으로 이 책을 학문적으로 연구한 것은 지금까지 보이지 않는 것 같다. 그 이유로서는 선이라고 말하면 공안선이며, 棒喝을 동반하는 문답이 그 대표라고 생각되어 본서와 같은 이론적인 설법은 무엇인가 문외의 것처럼 보여 특히 그 본문연구나 주석을 싫어하는 경향이 있었던 것은 아닐까? 물론 본서와 같은 平明한 선록은 『벽암록』 등의 공안집과는 달라서 그다지 상세한 주석이나 해설 없이 우선 본문을 선입감 없이 순수한 태도로 읽는 것에 의하여 그 대의를 파악하는 것이 가능하지만 아무리 평명하다고 해도 이미 1,000년 이전의 한문이기 때문에 학문적으로 신뢰할 수 있는 입문서가 요망된다.

새로운 역주의 완성을 계기로 이 책이 향후 좀 더 널리 읽혀져 각 방면으로부터 그 학문적인 진가가 다시 한 번 구명되기를 바란다.

끝으로 참고논문으로서는 다음의 하나를 들어둔다.

○ 關靖, 「金澤文庫의 선적에 대하여」(『積翠先生華甲壽記念論纂』에 수록되어 있음).

또 이 논문에 다루어지고 있는 금택문고소장의 『전심법요』의 열람에 대하여 같은 문고의 納富常天, 日置孝彦 두 사람에게 대단히 신세를 진 것을 명기하며, 깊은 감사의 뜻을 표한다.

黃檗山斷際禪師

傳心法要

河東裵休의 序

河東裵休集幷序

有大禪師, 法諱希運, 住洪州高安縣黃檗山鷲峯下. 乃曹谿六祖之嫡孫, 百丈之子, 西堂之姪. 獨佩最上乘, 離文字之印. 唯傳一心, 更無別法. 心體亦空, 萬緣俱寂. 如大日輪昇虛空中, 光明照耀, 淨無纖埃. 證之者無新舊, 無淺深. 說之者不立義解, 不立宗主, 不開戶牖. 直下便是, 動念卽乖, 然後爲本佛. 故其言簡, 其理直, 其道峻, 其行孤. 四方學徒望山而趨, 覩相而悟, 往來海衆常千餘人. 予會昌二年, 廉于鍾陵, 自山迎至州, 憩龍興寺, 旦夕問道. 大中二年, 廉于宛陵, 復去禮迎至所部, 安居開元寺, 旦夕受法. 退而紀之, 十得一二. 佩爲心印, 不敢發揚. 今恐入神精義, 不聞於未來, 遂出之, 授門下僧太舟法建, 歸舊山之廣唐寺, 問長老法衆, 與往日常所親聞, 同異如何也.

時大唐大中十一年十月初八日序.

【번역】

당나라 하동 배휴가 집록하고, 아울러 서문을 쓴다.

대선사가 계셨는데 법휘는 희운이시고, 홍주 고안현 황벽산 취봉 아래 주석하셨다. 조계육조의 적손이고, 백장의 사법제자이며, 서당의 법질이시다. 단지 최상승만을 지니고 문자의 그림자를 여의었다. 오직 한 마음만을 전했을 뿐 또 다른 법이라는 것은 없었다. 마음도 또한 비어있어 만 가지 인연이 모두 공적했다. 마치 큰 태양이 허공 가운데 떠올라 광명을 비추어 빛을 내니 맑아 어떠한 작은 먼지도 없는 것과 같으셨다. "이 理法을 깨닫는 데는 시간의 새로움(前)과 오래됨(後)이 없고, 또 얕음과 깊음의 차이도 없다. 이것을 하나의 법으로써 설하는 데도 그것은 이론이나 분석을 개입시키지 않으며, 그 종지의 開祖를 내세우지 않으며, 또 一派를 건립하지도 않는다. 곧 바로 정확히 그것을 알아차리는 것, 단지 그것만 있을 뿐 조금이라도 사량하면 즉시 어긋난다. 이와 같이 깨달아야 비로소 우리 몸은 그대로 본래 부처가 되는 것이다"고 말씀하셨다.

이와 같은 취지이기 때문에 우리 선사의 말씀은 간명하고, 그 이법은 直截하며, 그 생활방식은 險峻하고, 그 실천은 孤高하시었다. 그래서 모든 지방의 수행자들이 황벽산을 바라보고 달려와 운집하여 모두 선사의 모습을 보고 개오하니 그들 입문대중의 수는 항상 천 명이 넘었다.

나는 회창2년(842) 관찰사로서 종릉에 재임했을 때 선사를 황벽산에서 홍주의 首府로 초청하여 맞이해 용흥사의 주지로 모시고 조석으로 가르침을 물었다. 이어서 대중2년(848) 완릉에 관차사로 재임했을 때 駐在의 수부로 재차 맞이하여 거기의 개원사에 머무시도록 하고 조석으로 가르침을 하사받았다. 이들의 가르침을 나는 집으로 가지고와 기록하여 왔지만 열 가운데 한 둘밖에는 기록하지 못했다고 생각한다. 이것을 나는 자기 마음의 지표로 삼아 몸에 지니고 다니면서 지금까지 감히 밖으로 드러내어 발표하지 못했다. 그러나 이제 하늘의 啓示라고도할 만한 精妙한 선사의 奧義가 후세에 전해지지 않고 단절될까 염려되어 마침내 거기에서 이 기록을 꺼내어 선사의 門下僧인 太舟와 法建에게 직접주어 이것을 선사의 연고지인 황벽산 광당사로 가져가 거기의 장로와 法衆들에게 읽게 하여 그들이 지난날 선사로부터 항상 친히 들었던 가르침과 어떠한 차이가 있는지를 한번 검토해 보고 싶다.

때는 大唐 대중11년 10월 8일 서문을 쓰노라.

【注記】

○ 이 서문의 전기적인 부분에 대하여 상세한 것은 柳田聖山의 해설을 참고하면 된다. 또 황벽의 법을 요약적으로 설명하고 있는 부분에 대해서는 본문을 읽으면 적확한 이해를 할 수 있기 때문에 여기서는 주해를 생략한다.

○ **曹谿六祖(조계육조)** : 조계는 6조 혜능(638~713)이 5조 홍인에게 법을 전해 받은 후 그의 지시에 따라 영남으로 가서 弘法한 지명으로 현재의 廣東省 曲江縣이다. 「曹谿」는 보통은 「曹溪」라고 쓴다. 후대의 자료이기는 하지만 선불교에서 쓰는 曹溪라는 말이 『祖庭事苑』권1 「雲門錄上」의 '曹溪'에 "『보

림전』에 당 의봉년간(676~678), 거사 조숙량이 육조대사에게 땅을 시주하여 그곳에 살도록 했는데 거기에는 쌍봉과 큰 계곡이 있었다. 조후의 성을 따서 曹溪라 했다(寶林傳, 唐儀鳳中, 居人曹淑良施地六祖大師居之地, 有雙峰大溪. 因曹侯之姓謂曹溪.)"고 그 유래를 밝히고 있다. 이 유래에서처럼 曹溪라고 쓰는 쪽이 좋다.

○ **百丈之子, 西堂之姪(백장지자, 서당지질)** : 모든 텍스트는 이 2句가 「西堂百丈之法姪」로 되어 있지만 그것에는 전혀 뜻을 이룰 수 없기 때문에 元刊本 『景德傳燈錄』 권9에 付載한 『전심법요』에 따라 訂正한다. 이 師承의 계보를 도시하면 다음과 같다.

6조—南嶽懷讓(677~744)—馬祖道一(709~788)—百丈懷海(720~814)—黃檗希運

—西堂智藏(735~814)

○ **獨佩最上乘(독패최상승)** : 「最上乘」이라는 것은 여기서는 달마 直傳의 불법의 本義라는 의미이며, 보다 직접적으로는 남종선의 돈오법문을 가리킨다. 이 말은 『금강경』 제15단(『대정장』 권8, p.750하)의 "수보리야, 요컨대 이 경은 불가사의하고 헤아릴 수 없고 한량없는 공덕이 있다. 여래께서는 대승심을 낸 사람을 위해여 설했으며, 최상승심을 낸 사람을 위해여 설했다"고 한 것에 바탕을 두고 있지만 선종에서는 일찍부터 다음과 같은 독자적인 이해를 함에 있어서 이 말을 사용하고 있다. 예를 들면 5조 홍인의 저술이라고 생각되는 『修心要論』은 일명 『最上乘論』이라 하고, 또 『육조단경』의 돈황사본은 『南宗

頓教最上大乘…』이라고 제명하고 있으며, 본문 가운데도 大中小의 3乘 외에 「最上乘」을 두는 의미를 말하고 있다. 또한 육조의 제자 荷澤神會(684～758)의 『南陽和尙問答雜徵義』제11단 「蘇晉問大乘與最上乘」에 「대승」과 「최상승」과의 구별을 논하고 있다. 즉 "예부시랑인 소진이 질문하기를, '어떤 것이 대승이며, 어떤 것이 최상승입니까?' 대답하기를, '보살승이 대승이고, 佛乘이 최상승입니다.' 질문하기를, '대승과 최상승이 어떤 차이가 있습니까?' 대답하기를, '대승이라고 하는 것은 보살이 보시바라밀을 행함에 三事의 본체가 空한 것인 줄 관찰하고, 6바라밀도 역시 그와 같이 관찰하기 때문에 대승이라고 합니다. 최상승이란 것은 단지 본래 자성이 공적한 줄 깨달으면 3事의 자성이 본래 공한 것인 줄 알고, 또 다시 觀行을 일으키지 않는 것입니다. 또 나머지 6바라밀도 그와 같이 관하는 것을 최상승이라고 합니다.'(禮部侍郎蘇晉問. 云何是大乘? 何者是最上乘? 答曰, 菩薩卽大乘, 佛卽最上乘. 問曰, 大乘最上乘, 有何差別? 答曰, 言大乘者, 如菩薩行檀波羅蜜, 觀三事體空, 乃至六波羅蜜, 亦復如是, 故名大乘. 最上乘者, 但見本自性空寂, 卽知三事本來自性空, 更不復起觀, 乃至六度亦然, 是名最上乘.)" 신회는 '일체제법의 본성이 공적한 줄 알아서 다시 觀行을 일으키지 않는' 입장이 최상승이라고 보고 있다. 같은 신회의 다른 저작인 『菩提達摩南宗定是非論』을 일명 『頓悟最上乘論』이라고 스스로 말하고 있다. 이것을 계승하여 『歷代法寶記』(8세기 말에 성립)도 그 별명의 하나로 『最上乘頓悟法門』이라 하고 있다. 또 永嘉玄覺(675～713)의 작품이라고 여겨지는 『證道歌』가 옛날에는 『最上乘佛性歌』라고 불렀던 적도 있으며, 내려와서 宗密(780～841)의 『禪源諸詮集都序』

에 이르면 선을 다섯 가지로 분류하여 외도선・범부선・소승선・대승선의 위에 위치한 것으로서 「최상승선」(일명 如來淸淨禪)을 세우게 된다(암판문고본, p.18).

1. 마음이 곧 부처

師謂休曰, 諸佛與一切衆生, 唯是一心, 更無別法. 此心無始已來, 不曾生, 不曾滅, 不靑不黃, 無形無相, 不屬有無, 不計新舊, 非長非短, 非大非小, 超過一切限量名言, 蹤跡對待, 當體便是, 動念卽乖. 猶如虛空無有邊際, 不可測度. 唯此一心卽是佛, 佛與衆生, 更無別異. 但是衆生著相外求, 求之轉失, 使佛覓佛, 將心捉心, 窮劫盡形, 終不能得. 不知息念忘慮, 佛自現前. 此心卽是佛, 佛卽是衆生. 爲衆生時, 此心不減, 爲諸佛時, 此心不添, 乃至六度萬行, 河沙功德, 本自具足, 不假修添. 遇緣卽施, 緣息卽寂. 若不決定信此是佛, 而欲著相修行, 以求功用, 皆是妄想, 與道相乖. 此心卽是佛, 更無別佛, 亦無別心. 此心明淨, 猶如虛空, 無一點相貌. 擧心動念, 卽乖法體, 卽爲著相. 無始已來, 無著相佛. 修六度萬行, 欲求成佛, 卽是次第. 無始已來, 無次第佛. 但悟一心, 更無少法可得, 此卽眞佛. 佛與衆生, 一心無異. 猶如虛空無雜無壞, 如大日輪照四天下. 日昇之時, 明徧天下, 虛空不曾明, 日沒之時, 暗徧天下, 虛空不曾暗. 明暗之境, 自相凌奪, 虛空之性, 廓然不變. 佛及衆生, 心亦如此. 若觀佛作淸淨光明解脫之相, 觀衆生作垢濁暗昧生死之相, 作此解者, 歷河沙劫, 終不得菩提, 爲著相故. 唯此一心, 更無微塵許法可得, 卽心是佛. 如今學道人, 不悟此心體, 便於心上生心, 向外求佛. 著相修行. 皆是惡法, 非菩提道.

【번역】

황벽선사가 배휴(797～870)에게 말씀하셨다.

모든 부처님과 일체 중생은 오직 이 한마음일 뿐 또 다른 어떠한 법도 없다. 이 마음은 본래부터 일찍이 생기지도 않았고 없어진 적도 없으며, 푸르지도 않고 누렇지도 않으며, 형체도 없고 相貌도 없으며, 있고 없음에 속하지도 않으며, 새롭거나 낡은 것이라고 헤아릴 수도 없으며, 길지도 않고 짧지도 않으며, 크지도 않고 작지도 않으며, 일체의 計量과 표현을 超過해 있으며, 어떠한 자취와 상대적인 접근법으로부터 멀리 떠나 있는 그 자체 그대로가 바로 그것이며, 그것에 대하여 思念을 일으키면 곧 바로 어긋난다. 그것은 마치 허공과 같이 끝이 없으며 가히 측량할 수도 없다. 오직 이 한마음이 그대로 부처일 뿐 부처와 중생이 새삼스럽게 다를 것이 없다. 모든 중생은 모양에 집착하여 밖에서 부처를 구하고자 하기 때문에 그것을 구하고자 하면 할수록 더욱더 잃으며, 부처로 하여금 부처를 찾게 하거나 마음을 가지고 마음 붙잡고자 한다면 수많은 시간이 지나고 이 몸이 다할지라도 끝내 바라는 바를 얻을 수 없는 것이다. 그런데도 중생들은 마음을 쉬고 생각을 잊어버리면 부처는 저절로 눈앞에 나타난다는 사실을 모르고 있다. 이 마음이 그대로 부처이고 부처가 곧 중생이다. 그러므로 중생인 때도 이 마음은 줄지 않고 부처인 때도 이 마음은 늘지도 않으며, 내지 또한 육도만행과 항하사와 수많은 공덕이 본래 그 자체에 갖추어져 있어서 닦아 더할 필요가 없다. 인연을 만나면 곧 施行하고 인연이 그치면 곧 고요하다. 만일 그것이 부처인 것을 결코 믿지 않고 겉모습에 집착하여 수행하며 그것에 의하여 과보를 구하고자 한다면 모두 망상일 뿐 도와는 서로 어긋난다. 이 마음이 곧 부처이며, 다시 다른 부처가 없고, 또한 다른 마음이라는 것도 없다.

이 마음은 마치 허공과 같이 밝고 깨끗하여 어떠한 모습도 없다. 그러나 마음을 일으켜 思念을 움직이면 곧 바로 법체와 어긋나 겉모양에 집착하게 된다. 시작함이 없는 永劫의 옛날부터 모양에 집착한 부처는 없다. 또한 육도만행을 닦아서 부처가 되고자 한다면 그것은 단계적인 수단이다. 시작함이 없는 영겁의 옛날부터 단계적인 수단에 의하여 부처가 된 이는 없다. 다만 이 一心을 깨닫기만 하면 다시 더 작은 어떠한 법도 얻을 것이 없으니 이것이야말로 참된 부처이다.

부처와 중생은 한 마음이어서 다름이 없다. 이는 마치 허공과 같이 잡됨도 무너짐도 없으며, 또한 태양이 온 누리를 비추는 것과 같다. 해가 떠오를 때 전 세계를 밝게 비추지만 허공은 일찍이 밝은 적이 없으며, 해가 질 때 온 천하를 전부 어둡게 하지만 허공은 일찍이 어두웠던 적이 없다. 이처럼 밝고 어두운 두 가지 경계가 서로 침범하여 빼앗을지라도 허공의 본성은 텅 비어 변함이 없다. 부처와 중생 그리고 마음도 이와 같다. 만약 부처를 관하면서 청정한 광명으로 가득찬 해탈의 모습을 떠올린다거나 중생을 관함에 汚濁愚昧하고 생사유전하는 모습으로 본다면 이렇게 이해하는 사람은 항하사와 같은 수많은 세월이 지나가더라도 끝내 보리를 얻지 못할 것이다. 왜냐하면 겉모양에 집착을 했기 때문이다. 오직 이 한 마음일 뿐 거기에 티끌만한 어떤 법도 얻을 수 없으며, 이 마음이 그대로 부처이다. 그런데 지금 도를 배우는 사람들은 이 마음의 당체를 깨닫지 아니하고 문득 마음 위에서 마음을 일으켜 밖을 향해 부처를 구하고, 또 모양에 집착하여 수행을 하고 있다. 이는 모두 邪惡한 법일 뿐 보리의 도는 아닌 것이다.

【注記】

○ 이 제1단부터 제3단의 중간쯤까지 『宗鏡錄』 권24에 「黃檗和尙云」이라고 요약하여 인용하고 있다. 이 『종경록』의 인용은 아마 현재의 傳本이 『전심법요』라고 하는 서명을 붙여 정착하기 이전의 옛 모습을 부분적으로 보여주는 것이며, 얼마 안 되지만 주목할 만한 字句의 相異가 있다.

○ **諸佛與一切衆生**(제불여일체중생)… : 하택신회의 『남양화상

문답잡징의』 제21—1단 「乾光法師問佛心與衆生心」에 “위군의 건광법사가 질문하기를, ‘무엇이 불심이며, 무엇이 중생심입니까?’ 대답하기를, ‘중생심이 곧 불심이고, 불심이 곧 중생심입니다.’ 질문하기를, ‘중생심과 불심이 이미 차별이 없다면 무엇 때문에 중생이라 하고, 부처라고 말합니까?’ 대답하기를, ‘만약 깨닫지 못한 사람을 의거해서 말하면 중생이 있고, 부처가 있는 것이지만 만약 요달한 사람이라면 중생심과 불심은 본래 태어날 때부터 차별이 없는 것입니다’(魏郡乾光法師問, 何者是佛心, 何者是衆生心? 答曰, 衆生心即是佛[心], 佛心即是衆生心. 問, 衆生心與佛[心]既無差別, 何故言衆生, 言佛? 答, 若約不了人論, 有衆生有佛. 若其了者, 衆生心與佛心元不別毋生.)”라고 한다. 이 가운데 「깨달은 사람이라면 중생심과 불심은 본래 태어날 때부터 차별이 없는 것이다」고 한 주장은 『화엄경』 ‘야마천궁품’(『대정장』 권9, p.465하)에 “마음과 부처와 중생과는 차별이 없다(心佛及衆生, 是三無差別.)”고 한 화엄의 입장에서 나온 것임과 동시에 7권『능가경』 권4(『대정장』 권16, p.614중)에 “모든 것은 마음이 근본이라는 사실을 깨닫는다면 분별은 일어나지 않는다(若知但是心, 分別則不生)”고 한 것처럼 일체를 심법에 귀일시키는 입장에 서 있다. 『佛說法王經』(『대정장』 권85, p.1385상)에 “일체의 부처와 일체의 중생은 그 본체도 모양도 동일하며, 일체이어서 차이가 없다. 중생의 마음이 스스로 분별을 일으킬 뿐 부처가 곧 중생이고, 중생이 곧 부처이다(一切佛一切衆生, 同一性相, 一體無異. 衆生之心自起分別, 佛是衆生, 衆生是佛.)”고 하며, 寶誌和尙의 『十四科頌』(『대정장』 권51, p.450하)에 “부처와 중생과는 동일하며, 중생이 다름 아닌 세존이다(佛與衆生一種, 衆生即是世尊.)”라고 한 것도 역시 같은 취지이다.

○ **更無別法(경무별법)** : 상술한 『종경록』 권24에는 이 구의 뒤에 「覺心卽是(깨달음의 마음이 바로 그것이다)」(『대정장』 권48, p. 550중)고 하는 한 구가 더 있다.

○ **不靑不黃(불청불황)** : 일체의 색을 갖지 않는 것을 말할 때 청색과 황색만으로 대표하는 것은 신회의 『단어』 제14단 「무주심을 아는 知」를 비롯하여 唐代 선어록 일반에 보이는 상투구이다. 또 『돈오입도요문론』 제4단에 "그 마음은 무엇과 같은가? 그 마음은 푸르지도 않고, 누렇지도 않으며, 붉지도 않고, 또한 희지도 않으며, 길지도 않고, 짧지도 않으며, 오는 것도 아니고, 가는 것도 아니며, 더럽지도 않고, 깨끗하지도 않으며, 생하지도 않고, 멸하지도 않아서 항상 담연하여 적정하다. 이것이 본심의 모습인 것이며, 또한 본신이라고도 한다. 본신이란 것은 곧 불신을 말한다(問, 其心似何物. 答, 其心不靑不黃, 不赤不白, 不長不短, 不去不來, 非垢非淨, 不生不滅, 湛然常寂. 此是本心形相也. 亦是本身. 本身者卽佛身也.)"(平野宗淨, 『頓悟要門』 <禪の語錄6>, 筑摩書房, 1970, p.14.)고 한 말이 있다.

○ **當體便是(당체변시)** : 바로 그 자체가 그대로 그것이다. 「當體」는 특히 당말부터 송대에 걸쳐서 애용된 술어로 거의 독일어의 「an sich(그것 자체)」에 가깝다. 송대의 주석가가 쓴 杜甫 詩의 注(九家注)에도 보인다. 類語로서 「敵體」·「剋體」·「徹體」·「全體」 등이 있다.

○ **動念卽乖(동념즉괴)** : 후문의 「擧心動念, 卽乖法體」와 같은 뜻이다. 『임제록』(『대정장』 권47, p.501중)에는 「擬心卽差」(마음을 헤아리면 곧 어긋난다)에 이어 對句로서 사용되고 있다.

제5단의 주기를 보라.

○ **使佛覓佛, 將心捉心, 窮劫盡形, 終不能得(사불멱불, 장심착심, 궁겁진형, 종불능득)** : 『경덕전등록』 권28, 越州 大珠慧海의 말(『대정장』 권51, p.441상)에 "마음이 부처이니 부처로서 부처를 찾지 말라. 마음이 법이니 법으로서 법을 구하지 말라(心是佛不用將佛求佛. 心是法不用將法求法.)"고 하는 말이 있고, 같은 대주의 말(『대정장』 권51, p.442중)에 "성품을 가지고 성품을 찾으니 만겁을 지나도 끝내 보지 못한다(將性覓性萬劫終不見.)"고 하는 주장이 있다. 『信心銘』 제42게에 "마음을 가지고 마음을 쓰니 어찌 크게 그릇된 것이 아니랴!(將心用心, 豈非大錯.)"고 하고, 『돈오입도요문론』 권하 제32단에 "마음을 가지고 마음을 쓰는 것은 크게 잘못된 것이다"고 한다. 그리고 같은 대주혜해의 말(『대정장』 권51, p.441하)에 "마음을 가지고 수행하면 마치 진흙물로 때를 씻는 것과 같다(將心修行, 喩如滑泥洗垢.)"고 한다. 이 한마디의 말이 앞의 내용을 모두 감싸고도 남음이 있다. 왜냐하면 최상승선은 철저한 반야바라밀이 되어야 하기 때문에 흔적이 남으면 안 된다. 그리고 『摩訶止觀』 권2의 상에 "법계로써 법계를 구한다고 하는 것은 미혹이다"라고 한 말도 참고가 된다.

○ 六度(**육도**) : 여섯 가지의 바라밀 실천도. 보시・계율・인내・노력・선정・지혜(깨달음). 度는 paramita의 번역으로 필경・완성의 뜻이다.

○ **遇緣卽施(우연즉시)**… : 제5단의 「遇境卽有, 無境卽無」와 『완릉록』 제16단의 「若不應緣之時…」 조항을 참조하라. 종밀이 그의 저서 『中華傳心地禪門師資承襲圖』의 중에서 마조계의 홍주종을 비판하고 있는 부분에 다음과 같이 말하고 있다. "진

심의 본체에는 두 가지 작용이 있는데 하나는 자성의 本用이고, 다른 하나는 隨緣의 應用이다.…" 여기에 「연을 만나면 곧 시행한다」고 한 것은 즉 종밀이 말한 「연에 따라서 응용한다」고 한 것에 해당한다. 다만 종밀의 비판은 홍주종이 오로지 그러한 일상의 언어와 동작 등의 營爲만에 역점을 두어 그러한 일상적인 작용 그 자체를 「靈覺」의 현현이라고 하는 점에 기울어져 있다. 이 문제에 대해서는 제5단의 「靈覺性」의 주기와 『완릉록』 제16단의 「卽如今言語者, 正是汝心」의 주기를 참조하라.

○ **此心卽是佛(차심즉시불)** : 결국 「卽心是佛」(마음이 바로 부처이다), 혹은 「卽心卽佛」(마음이야말로 부처임에 틀림없다)의 뜻이다. 또한 「是心是佛」이라고도 한다. 일반적으로 마조도일 선사가 주창한 말로서 유명하지만 禪錄에서는 육조혜능, 그의 제자 司空本淨이나 南陽慧忠에게도, 또 신회의 『단어』 제22단 「생멸문에서 진여문으로 頓入」에도 이 말이 보인다. 물론 상기한 화엄의 心・佛・衆生을 일체라고 하는 입장을 기본으로 한 것이다. 『종경록』 권25에 상세한 해설이 있다. 또한 『觀無量壽經』의 "是心作佛, 是心是佛(이 마음이 부처를 만들고, 이 마음이 그대로 부처인 것이다)"도 참조(岩波文庫本 『淨土三部經』 하, pp.20・53).

○ **更無少法可得(경무소법가득)** : 『금강경』 중의 유명한 구이다(암파문고본, p.108).

○ **眞佛(진불)** : 永嘉玄覺의 『증도가』 제4게에 "법신을 覺了하면 한 물건도 없으며, 本源自性이 天眞佛이라"고 한다.

○ **猶如虛空(유여허공)…** : 허공에는 주야의 교체에 의한 명암의 변화는 보이지만 허공 그 자체의 본질은 불변하다고 하는 비유

는 唐代 선가가 애용한 말이다. 예를 들면 신회의 『단어』 제18단 「번뇌가 곧 보리」의 설명에 이 비유를 이용하고 있다. "여러분에게 잠시 '번뇌가 곧 보리'인 뜻을 설명해 보겠다. 허공을 들어 비유해 보자. 허공에는 본래 움직임도 없고 고요함도 없지만 밝음이 오면 밝은 허공이 되고, 어두움이 오면 어두운 허공이 되는 것과 같다. 이 때 어두운 허공의 본질은 밝은 허공과 다르지 않고, 밝은 허공의 본질은 어두운 허공과 다르지 않다. 허공중의 밝고 어두움은 스스로 왔다갔다 하는 것일 뿐, 허공 그 자체에는 본래 동정이 없다. 번뇌와 보리의 의미도 또한 그러하다. 미혹함과 깨달음은 각각 다름이 있으나 깨달음의 본성은 원래 다르지 않다.(爲知識聊簡煩惱即菩提義. 擧虛空爲喩. 如虛空本無動靜, 明來是明家空, 暗來是暗家空. 暗空不異明, 明空不異暗. 虛空明暗自來去, 虛空本來無動靜. 煩惱與菩提, 其義亦然. 迷悟別有殊, 菩提性元不異.)"

2. 無心

供養十方諸佛, 不如供養一箇無心道人. 何故. 無心者無一切心也. 如如之體, 內如木石, 不動不搖, 外如虛空, 不塞不礙, 無能所, 無方所, 無相貌, 無得失. 趨者不敢入此法, 恐落空無棲泊處. 故望崖而退, 例皆廣求知見. 所以求知見者如毛, 悟道者如角. 文殊當理, 普賢當行. 理者眞空無礙之理, 行者離相無盡之行. 觀音當大慈, 勢至當大智. 維摩者淨名也. 淨者性也, 名者相也. 性相不異, 故號淨名. 諸大菩薩所表者, 人皆有之, 不離一心, 悟之卽是. 今學道人, 不向自心中悟, 乃於心外著相取境, 皆與道背. 恒河沙者, 佛說是沙諸佛菩薩釋梵諸天步履而過, 沙亦不喜. 牛羊虫蟻踐踏而行, 沙亦不怒. 珍寶馨香, 沙亦不貪. 糞尿臭穢, 沙亦不惡. 此心卽無心之心. 離一切相, 衆生諸佛, 更無差別. 但能無心, 便是究竟. 學道人若不直下無心, 累劫修行, 終不成道, 被三乘功行拘繫，不得解脫. 然證此心有遲疾，有聞法一念便得無心者，有至十信十住十行十迴向，乃得無心者，有至十地乃得無心者. 長短得無心乃住，更無可修可證. 實無所得，眞實不虛. 一念而得，與十地而得者，功用恰齊，更無深淺，祇是歷劫枉受辛勤耳. 造惡造善，皆是著相. 著相造惡，枉受輪迴. 著相造善，枉受勞苦. 總不如言下便自認取本法. 此法卽心，心外無法. 此心卽法，法外無心. 心自無心，亦無無心者. 將心無心，心却成有. 默契而已，絶諸思議. 故曰，言語道斷，心行處滅. 此心是本源淸淨佛，人皆有之. 蠢動含靈，與諸佛菩薩，一體不異. 祇爲妄想分別，造種種業果.

【번역】

시방의 모든 부처님들께 공양하는 것이 한 사람의 무심도인에게 공양하는 것만 못하다. 왜냐하면 무심이라는 것은 일체의 망심이 없기 때문이다. 여여한 본체는 안으로는 목석과 같아서 움직이지도 않고 흔들리지도 않으며, 밖으로는 허공과 같아서 막히지도 않고 걸리지도 않으며, 주관과 객관도 없으며, 방향과 처소도 없으며, 모양이나 자태도 없으며, 얻음과 잃음도 없다. 그러나 도를 닦는 사람들이 감히 이 「무심」의 법문에 들어오지 못하는 것은 공(허무)에 떨어져 깃들여 머무를 곳이 없을까 두려워하기 때문이다. 그래서 벼랑만 바라보고 물러나 대개 모두 널리 지견을 구하고 있다. 이처럼 지견을 구하는 사람은 그 수가 쇠털처럼 많지만 정작 도를 깨닫는 이는 소의 뿔처럼 두셋에 불과하다.

문수보살은 이치의, 보현보살은 실행의 구현자로서 각각 상징된다. 그 이치라는 것은 진공으로서 걸림이 없는 도리이고, 실행이라는 것은 일체의 모양을 초월한 무한한 실천인 것이다. 관음보살은 큰 자비를, 대세지보살은 큰 지혜를 제각기 구현한 자를 상징한다. 또 유마라는 것은 「淨名」이라는 의미이다. 「청정하다」는 것은 본체 바로 그 자체이고, 「이름」이라는 것은 그것의 드러난 모습을 가리킨다. 본체와 현상이 다르지 않기 때문에 정명이라 한다. 여러 위대한 보살들이 현현한 德도 실은 사람들이 모두 그것을 구유하고 있으며, 그것은 이 일심밖에 있는 것이 아니어서 깨닫기만 그만이다. 그런데 지금 도를 배우는 사람들은 자기 마음에서 깨달으려고 하지 않고 마음 밖에서 겉모양에 집착하여 대상경계를 취(대상화)하고 있기 때문에 도두 도와 위배되고 있다. 갠지스강의 모래라는 것은 부처님께서 말씀하시기를, "이들 모래는 모든 불보살을 비롯하여 제석천·범천 등 고귀한 신들의 발이 그 위를 밟고 지나갈지라도 모래는 또한 기뻐하지 않는다. 또 소·양·벌레·개미 등이 그 위를 밟고 지나간다 해도 모래는 또한 성내지 않는다. 금은재보와 고귀한 香木도 모래는 또한 탐내지 않는다. 분뇨와 악취를 풍기는 오물을 모래는 또한 미워하지 않는다"고 하셨다. 이 갠지스강의 모래와 같은 마음이 곧 「무심의 마음」이다. 이와 같이 모든 모양을 떠난 곳에는 중생과 부처가 조금도 차별이 없다. 단지 무심하기만 하면 그것이 바로 구경의 경지이다. 도를 배우는 사람이 만약 곧 바로 무심하지 않으면 永劫 동안 수행해도 끝내 도를 이루지 못하고 도리어 삼승의 단계적인 공부에 얽매여 해탈하지 못하게 될 것이다.

그런데 이 마음을 증득하는 데는 더디고 빠름이 있어서 법문을 듣고 한 생각에 곧 바로 무심을 깨닫는 사람도 있거니와 10신 · 10주 · 10행 · 10회향에 이르러서야 무심을 증득하는 이도 있고, 그리고 10지에 이르러서야 비로소 무심을 얻는 자도 있다. 이와 같이 무심을 깨닫는 절차에 장단이 있을지라도 무심을 얻으면 그만이지 다시 더 닦고 증득할 것이 없다. 실로 얻을 것도 없지만 진실하여 허망하지 않는 것이다. 다만 한 생각에 깨달은 것이나 10지의 수행단계를 통하여 깨달은 것이나 그 공적에 있어서는 꼭 마찬가지이기 때문에 다시 깊고 얕음의 차이가 없으며, [다만 최후에 무심을 증득하지 못한다면] 영겁의 세월 동안 헛되이 苦勞를 받을 뿐이다.

의도적으로 악을 저지르는 것이나 선을 짓는 것도 모두 모양에 집착한 소행이다. 모양에 집착하여 악을 짓게 되면 헛되이 윤회의 괴로움을 받게 된다. 또 모양에 집착하여 선을 지어도 쓸데없이 勞苦를 받게 된다. 그러므로 모두 말 끝에 곧 바로 스스로 본래의 법을 깨닫는 것만 못하다. 이 법이 곧 마음이며, 마음 밖에 따로 법이 없다. 이 마음이 곧 법이며, 법 밖에 다른 마음이라는 것은 없다. 마음 그 자체가 무심이 되면 또한 무심이라는 것도 없다. 마음을 無心하게 하려고 하면 마음은 도리어 有心이 된다. 거기는 다만 묵묵히 계합할 뿐 모든 思辯을 초월한 곳이기 때문이다. 따라서 「언어의 길이 끊어지고 思念과 행위도 없다」고 한 것이다. 이 마음이 「본래 청정한 부처(本源淸淨佛)」이며, 사람들은 모두 그것을 가지고 있다. 꿈틀거리며 움직이는 사람이나 제불보살과 一體이어서 다를 것이 없다. 다만 망상분별 때문에 갖가지 업을 지를 뿐이다.

【注記】

○ **供養十方諸佛(공양시방제불)**… : 이 어투는 『四十二章經』에 "음식을 천억의 삼세제불에게 올리는 것보다도 無念·無住·無修·無證의 한 수행자에게 올려라"고 한 것으로부터 발상된 것일 것이다.

○ **無心(무심)** : 일체의 분별의식이 끊어진 마음, 더구나 그것은 영묘한 작용을 일상생활에서 발휘한다. 그 점으로부터 말하면 『無心論』(돈황사본 스타인 5619호)에 말하는 것처럼 "견문각지가 그대로 무심이다"고 한 것으로도 된다. 『경덕전등록』 권5, 司空本淨의 말(『대정장』 권51, p.242중하)에 "만약 부처를 구하고자 한다면 다름 아닌 마음이 부처이다. 만약 도를 회득하고자 한다면 무심이라는 것이 도이다. … 도는 본래 무심인 것, 그 무심인 것을 도라고 이름한 것이다. 만약 무심을 요달하면 무심이 그대로 도가 된다.(若欲求佛, 卽心是佛. 若欲會道, 無心是道. … 道本無心, 無心名道. 若了無心, 無心卽道.)"고 한다. 그런데 무심의 적극적인 의미는 모든 분별을 넘어선 경지에서 분별을 살리는 데에 있다. 무심에 대해서는 후단에서도 再說되고, 또 『완릉록』에도 반복하여 설하고 있다. 또 달마의 『이입사행론』 제27·39·48단에서 강조한 「卽心無心」의 주장도 참조하고 싶다. 『종경록』 권45에 전개되어 있는 무심론도

좋은 참고가 된다.

○ **如如之體**(여여지체) : 「如如」라는 것은 본래 있는 그대로의 본연의 존재를 말한다. 『금강경』(『대정장』 권8, p.752중)에 "모양을 취하지 않고 있는 그대로 움직이지 않는 것이다(不取於相, 如如不動.)"라고 한 것처럼 그러한 본연의 모습은 그것 자체로서 흔들림이 없이 부동한 것이다. 다음의 구에 「不動不搖」라고 한 것은 바로 그것을 가리킨다. 『유마경』 '보살품'의 미륵장에 "如는 不二不異다"고 한다.

○ **恐落空無棲泊處**(공락공무서박처) : 「落空」이라는 말은 후단에도 두 번 보이지만 『완릉록』의 제3단에 "범부의 무심은 空寂에 빠진 것이 아닙니까"라고 한 것도 같은 의미이다. 『경덕전등록』 권28, 남양혜충의 말(『대정장』 권51, p.439상)에 "본래 없다고 하면 공에 떨어진 것이 아닙니까?(曰本來無莫落空否.)"라는 질문에 대하여 "공이 이미 없는데 떨어진다는 말이 어떻게 성립하겠는가?(空旣是無墮從何立.)"라고 대답하고 있다. 또 『종경록』 권90(『대정장』 권48, p.910상)에 인용한 普智禪師의 頌에 "공에 떨어지고 단견에 빠질까 두려워하지 말라. 만법은 모두 이 곳(공)에서 생긴다(莫怕落空沈斷見. 萬法皆從此處生.)"는 말이 있고, 『경덕전등록』 권28, 大珠慧海의 말(『대정장』 권51, p.443중)에도 "無住(일정한 장소가 없는 것)가 일체법이 존립하는 기반이다(無住本立一切法)"라고 가르친 것에 대하여 질문자가 "太虛와 같은 것이 아닙니까?(莫同太虛否)"라고 묻는 것에 대하여 대주가 반문하기를 "그대는 태허와 같아질 것을 두려워하는가?(汝怕同太虛否)" "예, 두려워합니다.(曰, 怕)" "두려움을 아는 것은 태허와 같지 않다.(解怕者不同太虛)"고 한 문답이 있다. 여기에 말하는 태허는 허공과 같은 뜻이다. 「

落空」은 또 「沈空」이라고도 한다. 『조주록』에 "질문, 無爲寂靜한 사람은 沈空에 떨어지는 것이 아닙니까? 답, 침공에 떨어진다. 문, 결국 어떻게 됩니까? 당나귀나 말이 된다." 또 「無記空」이라고도 한다. 신회의 『단어』(돈황사본 스타인 6977호)에 "만약 知(근원적인 반야의 智)를 세우지 않고 마음이 無住가 되면 곧 無記空에 떨어진다. 그러므로 나는 지를 세운 것이다"고 한다. 돈황본 『육조단경』 제24단에는 "마음을 고정시켜서 앉지 말라. 그러면 무기공에 떨어진다(莫定心坐, 卽落无記空.)"고 주의를 주고 있다. 요컨대 「공에 떨어지는 것」의 두려움이라는 것은 공을 단순한 허무의 深淵이나 캄캄한 공허의 洞穴과 같은 것으로 이해하는 공포이다. 또한 본문의 이 전후 三句는 『종경록』 권41에 역시 「황벽화상이 말한다」고 하면서 「無人敢入此門, 恐畏落空, 盡望涯而退」라는 간단한 표현으로 인용하고 있다.

○ **求知見者如毛(구지견자여모)**… : 여기의 「如毛」와 「如角」은 대단히 기이한 修辭이다. 毛와 角의 대비는 「거북의 털과 토끼의 뿔」(있을 수 없는 것의 비유)이라는 구절을 상기시키지만 그러나 여기서는 그것과는 관계가 없는 것으로 「如毛」란 무수히 많은 것, 「如角」이란 극히 僅少한 것을 가리키는 말인 것 같다. 그밖에 용례가 없는 표현이다.

○ **文殊當理(문수당리)**… : 이하 각 보살이 표현하는 德은 모든 사람들에게 본래 구족되어 있다고 한다. 각각의 덕을 각 보살에게 배당하는 방법이 보통 그것과 다른 점도 있지만 그것에 고집할 필요는 없다.

○ **維摩者淨名也(유마자정명야)** : 유마는 維摩詰(Vmalakirti)의 略語이다. Vmala는 淨, kirti는 名의 뜻이다.

○ **然證此心有遲疾, … 有至十地乃得無心者**(연증차심유지질, … 유지십지내득무심자) : 도를 추구하려고 결심하여 수행하는 입장과 본래부터 도를 깨달은 입장이 명확하게 구별되어야 한다. 늦다든지 빠르다든지 하는 것은 수행을 시간적으로 보는 것이며, 본래 자각의 문제와는 이질적이다. 남북의 두 종파가 대립하는 동기가 되는 돈점의 구별도 역시 같은 주장의 발전이다. 선의 본질은 견성성불에 있는 것이므로 本來是佛의 입장과는 다르다. 훗날 마조가 "도는 수행을 필요로 하지 않는다. 단지 더럽히지 않기만 하면 된다"고 하고, "行住坐臥 應機接物이 모두 도이다"라고 한 말은 그러한 수행의 늦고 빠름에 관한 논의 중에서 가장 우수한 결론으로 볼 수 있다. 아마 이런 遲疾의 발상은 慧思의 『安樂行義』 첫머리에 나오는 "『法華經』은 大乘頓覺, 無師自悟, 疾成佛道, 一切世間, 難信의 法門이다"라고 한 말에서 영향을 받은 바가 클 것이다. 그리고 주의해야 할 점은 수행시간의 장단과 미오가 전환되는 마음의 작용과는 분명히 구별해야 한다. 다시 말해서 수행을 10년, 20년 하든 단 1시간을 하든지 간에 迷에서 悟로 마음이 전환되는 구조는 시공을 초월해 있다는 뜻이다. 그래서 『열반경집해』 권1, 도생의 말에 "무릇 진리는 자연이며, 깨달음이란 부지불식 중에 일치됨을 말한다"고 한 것이다.

○ **十信十住**(십신십주)… : 대승불교에서는 보살의 수행단계를 十信·十住·十行·十廻向·十地·等覺·妙覺의 52위로 나눈다. 이 중 10지에 대해서는 여러 가지 설이 있다. 일반적으로 3승에 공통하는 것은 『대지도론』 권78에 보이는 乾惠地·性地·八人地·見地·薄地·離欲地·已辨地·支佛地·菩薩地·佛地이다. 중국 불교에서 강조하는 것은 『화엄경』 『인

왕경』 등에 보이는 10지인데 그들은 歡喜地 · 離垢地 · 發光地 · 焰惠地 · 極難勝地 · 現前地 · 遠行地 · 不動地 · 善惠地 · 法雲地이다.

○ **枉受辛勤(왕수신근)** : 여기의 「枉」은 속어이다. 쓸데없이 · 헛되이 · 허무하게의 뜻이다. 「무리하게라도 · 억지로」라고 읽는 것은 잘못이다. 이하의 예도 모두 같다.

○ **總不如…法外無心(총불여…법외무심)** : 이 다섯 구는 『종경록』권98에 인용되어 있다. 다만 첫 구가 「不如言下自認取本法」으로 되어 있다.

○ **將心無心, 心却成有(장심무심, 심각성유)** : 제1단의 「使佛覓佛, 將心捉心, 窮劫盡形, 終不能得」이란 말과 같이 이해해야 할 것이다.

○ **言語道斷, 心行處滅(언어도단, 심행처멸)** : 『瓔珞經』'因果品'에 보이는 말이다. 선가의 애용어로 되어 있다. 『돈오입도요문론』제22단에 이 2구에 대하여 독특한 설명이 가해져 있다. "질문, 경에 「언어의 길이 끊어지고, 마음이 작용하는 곳이 없다」고 했는데 그 뜻이 어떠한가? 대답, 말로써 뜻을 나타냄에 뜻을 얻으면 말이 필요 없다. 뜻은 공이고, 공은 도이다. 도는 말을 초월해 있기 때문에 '언어의 길이 끊어졌다'고 하는 것이다. 마음이 작용하는 곳이 없다고 한 것은 의미의 실상(공)을 체득했기 때문에 다시는 관찰할 마음을 일으키지 않는 것을 말한다. 관찰할 마음을 일으키지 않기 때문에 생함이 없는 것이다. 생함이 없기 때문에 모든 물질의 본질이 공한 것이다. 모든 물질의 본질이 공하기 때문에 만 가지 연이 모두 끊어지는 것이다. 만 가지 연이 모두 끊어진다는 것은 곧 마음이 작용하는 곳이 멸했다는 것이다.(問, 經云, 言語道斷, 心行處滅, 其義如

何. 答, 以言顯義, 得義言絶. 義卽是空, 空卽是道. 道卽是絶言, 故云言語道斷. 心行處滅, 謂得義實際, 更不起觀. 不起觀故, 卽是無生. 以無生故, 卽一切色性空. 色性空故, 卽萬緣俱絶. 萬緣俱絶者, 卽是心行處滅.)”

○ **本源淸淨佛(본원청정불)** : 다음 단과 제6단에 말하는 「本源淸淨心」과 같다. 『완릉록』 제10단에는 「本源眞性佛」 라는 말로 바꾸고 있다. 신회의 『단어』 제15단에 “다만 스스로 본체가 적정하고 공하여 소유할 것이 없는 줄 알면 집착하는 것도 없고 허공과 같이 어디에도 두루하지 않는 것이 없다. 이것이 모든 부처님의 진여법신이다(但自知本體寂淨, 空無所有, 亦無住著, 等同虛空, 無處不遍. 卽是諸佛眞如身.)”고 한 말이 있다. 신회는 이것을 「本自寂淨心」 또는 「自本淸淨心」이라고도 한다. 또 5조 홍인대사의 찬술이라는 『수심요론』도 이 자성청정한 本源心(眞心)의 의미에 대하여 요점을 얻은 해설을 붙이고 있다(『鈴木大拙全集』 제2권, p.303이하).

3. 本源淸淨心

本佛上實無一物, 虛通寂靜, 明妙安樂而已. 深自悟入, 直下便是, 圓滿具足, 更無所欠. 縱使三祇精進修行, 歷諸地位, 及一念證時, 祇證元來自佛, 向上更不添得一物. 却觀歷劫功用, 總是夢中妄爲. 故如來云, 我於阿耨菩提, 實無所得. 若有所得, 然燈佛則不與我授記. 又云, 是法平等, 無有高下, 是名菩提. 卽此本源淸淨心, 與衆生諸佛, 世界山河, 有相無相, 徧十方界, 一切平等, 無彼我相. 此本源淸淨心, 常自圓明徧照. 世人不悟, 祇認見聞覺知爲心, 爲見聞覺知所覆, 所以不覩精明本體. 但直下無心, 本體自現, 如大日輪昇於虛空, 徧照十方, 更無障礙. 故學道人唯認見聞覺知, 施爲動作, 空却見聞覺知, 卽心路絶, 無入處. 但於見聞覺知處認本心. 然本心不屬見聞覺知, 亦不離見聞覺知. 但莫於見聞覺知上起見解, 亦莫於見聞覺知上動念, 亦莫離見聞覺知覓心，亦莫捨見聞覺知取法. 不卽不離，不住不著，縱橫自在，無非道場. 世人聞道諸佛皆傳心法，將謂心上別有一法可證可取，遂將心覓法，不知心卽是法，法卽是心. 不可將心更求於心，歷千萬劫，終無得日. 不如當下無心，便是本法. 如力士迷額內珠，向外求覓，周行十方，終不能得，智者指之，當時自見本珠如故. 故學道人迷自本心，不認爲佛，遂向外求覓，起功用行，依次第證，歷劫勤求，永不成道. 不如當下無心. 決定知一切法本無所有，亦無所得，無依無住，無能無所，不動妄念，便證菩提. 及證道時，祇證本心佛. 歷劫功用，並是虛修. 如力士得珠時，祇得本額珠，不關向外求覓之力. 故佛言，我於阿耨菩提，實無所得. 恐人不信故，引五眼所見，五語所言. 眞實不虛，是第一義諦.

【번역】

이 마음이라는 본래의 부처에는 실로 그 어떤 하나의 물건(실체)도 없어서 텅 비어 고요하며 밝고 오묘하며 안락할 뿐이다. 스스로 깊이 깨달아 들어가면 지금 그대로 부처이어서 모든 덕이 원만히 구족하여 다시 모자랄 것이 없다. 설사 삼대아승지겁을 정신 수행하여 모든 지위(단계)를 거칠지라도 한 생각 증득하는 순간에 이르러서는 단지 원래 자기의 부처를 깨달을 뿐 그 위에 또 어떠한 것도 더할 것이 없다. 이 悟境에 도달하고

난 다음 지금까지 지나온 긴 세월 동안의 수행을 돌이켜 보면 모두 꿈속의 허망한 소행이라는 것을 알게 될 것이다. 그러므로 여래께서 말씀하시기를, "내가 아뇩다라삼막삼보리에서 실로 얻은 것이 없다. 만약 얻은 것이 있다면 연등불께서 나에게 수기(예언)를 주지 않았을 것이다"고 하셨다. 또 말씀하시기를, "이 理法은 평등하여 높고 낮음의 차별이 없기 때문에 이것을 보리(최고의 바른 깨달음)라고 이름한다"고 하셨다. 바로 이 본원청정심은 중생과 제불, 산하대지와 모양 있는 것과 모양 없는 것 등 온 시방세계의 일체 모든 것과 평등하여 너다 나다 하는 차별의 모양이 없다. 이 본원청정심은 항상 스스로 원명하게 널리 일체를 비춘다. 그런데 세상 사람들은 이 내적인 빛을 깨닫지 못하고 다만 외적인 見聞(지견)과 覺知(인식)를 마음 그 자체라고 생각하여 그 견문각지에 가려 덮여서 그 결과 순수하고 모자람이 없는 밝은 본체를 보지 못하고 있다. 그렇지만 단지 지금 무심하기만 하면 본체는 저절로 나타나는 것이며, 이는 마치 큰 태양이 허공에 떠올라 시방법계를 두루 비추어 다시는 장애가 없는 것과 같을 것이다. 그러므로 도를 배우는 사람이 다만 견문각지만을 축으로 하여 營爲하고 행동하는 것이나 그 근거가 되는 견문각지를 텅 비워 버리면 곧 思念의 길이 끊어져 어느 곳에도 사념이 들어갈 틈이 없게 된다. 다만 보고 듣고 느끼고 아는 곳에서만 본래의 마음(本源의 마음)을 覺知하라. 그렇지만 본래의 마음 그 자체는 보고 듣고 느끼고 아는 것에도 속하지 않으며, 그렇다고 해서 견문각지와 떨어져 있는 것도 아니다. 중요한 것은 단지 자신의 견문각지에 서서 견해(해석)를 일으켜서도 안 되고, 또한 견문각지 上에서 생각을 움직여서도 안 되며, 또한 견문각지를 떠나서 마음을 찾아서도 안 되고, 또한 견문각지를 버리고 법을 취해서도 안 된다. 그들은 서로 의거하지도 않고 서로 떠나 있지도 않으며, 머무르지도 않고 붙어 있지도 않으며, 종횡으로 자재하여 도량 아닌 곳이 없다(도가 현현하지 않는 곳이 없다).

세상 사람들은 제불이 모두 心法을 전했다고 하는 말을 듣고 마음에 별도로 한 법(무엇인가)을 가히 증득할 수 있고 취할 수 있다고 잘못 생각하여 마침내 마음을 가지고 법을 찾기 때문에 마음이 곧 법이고, 법이 곧 마음인 사실을 알지 못한다. 마음을 가지고 또 마음을 찾아서는 안 되며, 만약 그렇게 한다면 천만 겁이 지나갈지라도 끝내 찾는 날이 없을 것이다. 지금 즉시 무심한 것만 못하니 그 무심이 바로 본래의 법이다. 마치 力士가 자기의 이마에 보배구슬이 있는 줄도 모르고 밖으로 찾아 온 시방세계를 두루 다녀보지만 끝내 찾지 못하다가 지혜 있는 사람이 그것을 가르쳐 주면 그 자리에서 스스로 본래 구슬이 옛것과 다름이 없음을 보는 것과 같은 것이다. 더구나 도를 배우는 사람조차도 자기의 본심에 미혹하여 그것이 부처인 것을 알지 못하고 마침내 밖으로 찾아다니며 수행에 힘쓰고 순차적으로 단계를 밟아서 깨달으려고 하지만 영겁동안 부지런히 찾아도 영원히 도를 이루지 못할 것이다. 그렇게 하는 것보다도 지금 즉시 무심한 것이 훨씬 더 낫다. 그러므로 일체의 법은 본래 소유할 것도 없고, 또한 얻을 것도 없으며, 의지할 것도 없고, 머무를 것도 없으며, 주관도 없고, 객관도 없다는 사실을 명백하게 알아서 망념을 일으키지 않으면 곧 바로 보리를 증득하게 될 것이다. 그 도를 깨닫는 때에 이르러서는 다만 자기의 本心佛(本來心=本來佛)을 깨달을 뿐이다. 영겁토록 쌓아온 수행은 모두 부질없는 노력에 불과하다. 예를 들면 力士가 보배구슬을 얻을 때 단지 본래 이마에 있는 구슬을 얻었을 뿐 밖에서 찾아 헤맨 노력과는 관계가 없는 것이다. 그러므로 부처님께서 말씀하시기를, "내가 아뇩다라삼먁삼보리에서 실제로 어떠한 것도 얻은 것이 없다"고 설한 것이다. 다만 부처님은 세상 사람들이 이 사실을 믿지 않을까 염려되었기 때문에 다섯 가지 눈과 다섯 가지 말을 예로 든 것이다. 진실되어 허망하지 않는 가르침, 이것이야말로 최고 제일의 진리이다.

【注記】

○ **故如來云(고여래운)** : 『금강경』에 나오는 글이다. 암파문고본, p.92와 p.62 참조

○ **又云(우운)** : 위와 같음. 암파문고본, p.108 참조

○ **精明本體(정명본체)** : 「精明」이라는 것은 本源的인 청정심에 갖추어진 절묘한 明澄함을 말한다. 「精明」이라는 말은 『능엄경』 권1과 권6 등에 자주 사용되고 있는 것을 차용한 것이다. 원래 精明은 마음의 본체를 가리키는 도가적인 표현이다. 『노자도덕경』 '虛心21'에 "幽玄하여 보이지 않지만 그 속에 생명의 본질인 정령이 있다(窈兮冥兮, 其中有精)"고 한다. 『임제록』(『대정장』 권47, p.497하)에도 "눈으로는 보며, 귀로는 듣고, 코로는 냄새를 맡으며, 입으로는 대화하고, 손으로는 잡고, 발로는 걷고 있는 것, 본래 이는 하나의 精明이지만 나누면 육근

이 된다(在眼曰見, 在耳曰聞, 在鼻嗅香, 在口談論, 在手執捉, 在足運奔. 本是一精明, 分爲六和合.)"고 한다.

○ **但於見聞覺知處認本心**(단어견문각지처인본심) : 달마의 찬술이라고 하는 『무심론』에 "다름 아닌 바로 그 견문각지가 무심 그 자체이며, 知見과 認識을 떠나서 따로 무심이 있는 것은 아니다.… 무심이라는 것은 바로 진심임에 틀림없으며, 진심은 바로 무심이다"고 한다(『鈴木大拙全集』제2권, pp.216~217).

○ **將謂心上別有一法**(장위심상별유일법)… : 「將謂」는 언제나 「잘못 생각하다」「오해하다」라는 의미이다. 「將爲」라고도 쓴다.

○ **當下無心**(당하무심) : 「當下」는 즉시, 단지 지금의 뜻이다.

○ **如力士迷額內珠**(여력사미액내주) : 『대반열반경』'如來性品'에 보이는 우화이다. 어떤 王家에 시중들고 있던 力士는 眉間에 다이아몬드를 끼고 있었지만 수시로 다른 역사와 다투다가 머리를 부딪치는 바람에 다이아몬드가 피부 속으로 함몰하여 보이지 않았다. 그런 사실을 모른 그는 그것을 분실한 것이라고 생각하여 슬퍼했지만 후에 良醫로부터 그것의 소재를 가르쳐 받고 알게 되면서 부사의한 생각을 했다고 하는 이야기이다.

○ **五眼五語**(오안오어) : 다 같이 『금강경』에 나오는 말이다. 오안은 肉眼·天眼·慧眼·法眼·佛眼(암파문고본, p.100). 오어는 眞語·實語·如語·不誑語·不異語(동, p.80).

○ **第一義諦**(제일의제) : 第1義的인 깨달음의 진리를 말한다. 참고로 세속제와 제1의제에 대해서는 『중론』제4를 보라.

4. 自心이 바로 부처

學道人莫疑. 四大爲身, 四大無我, 我亦無主. 故知此身無我, 亦無主. 五陰爲心, 五陰無我, 亦無主. 故知此心無我, 亦無主. 六根六塵六識, 和合生滅, 亦復如是. 十八界旣空, 一切皆空. 唯有本心, 蕩然淸淨.

有識食, 有智食. 四大之身飢瘡爲患, 隨順給養, 不生貪著, 謂之智食. 恣情取味, 妄生分別, 唯求適口, 不生厭離, 謂之識食.

聲聞者, 因聲得悟, 故謂之聲聞. 但不了自心, 於聲教上起解, 或因神通, 或因瑞相言語運動, 聞有菩提涅槃, 三僧祇劫, 修成佛道, 皆屬聲聞道, 謂之聲聞佛. 唯直下頓了自心本來是佛, 無一法可得, 無一行可修, 此是無上道, 此是眞如佛. 學道人祇怕一念有, 卽與道隔矣. 念念無相, 念念無爲, 卽是佛. 學道人若欲得成佛, 一切佛法, 總不用學, 唯學無求無著. 無求卽心不生, 無著卽心不滅, 不生不滅卽是佛. 八萬四千法門, 對八萬四千煩惱, 祇是敎化接引門. 本無一切法, 離卽是法, 知離者是佛. 但離一切煩惱, 是無法可得.

【번역】

도를 배우는 사람들이여, 의심하지 말라. 사대를 몸이라고 하지만 사대에는 자아가 없고, 또한 주체도 없다. 그러므로 이 몸에는 자아도 없을 뿐만 아니라 주체도 없음을 알아야 한다. 오음을 마음이라고 하지만 그 오음에는 자아도 없고, 또한 주체도 없다. 따라서 이 마음에는 자아도 없고, 또한 주체도 없음을 알아야 한다. 육근·육진·육식이 화합하고 생멸하는 것도 또한 이와 같다. 십팔계가 이미 공하면 일체가 모두 공하다. 오직 본래의 마음만 있을 뿐이며, 그것은 무한정 청정하다.

분별의 양식이라는 것과 지혜의 양식이라는 것이 있다. 사대로 이루어진 육체에는 주림과 부스럼이 근심이 되지만 이 육체의 조건 그대로 적당히 영양을 공급해 가면서 애착심을 내지 않는 것, 그것을 일러 智食이라 한다. 자신의 기호에 따라 맛있는 것을 골라 허망하게 분별심을 내어 오직 입에 맞는 것만 구하고 싫어하여 버릴 줄을 모르는 것, 그것을 일러 識食이라 한다.

성문이라는 것은 부처님의 설법의 소리를 듣는 것에 의하여 깨닫기 때문에 그를 「성문(소리를 듣는 자)」이라 한다. 다만 그들은 자기의 마음을 깨닫지 않고 귀로 들은 가르침에 대하여 분석을 하거나 혹은 신통을 見聞하기도 하고, 혹은 신비한 부처님의 상서로운 모양, 언어, 행동 등을 견문하기도 하며, 그리고 보리와 열반이 있다는 설법을 듣고 삼대아승지겁 동안 수행하여 불도를 이루려고 하는 것은 모두 성문의 도에 속하며, 그들을 성분불이라 한다. 이에 비해 다만 당장에 자기의 마음이 본래 부처라는 사실을 단번에 깨달아 어떠한 법도 얻을 것이 없고, 또한 어떠한 행도 닦을 것이 없는 경지에 이르면 이것이 위없는 도이며, 이것이 진여불인 것이다. 도를 배우는 사람이 단지 한 번 있다고 하는 생각, 즉 「이루어야만 하는 부처가 있다는 생각, 얻어야만 하는 법이 있다는 생각, 닦아야만 하는 법이 있다는 생각」을 하면 곧 도와는 멀어지는 것을 경계해야 한다. 생각 생각마다 모양이 없고 생각 생각마다 한 것이 없으면 곧 부처이다. 도를 배우는 사람이 만약 부처가 되고 싶다고 생각한다면 모든 불법을 전부 배울 것이 아니라 오직 구함이 없고 집착함이 없는 본연의 모습을 배워야만 한다. 구하는 것이 없으면 마음은 生起하지 않고, 집착하는 것이 없으면 마음은 소멸하지 않으며, 나지도 않고 없어지지도 않는 그 마음이 바로 부처이다. 팔만사천법문은 실은 팔만사천 번뇌에 대응하는 시설인 것이며, 이는 단지 미혹한 자를 교화하여 인도하기 위한 방편일 뿐이다. 본래 모든 법이라는 것은 없으며, 있다고 하는 환상으로부터 벗어나는 것이 바로 법이고, 여읠 줄 아는 이가 바로 부처이다. 단지 일체 번뇌를 여의기만 하면 얻을 만한 법이라는 것은 아무 것도 없다.

【注記】

○ **四大爲身**(사대위신)… : 『유마경』 '문수사리문품'(『대정장』 권14, p.545상)에 나오는 말이다. "사대가 화합하기 때문에 임시로 육체라고 한다. 그 사대는 주체가 없고, 육체도 또한 자아가 없다(四大無主, 身亦無我)"라고 하는 일단의 언구이다. 사대라는 것은 물질을 구성하는 지·수·화·풍의 사대원소이다.

○ **我亦無主**(아역무주) : 어느 텍스트나 이렇게 되어 있지만 전후의 논리상으로 보아 「我」자는 분명히 衍字인 것 같다. 즉 필요 없는 글자이다. 入矢義高는 번역할 때 이것을 생략하여 번역하고 있다.

○ **五陰**(오음) : 구체적인 하나하나의 존재를 성립하고 있는 다섯 가지 기본요소, 즉 色·受·想·行·識을 말한다. 五蘊이라고도 한다.

○ **六根**(육근) : 眼根·耳根·鼻根·舌根·身根·意根, 즉 눈·귀·코·혀·몸·생각이다.

○ **六塵**(육진) : 색·성·향·미·촉·법. 六境이라고도 한다. 감각과 지각 작용의 대상이 되는 객관세계의 총칭이다.

○ **六識**(육식) : 위의 육근을 바탕으로 하여 육경에 각각 대응하여 분별하는 여섯 가지 마음의 작용, 즉 眼識·耳識·鼻識·舌識·身識·意識이다.

○ **十八界**(십팔계) : 이상의 육근·육진·육식을 합하여 18계라 한다. 즉 18가지 범주란 의미이다. 이들은 일체의 존재를 인식하는 구성요소를 분석한 것으로써 제법의 존재형태를 규정하는 요소이기도 하지만 그러나 각 요소에 실체로서의 자아를 가지지 않는 점에서 공한 것이다.

○ **有識食**(유식식)… : 이하 한 자를 내린 부분은 본문의 전후 논

지와는 관계가 없는 내용으로 나중에 부가되어 통일되지 않게 삽입한 문자라고 생각한다. 『섭대승론석』 권3(『대정장』 권31, p. 332중) 등에 「四食」의 설이 있다. 그 가운데 段識은 인간의 육체를 양육하기 위한 보통의 음식이지만 그 외에 觸食·思食·識食은 말하자면 심리적인 食物이다. 「智食」(지혜라는 食物)이라고 하는 술어는 다른 용례가 없지만 선가는 꽤 자유롭게 造語를 하는 습관이 있기 때문에 수행자의 마음을 양육하기 위한 정신적인 식물(소위 出世間食)의 하나로써 「智識」이라는 것을 창안한 것일 것이다. 이것과 유사한 예로서 『관심론』(『대정장』 권85, p.1272중)에 설해져 있는 「五食」이 있다. 그것은 法喜食·禪悅食·念食·願食·解脫食의 다섯 가지이다.

○ **神通(신통)** : 선에서 신통은 선정의 수행을 통하여 얻어지는 신비한 정신적 능력을 말한다.

○ **若欲得成佛(약욕득성불)** : 「欲得」은 속어이다. 이 두 글자가 「欲」(…하고 싶다고 생각하다)의 뜻이다. 종래 이것을 「…을 얻고자 하다」라고 읽은 것은 잘못이다.

○ **不生不滅(불생불멸)** : 이 말은 원래 반야계통의 경전에서 자주 사용하는 말이다. 『반야심경』에서는 일체의 존재가 연기로 말미암아 생겼을 뿐 실체를 가지지 않는다는 입장에서 不生·不滅·不垢·不淨·不增·不減의 여섯 가지를 말하지만 『중론』에서는 不生·不滅·不斷·不常·不一·不異·不來·不去의 8종류를 말한다. 『능가경』 권3에서는 불생불멸을 여래의 다른 이름이라고 하고 있다. 여기서는 반야공의 입장이 아니라 망념의 起滅이 없는 것을 강조하고 있다.

○ **八萬四千法門, 對八萬四千煩惱(팔만사천법문, 대팔만사천번**

뇌) : 돈황본 『육조단경』 제27단에 "하나의 반야로부터 팔만사천가지의 지혜가 나온다. 왜냐하면 세상 사람들에게는 팔만사천가지의 번뇌가 있기 때문이다(從[一般若生]八萬四千智惠. 何以故. 爲世[人]有八萬四千塵勞.)"고 한다.

○ **知離者是佛(지리자시불)** : 『금강경』(『대정장』 권8, p.750중)에 "일체의 모든 모양을 떠난 것, 이것을 제불이라고 한다(離一切諸相, 則名諸佛.)"는 말이 있다.

5. 心地法門

學道人若欲得知要訣, 但莫於心上著一物. 言佛眞法身, 猶如虛空, 此是喩法身卽虛空, 虛空卽法身. 常人謂法身徧虛空處, 虛空中含容法身, 不知虛空卽法身, 法身卽虛空也. 若定言有虛空, 虛空不是法身. 若定言有法身, 法身不是虛空. 但莫作虛空解, 虛空卽法身. 莫作法身解, 法身卽虛空. 虛空與法身無異相. 佛與衆生無異相, 生死與涅槃無異相, 煩惱與菩提無異相. 離一切相卽是佛. 凡夫取境, 道人取心. 心境雙忘, 乃是眞法. 忘境猶易, 忘心至難. 人不敢忘心, 恐落空無撈摸處, 不知空本無空, 唯一眞法界耳. 此靈覺性, 無始已來, 與虛空同壽, 未曾生, 未曾滅, 未曾有, 未曾無, 未曾穢, 未曾淨, 未曾喧, 未曾寂, 未曾少, 未曾老, 無方所, 無內外, 無數量, 無形相, 無色象, 無音聲, 不可覓, 不可求, 不可以智慧識, 不可以言語取, 不可以境物會, 不可以功用到. 諸佛菩薩與一切蠢動含靈, 同此大涅槃性. 性卽是心, 心卽是佛, 佛卽是法. 一念離眞, 皆爲妄想. 不可以心更求於心, 不可以佛更求於佛, 不可以法更求於法. 故學道人直下無心, 默契而已, 擬心卽差. 以心傳心, 此爲正見. 愼勿向外逐境, 認境爲心, 是認賊爲子. 爲有貪瞋癡, 卽立戒定慧. 本無煩惱, 焉有菩提. 故祖師云, 佛說一切法, 爲除一切心. 我無一切心, 何用一切法. 本源淸淨佛上, 更不著一物, 譬如虛空, 雖以無量珍寶莊嚴, 終不能住. 佛性同虛空, 雖以無量功德智慧莊嚴, 終不能住. 但迷本性, 轉不見耳. 所謂心地法門, 萬法皆依此心建立. 遇境卽有, 無境卽無, 不可於淨性上轉作境解. 所言定慧鑑用歷歷, 寂寂惺惺見聞覺知, 皆是境上作解, 暫爲中下根人說卽得. 若欲親證, 皆不可作如此見解, 盡是境縛. 法有沒處, 沒於有地. 但於一切法不作有無見, 卽見法也.

【번역】

도를 배우는 사람이 수행방법의 비결을 알고 싶다면 단지 마음에 어떠한 것도 집착하지 말아야 한다. 「부처의 진실한 법신은 마치 허공과 같다」고 하는데 이는 법신이 곧 허공이고, 허공이 곧 법신인 것을 비유한 것이다. 그런데 세상 사람들은 「법신이 허공에 편만하고, 허공 가운데 법신을 포함하고 있다」고 생각하여 허공이 곧 법신이고, 법신이 곧 허공인 사실을 모른다. 만약 결정적으로 허공이 있다고 말한다면 허공은 법신이 아니다. 또 만약 결정으로 법신이 있다고 말한다면 법신은 허공이 아니다. 다만 허공이라는 알음알이(措定)를 내지 말라. 허공이 그대로 법신이기 때문이다. 마찬가지로 법신이라는 알음알이를 내지 말라. 법신이 그대로 허공이기 때문이다. 허공과 법신 사이에 다른 특징이 없다. 부처와 중생 사이에 다른 특징이 없다. 생사와 열반은 같아서 다른 점이 없으며, 번뇌와 보리도 또한 같아서 다른 점이 없다. 일체의 모양을 떠난 것이 부처이다.

범부는 외적인 대상을 취하지만 도인은 자신의 마음을 취한다. 마음과 대상을 다 같이 잊어야만 진실한 법이다. 대상을 잊는 것은 오히려 쉽지만 마음을 잊는 것은 지극히 어렵다. 세상 사람들이 잠시도 마음을 잊어버리지 않는 것은 공에 떨어져 붙잡을 것이 없을까 두려워하기 때문인데 이는 공이라는 것도 본래 공이라고 할 만 적이 없고 오직 하나의 진실한 법계뿐임을 모르는 소치이다.

이 마음에 구족되어 있는 靈覺의 본성은 비롯함이 없는 옛날부터 허공과 수명이 같아서 일찍이 생겨나지도 않았고, 일찍이 없어지지도 않았으며, 일찍이 있지도 않았고, 일찍이 없지도 않았으며, 일찍이 더러운 적도 없고, 일찍이 깨끗한 적도 없으며, 일찍이 시끄러운 적도 없고, 일찍이 고요한 적도 없으며, 일찍이 젊은 적도 없고, 일찍이 늙은 적도 않으며, 방향과 장소도 없고, 안과 밖의 구분도 없으며, 개수로 셀 수 있는 수량도 없고, 형상도 없으며, 색상도 없고, 음성도 없어서 가히 찾을 수도 없고, 구할 수도 없으며, 가히 지혜로써 알 수 있는 것도 아니고, 언어로써 표현할 수도 없으며, 대상으로써 파악할 수도 없는 이런 점으로부터 애써 노력한다 해도 도달할 수 없는 것이다. 모든 불보살과 일체의 꿈틀거리는 인간들과는 이 대열반의 성품이 같다. 이 성품이 곧 마음이고, 마음이 곧 부처이며, 부처가 곧 법이다. 한 생각이라도 진실을 여의면 모두 것이 망상이 된다. 마음으로써 다시 마음을 구하지 말고, 부처를 가지고 다시 부처를 구하지 말 것이며, 법을 가지고 다시 법을 구하지 말라. 그러므로 도를 배우는 사람은 지금 당장에 무심하여 묵연히 계합할 뿐 마음을 계교하면 곧 어긋난다. 마음으로써 마음을 전하는 이것이 「정견(순정한 견지)」이다. 결코 밖을 향해 대상을 좇지 말라. 대상을 인정하여 마음이라고 하면 이는 도적을 인정하여 아들이라고 하는 것과 같다.

그런데 탐욕 · 성냄 · 어리석음이 있기 때문에 곧 계 · 정 · 혜를 세운 것이다. 본래 번뇌가 없으니 어찌 깨달음인들 있겠는가? 그러므로 조사께서 말씀하시기를, "부처님께서 일체의 법을 말씀하신 것은 일체의 마음을 없애기 위함이다. 그러나 나에게 일체의 마음이 없으니 일체의 법이 무슨 소용이 있겠는가" 하셨다. 「본래 근원이 청정한 부처(本源淸淨佛)」에게는 다시 어떤 것도 덧붙일 수 없다. 비유하자면 마치 허공에 비록 수많은 보배구슬로 장엄할지라도 끝내 머무를 수 없는 것과 같다. 불성도 허공과 같아서 비록 무량한 공덕과 지혜로써 장엄한다 하더라도 끝내 머무를 수 없다. 다만 본래 성품에 미혹하여 더욱더 보지 못할 뿐이다.

이른바 「심지법문」이라는 것은 만법이 모두 이 마음에 의지하여 건립되는 것을 말한다. 대상을 만나면 마음이 있고, 대상이 없으면 마음도 없는 것이다. 따라서 청정한 성품 위에 절대 대상이 있다는 알음알이를 일으켜서는 안 된다. 흔히 말하는 것처럼 「정혜의 비추는 작용이 역력하다」든가 또 「적적하면서도 성성한 견문(지견)과 각지(인식)」라고 하는 것은 모두 대상위에서 알음알이를 일으킨 것이니 이는 잠시 중하근기의 사람들을 위하여 설하는 것은 가능하다. 만약 몸소 깨닫고자 한다면 모두 이와 같은 견해를 지어서는 절대 안 되며, 이는 모두 대상에 계박된 것이다. 법이 어딘가에 매몰될 곳이 있다고 한다면 그것은 있다라고 하는 생각에 빠진 것이다. 다만 일체의 법에 대하여 있다거나 없다는 견해를 짓지만 않으면 곧 법을 보게 될 것이다.

【注記】

○ **佛眞法身(불진법신)**… : 『금광명경』'사천왕품'(『대정장』권16, p.344중)의 게송 가운데 있는 구이다. 이것 뒤에 원문에는 "대상에 응하여 형상을 나타내는 것이 마치 물속의 달과 같다(應物現形, 如水中月)"고 하는 말이 이어져 있다. 『열반경』권37(『대정장』권12, p.581상)에 "불성은 허공과 같다(佛性, 猶如虛空)"고 한 것도 같은 의미이다. 淨覺의 『능가사자기』'序'(『대정장』권85, p.1283하)에는 "법신이 청정한 것은 마치 허공과 같다(法身淸淨, 猶若虛空.)"고 말하고 있지만 여기에서는 「淸淨」이라는 국면을 도입할 필요는 없다.

○ **離一切相卽是佛(이일체상즉시불)** : 『금강경』의 "離一切諸相, 則名諸佛"(암파문고본, p.76)이라고 한 말에 기반을 두고 있다.

○ **心境雙忘(심경쌍망)…** : 永嘉大師의 『증도가』 제92게에 "마음과 법(대상)이 둘 다 없어지면 성품은 곧 진실하다"고 한 7언의 구를 바꾼 것이다. 또 신회의 『현종기』에 "마음에 만약 경계가 끊어지면 경계가 멸하여 마음이 空寂해진다. 마음과 대상이 둘 다 없어지면 체와 용이 모두 하나가 된다(心如境謝, 境滅心空. 心境雙亡, 體用不異.)"고 한 것도 참고가 된다. 앞의 예로부터도 분명하게 된 것처럼 「忘」과 「亡」은 서로 통용한다. 따라서 譯文의 「忘却」은 동시에 「亡却」의 뜻으로 바꾸어 읽어도 상관없다. 이처럼 字音이 같은 것에 대하여 의미까지도 공통하는 예는 선문헌에 많이 보인다. 「相」과 「想」, 「淨」과 「靜」, 「德」과 「得」의 통용도 그 예이다.

○ **忘境猶易(망경유역)…** : 뒤의 제6단에 있는 「若欲無境, 當忘其心, 心忘卽境空, 境空卽心滅.」(여기서도 「忘」은 「亡」과 같은 뜻임)과 상기의 『현종기』의 글을 참조

○ **恐落空無撈摸處(공락공무로모처)** : 이미 제2단에서 본 「恐落空無棲泊處」와 같은 趣意이다. 그 해당 注記를 보라.

○ **唯一眞法界(유일진법계)** : 화엄종의 세계관이다. 모든 종류의 존재가 제각기 독자적인 본연의 모습을 보유하면서 더구나 그 차별의 모습 그대로 전체가 하나의 진법계를 형성하고 있다는 취지이다.

○ **靈覺性(영각성)** : 부처나 중생의 本源을 이루는 자성청정심, 이 청정심에 갖추어진 靈妙한 지혜를 가리킨다. 이 술어는 특히 당대의 중기부터 선가에 의하여 애용되기 시작했다. 「自己靈覺之性」(『百丈廣語』), 「靈台智性」(『경덕전등록』 권28의 南

陽慧忠의 條, 同 권18의 玄沙師備의 조), 「眞如靈覺性」(同上 권30 『一鉢歌』), 「靈知之性」(『永嘉集』), 또 「靈性」 「覺性」 「靈知」(『경덕전등록』 권13 종밀의 조) 등이라고도 한다. 또 달마의 撰이라고 전해지는 『血脈論』에(『대정장』 권48, p.375상) "붓다라는 것은 서방의 말로 우리나라에서는 覺性이라고 한다. 「覺」이라는 것은 靈覺으로 機에 응하고 物에 대하여 揚眉瞬目하고 運手動足하지만 모두 자기의 靈覺性임에 틀림없다. 性은 곧 마음이고, 마음은 곧 부처이며, 부처는 곧 도이고, 도는 곧 禪이다(佛是西國語, 此土云覺性. 覺者靈覺, 應機接物, 揚眉瞬目, 運手動足, 皆是自己靈覺之性. 性卽是心, 心卽是佛, 佛卽是道, 道卽是禪.)"고 한다. 다음의 주기에 인용하는 마조대사 등의 말도 함께 참조하면 좋다.

○ **與虛空同壽(여허공동수)** : 『종경록』 권14(『대정장』 권48, p.492상)에 다음과 같은 마조의 말이 인용되어 있는데 이 글과 일치하는 부분이 있다. "그대가 만약 마음을 알고 싶다면 단지 지금 말하는 바로 그것이 그대의 마음일 뿐이다. 이 마음을 일러 부처라 하고, 또 실상법신불이라 하며, 또한 도라고도 한다. … 이 마음과 허공은 수명이 같다. … 그러나 중생은 자신의 마음을 자각하지 못하기 때문에 … 그 본성에 미혹하여 … 사대의 육신에 생멸이 있음을 보지만 그러나 靈覺의 性은 생멸하는 일이 전혀 없다. 그대는 지금 본성을 깨달은 것이다. … 지금 그대가 견문하고 각지하는 동작, 바로 그것이 원래 그대의 본성이며, 또한 본심이라 하며, 이 마음을 떠나서 따로 부처가 있는 것은 아니다.(汝若欲識心, 秖今語言, 卽是汝心. 喚此心作佛。亦是實相法身佛。亦名爲道. … 此心與虛空齊壽. … 爲衆生不識自心, … 迷其本性, … 四大之身, 見有生滅, 而靈覺

之性, 實無生滅. 汝今悟此性. … 今見聞覺知, 元是汝本性, 亦名本心, 更不離此心別有佛.)" 이 마조의 말은 다른 문헌에 보이지 않는 귀중한 佚文이다. 宇井伯壽의 輯本 『馬祖語錄』(『제2선종사연구』)에도 수록되어 있지 않다. 또 같은 『종경록』 권98에 인용된 吉州思和尙(靑原行思)語의 전반은 위 馬祖語의 冒頭부터 「허공과 같은 수명을 가지다」까지와 거의 동일하며, 약간 의문이 남는다. 또 『전등록』 권8(『대정장』 권51, p.257중)에는 汾州無業禪師의 임종유언으로서 "너희들의 견문각지의 본성은 태허와 수명이 같아서 생하거나 멸하지 않는다(汝等見聞覺知之性, 與太虛同壽不生不滅.)"고 말한 것을 실어두고 있는데 이것도 거의 같은 발상과 표현이다. 또한 견문각지의 동작 그 자체에 이와 같은 靈性을 인정하는 것에 대하여 남양혜충이 엄하게 비판을 가한 것은 유명한 柳田聖山의 『初期禪宗史書의 硏究』, p.161이하를 보라. 참고로 『경덕전등록』 권28(『대정장』 권51, pp.437하~438상)에 게재되어 있는 남양혜충국사의 남방종지비판의 말을 소개하면 다음과 같다. "남양혜충국사가 선객에게 물었다. 「어디에서 오는가?」 「남방에서 왔습니다.」 「남방에는 어떤 선지식이 있는가?」 「선지식이 매우 많습니다.」 「어떻게 사람들을 가르치던가?」 「그곳의 선지식들은 당장에 학인들에게 보이기를, '마음이 곧 부처이고, 부처는 깨닫는다는 뜻이다. 그대들은 이제 모두 보고 듣고 깨닫고 아는 성품을 갖추었는데 이 성품은 눈썹을 치켜 올리고 눈을 깜박이게 한다. 가고 옴에 활용되어 온 몸에 두루하기 때문에 머리를 만지면 머리가 알고, 다리를 꼬으면 다리가 안다. 그렇기 때문에 정변지라 한다. 이것을 떠나서 따로 부처가 없다. 이 몸에는 생멸이 있지만 심성은 비롯함이 없는 옛날부터 일찍이 생멸한 적이 없다. 몸이 생멸한다고 하는 것은 용이 뼈를 바꾼 것과 같고, 뱀이 허물을 벗은 것과 같으며, 사람이 헌집을 떠나는 것과 같다. 몸은 이와 같이 무상하지만 성품은 항상하다'하였습니다. 남방에서 말씀하신 것이 대략 이렇습니다.」 대사(혜충국사)가 말했다.「만일 그렇다면 저 선니외도(神我를 믿고, 마음은 상주하지만 모양<相>은 멸한다고 주장하는 常見外道를 가리킴. 『대반열반경』 권39 참조)의 말과 다를 것이 없다. 그들이 말하기를, '나의 이 몸에는 하나의 신비한 성품이 있어 이 성품이 감각을 느낀다. 그러다가 몸이 무너지면 정신이 떠나는데 마치 집에 불이 나면 주인이 나가는 것과 같아서 집은 무상하고, 주인은 항상하다'고 한다. 사실 그렇다면 삿됨과 바름을 가리지 못하겠으니 어느 쪽이 옳은가? 내가 전에 행각을 다닐 때도 이런 무리를 많이 보았는데 요즘은 더욱 번성하고 있다. 3백이나 5백의 대중을 모아 놓고 눈으로는 하늘을 멍하니 바라보면서 말하기를, '남방의 종지다'라고 한다. 『단경』을 꺼내다가 이리저리 바꾸고 누추한 말을 섞어서 성인의 뜻을 깎아버리고 후학들을 어지럽히니 어찌 올바른 가르침이라 하겠는가? 애닯은 일이다. 우리의 종은 망하는구나! 만일 보고 듣고 깨닫고 아는 것을 불성이라 한다면 정명은 말하기를 '법은 보고 듣고 깨닫고 알기를 떠났다'고 하지 않았을 것이다. 만일 보고 듣고 깨닫고 알기만을 행한다면 이는 보고 듣고 깨닫고 아는 것이고, 법을 구하는 것은 아니다.」(南陽慧忠國師問禪客, 從何方來. 對曰, 南方來. 師曰, 南方有何知識. 曰, 知識頗多. 師曰, 如何示人. 曰, 彼方知識直下示學人, 卽心是佛佛是覺義. 汝今悉具見聞覺知之性, 此性善能揚眉瞬目去來運用遍於身中, 挃頭頭知挃脚脚知, 故名正遍知. 離此之外更無別佛.

此身卽有生滅, 心性無始以來未曾生滅. 身生滅者, 如龍換骨, 蛇脫皮人出故宅, 卽身是無常其性常也. 南方所說大約如此. 師曰, 若然者與彼先尼外道無有差別. 彼云, 我此身中有一神性, 此性能知痛癢. 身壞之時神則出去, 如舍被燒舍主出去, 舍卽無常, 舍主常矣. 審如此者, 邪正莫辨孰爲是乎. 吾比遊方多見此色, 近尤盛矣. 聚卻三五百衆, 目視雲漢云, 是南方宗旨. 把他壇經改換, 添糅鄙譚削除聖意惑亂後徒, 豈成言敎. 苦哉. 吾宗喪矣. 若以見聞覺知是佛性者, 淨名不應云法離見聞覺知. 若行見聞覺知, 是則見聞覺知, 非求法也.)" 남양충국사의 이 말은 보조지눌의 『六祖法寶壇經跋』(『한국불교전서』 제4책, p.739)에도 인용되어 있다. 그보다 더 중요한 것은 『육조단경』의 개환문제를 論究할 때 반드시 인용되는 말이기도 하다. 『단경』의 개환문제는 논외로 하고 여기서는 견문각지와 불성, 즉 靈覺性과의 관계이다. 남방종지(조사선)에서는 견문각지와 영각성을 하나로 보고 있다. 환언하면 견문각지하는 이면에 별도로 영각성이 있는 것이 아니라는 뜻이다. 즉 견문각지가 그대로 영각성이라는 것이다. 불성이 그대로 부처라고 보는 입장이다.

○ **性卽是心, 心卽是佛(성즉시심, 심즉시불)** : 앞에 인용한 『혈맥론』의 "性은 곧 마음이고, 마음은 곧 부처이며, …" 이하 참조. 자세한 것은 『완릉록』 제4단 「心性不異」의 주기를 보라.

○ **擬心卽差(의심즉차)** : 『임제록』에는 이 구의 다음에 「動念卽乖」(한 생각이라도 움직이면 바로 어긋나 버린다)라는 對句가 이어져 있다. 이 이하의 구는 본서에도 이미 두 번 사용되어 있다. 上句는 종밀의 『禪源諸詮集都序』 권상에 신회선사의 어로서 인용되어 있지만 그것도 실은 僧肇의 『般若無知論』이

근본이다.

○ **正見(정견)** : 百丈懷海의 『百丈廣語』(宇井伯壽, 『제2선종사연구』, p.410)에 "지금 이 때 佛見이라든가 열반 등의 견을 일으키지 말라. 완전히 일체 유무 등의 견을 없고, 또한 없다는 견해마저도 없는 것을 정견이라 한다(祇如今但莫作佛見涅槃等見. 都無一切有無等見, 亦無無見, 名正見)"는 말이 보인다.

○ **認賊爲子(인적위자)** : 『능엄경』 권1(『대정장』 권19, p.108하)의 부처가 제자 아난다에게 說諭한 말 가운데 이 비유가 있다.

○ **戒定慧(계정혜)** : 삼학이라고 총칭되는 불도수행의 기본과정. 계에는 戒法(계율 텍스트)・戒行(실천)・戒相(하나하나의 내용)・戒體(계를 받았을 때 받은 사람 몸속에 계율을 간직할 청정한 능력이 생겨나 영원히 잃어버리지 않는 것)를 계율의 4科라고 한다. 『大乘義章』 권1에서는 자성청정심을 계체로 보고 있다.

○ **祖師云(조사운)**… : 이 4구는 육조대사의 語로서 『선원제전집도서』에 인용되어 있다. 뒤의 『완릉록』에도 인용되어 있지만 거기에서는 전거가 밝혀져 있지 않다.

○ **心地法門(심지법문)** : 마음을 만법의 근원이라고 여기는 입장으로부터 그것을 만물을 생성하는 大地에 비교하여 「心地」라고 한 것이다. 『心地觀經』(『대정장』 권3, p.327상)에 "삼계는 오직 마음뿐, 그 마음을 이름하여 地라한다(三界唯心, 心名爲地)"는 말이 있고, 이미 『범망경』에 이 말이 보인다. 『마조어록』(宇井伯壽, 『제2선종사연구』, p.525)에는 심지법문에 대하여 "일체의 법은 모두 마음의 법이고, 일체의 이름은 모두 마음의 이름이다. 만법은 모두 마음으로부터 생하기 때문에 마음은 만법의 근본이 된다(一切法, 皆是心法, 一切名, 皆是心名.

萬法皆從心生. 心爲萬法之根本.)"라고 해설하고 있다. 『임제록』(『대정장』 권47, p.498상)에 "나의 설법은 어떠한 법을 설하는가 하면 바로 심지의 법을 설하는 것이다(山僧說法, 說什麽法. 說心地法.)"라고 한 취지도 이것과 같다. 그리고 또 『경덕전등록』 제3(『대정장』 권51, p.219하)에 달마가 『능가경』 4권을 혜가에게 주면서 "이것은 여래의 심지요법이다(是如來心地要門)"고 말하고 있다.

○ **遇境卽有, 無境卽無(우경즉유, 무경즉무)** : 제1단의 「遇緣卽施, 緣息卽寂」을 참조하라.

○ **定慧鑑用(정혜감용)…** : 이하 「견문각지」의 구까지는 매우 읽기 거북하다. 어떻게 句讀을 끊어야 할지도 결정하기 어렵다. 종래의 「…歷歷寂寂惺惺하기도 하다. 見聞覺知는 …」라고 읽는 방법은 전후의 문맥에 딱 들어맞지 않는다. 지금 임시로 이와 같이 읽어 두지만 아직 불안정을 면할 수 없다. 「定慧鑑用」이라는 것은 선정과 지혜의 뛰어난 작용을 만물이 있는 그대로 비추는 거울에 비유한 것이다. 「歷歷」이라는 것은 거울이 만상을 또렷이 비추는 것. 「寂寂惺惺」이라는 것은 그 본체는 寂然하여 부동하면서 그 靈的인 작용은 明晰한 것. 『선원제전집도서』에 「眞妙의 理性」, 즉 본원청정심에 대하여 「知見覺照·靈鑑光明·郎郎昭昭·惺惺寂寂」 등이라 표현하고 있는 것을 지적할 수 있다.

○ **法有沒處, 沒於有地(법유몰처, 몰어유지)** : 난해한 구이지만 달마의 『二入四行論』 제38단에 보이는 다음의 문답이 참고가 된다. "「질문, 어떤 것이 '여래의 혜일이 有라는 땅속으로 침몰한다'고 하는 것인가(問, 何名如來慧日潛沒於有地.)?」 「대답, 유가 아닌 것을 유로 인정한다면 지혜의 태양은 유라는 땅 속

으로 빠진다(答, 非有見有, 慧日沒於有地.).」"(柳田聖山, 『달마의 어록』, p.165).

○ **見法(견법)** : 모든 現象하는 것(존재)의 본질을 통찰한다고 하는 것은 또 理法을 안다고 하는 뜻도 있다(上揭의 柳田聖山, pp.145・176・188 참조).

6. 마음을 忘却하라

九月一日, 師謂休曰, 自達摩大師到中國, 唯說一心, 唯傳一法. 以佛傳佛, 不說餘佛. 以法傳法, 不說餘法. 法卽不可說之法, 佛卽不可取之佛, 乃是本源淸淨心也. 唯此一事實, 餘二則非眞. 般若爲慧, 此慧卽無相本心也. 凡夫不趣道, 唯恣六情, 乃行六道. 學道人一念計生死, 卽落魔道. 一念起諸見, 卽落外道. 見有生, 趣其滅, 卽落聲聞道. 不見有生, 唯見有滅, 卽落緣覺道. 法本不生, 今亦無滅. 不起二見, 不厭不忻. 一切諸法, 唯是一心, 然後乃爲佛乘也. 凡夫皆逐境生心, 心遂忻厭. 若欲無境, 當忘其心, 心忘卽境空, 境空卽心滅. 若不忘心, 而但除境, 境不可除, 祇益紛擾. 故萬法唯心, 心亦不可得, 復何求哉. 學般若人不見有一法可得, 絶意三乘, 唯一眞實, 不可證得. 謂我能證能得, 皆增上慢人. 法華會上, 拂衣而去者, 皆斯徒也. 故佛言, 我於菩提,實無所得. 默契而已. 凡人臨欲終時, 但觀五蘊皆空, 四大無我, 眞心無相, 不去不來, 生時性亦不來, 死時性亦不去, 湛然圓寂, 心境一如. 但能如是直下頓了, 不爲三世所拘繫, 便是出世人也. 切不得有分毫趣向. 若見善相諸佛來迎, 及種種現前, 亦無心隨去. 若見惡相種種現前, 亦無心怖畏. 但自忘心, 同於法界, 便得自在. 此卽是要節也.

【번역】

9월 1일 대사께서는 배휴에게 말씀하셨다.

달마대사께서 중국에 오신 이후로 오직 한 마음만을 말씀하셨고, 오로지 한 법만을 전하셨다. 그 전하는 방법은 부처(心佛)에 의하여 부처를 전하셨을 뿐 이것 이외의 다른 부처는 말씀하시지 않았다. 또 법(心法)에 의하여 법을 전하셨을 뿐 이것 이외의 다른 법은 말씀하시지 않으셨다. 그 법이라는 것은 가히 설명할 수 없는 법이며, 그 부처라는 것은 가히 파악할 수 없는 부처이다. 그것은 바로 本源淸淨心이기 때문이다. 오직 이 하나의 일만이 진실일 뿐 그 밖의 나머지는 진실하지 않다.

반야를 지혜라고 하지만 이 지혜는 모양이 없는 본래의 마음이다. 범부는 도에 나아가지 않고 단지 六情만을 제멋대로 하게 하여 육도로 간다. 도를 배우는 사람이 한 생각이라도 생사를 헤아리면 곧 바로 마귀의 세계에 떨어진다. 또 한 생각이라도 여러 가지 분별심을 일으키면 즉시 외도에 떨어진다. 生이 있음을 보고 그 滅로 나간다면 성문도에 떨어진다. 생이 있음을 보지 않고 오직 멸만이 있음을 본다면 연각도에 떨어진다. 법은 본래 생하지도 않고, 더구나 지금 역시 멸하지도 않는다. 두 가지 분별심을 일으키지도 않고 모든 것에 대하여 싫어하지도 않으며 좋아하지도 않는 것이다. 일체 모든 법의 근본은 오직 이 한 마음뿐이다. 그렇기 때문에 佛乘(단 하나의 진실한 가르침)을 세울 수 있는 것이다. 범부는 모두 외적인 대상을 따라 마음을 내어 마침내 기뻐하고 싫어한다. 만일 경계가 없기를 바란다면 마땅히 그 마음을 잊어야 한다. 마음을 잊어버리면 대상은 공적하고, 대상이 공적하면 마음이 없어진다. 만약 마음을 잊지 않고 단지 경계만을 없애려고 한다면 경계는 제거되지 않으며 도리어 어지러움만 늘어날 뿐이다. 그러므로 만법은 오직 마음의 변현일 뿐이지만 그 마음조차도 또한 얻을 수 없는데 다시 또 무엇을 구하려고 하는가? 반야를 배우는 사람은 하나의 법도 얻을 수 있다고 보지 않아서 생각을 삼승에 두지 않기 때문에 오직 하나의 진실만 있을 뿐이며, 더구나 그것은 증명하고 획득할 수 있는 것이 아니다. 그럼에도 불구하고 나는 능히 깨달을 수 있고, 능히 얻을 수 있다고 하는 것은 모두 증상만의 사람이다. 법화회상에서 옷을 털고 떠나간 사람들이 모두 그러한 무리들이다. 그러므로 부처님께서 말씀하시기를, "나는 보리라고 하는 것에 대하여 실로 어떠한 것도 얻은 것이 없다"고 한 것이다. 그저 묵묵히 계합(직접 체험)할 따름이다.

대개 범부가 임종할 때 단지 오온이 모두 공하여 사대는 자아가 없고, 진실한 마음은 모양이 없어서 가지도 않고 오지도 않으며, 우리 몸이 태어날 때 성품이 또한 오는 것이 아니고 죽을 때 성품이 또한 가는 것도 아니라고 자세히 관찰하면 담연히 적정하여 마음과 대상이 하나가 될 것이다. 다만 능히 이와 같이 바로 이 자리에서 단번에 깨달을 수 있다면 삼세에 걸쳐서 구속되지 않을 것이다. 이것이 곧 세간을 뛰어넘은 사람(현세를 초탈한 사람)이다. 간절히 바라건대 절대 털끝만큼이라도 나아가는 방향이 있어서는 안 된다. 설사 임종시에 좋은 모습을 한 여러 부처님이 와서 맞이하며 갖가지 신기한 모습을 목전에서 나타내는 것을 볼지라도 또한 마음이 따라감이 없어야 한다. 또 가령 악마의 모습이 여러 가지로 현전하는 것을 볼지라도 역시 마음이 두려워하지 않아야 한다. 다만 스스로 마음을 잊어버리고 법계(만법)와 하나가 되면 곧 바로 무애자재를 얻는 것이다. 이것이 요점이다.

【注記】

○ **九月一日(9월1일)** : 裵休의 서문으로부터 추측하면 會昌2년(842)부터 大中元年(847)까지의 사이에 어떤 해 9월일 것이지만 정확히 어느 해인지는 결정할 방법이 없다.

○ **達摩(달마)** : 선종의 초조로서 달마에 관한 현존하는 가장 오래된 전기자료는 『二入四行論』 제1단의 벽두에 나오는 제자 曇林의 서문이다. 물론 엄밀한 의미에서 二入四行에 대한 서문이기 때문에 전기는 아니다. 게다가 달마란 이름조차도 적혀있지 않다. 그러나 道宣(596~667)의 『속고승전』 이후 이것이 달마전기의 기본자료가 된다. 담림의 서와 도선이 남긴 전기 내용과는 상당한 차이가 있다.

○ **唯此一事實, 餘二則非眞**(유차일사실, 여이즉비진) : 『법화경』'방편품'의 偈(『대정장』권9, p.8상)에 보이는 유명한 구이다. 선가도 즐겨 인용한다.

○ **般若爲慧**(반야위혜) : 반야는 범어 prajñā를 음역한 것이다. 개개의 사물을 분석판단하는 識을 초월하여 존재전체를 근원적으로 파악하는 지혜. 이 지혜를 구족하는 것에 의하여 부처가 된다. 신회는 이 靈妙한 지혜가 인간의 眞性에 本源的으로 갖추어져 있다고 하며 이것을 本智라든가 寂知라고 불렀다. 거의 돈오설의 기본을 이루는 견해이다.

○ **六情**(육정) : 上述한 육근에 의하여 생기는 여섯 가지의 감각 작용.

○ **六道**(육도) : 중생이 각자의 업에 의하여 생을 누리는 여섯 가지의 세계, 즉 지옥도·아귀도·축생도·수라도·인간도·천도의 6도. 六趣라고도 한다.

○ **緣覺道**(연각도) : 여러 가지 인연이나 현상을 통하여 스스로 理法을 깨닫는 것을 연각, 또는 독각이라 한다. 상기의 성문과 합하여 이승이라 한다. 다 같이 소승의 범주에 들어간다.

○ **法本不生, 今亦無滅**(법본불생, 금역무멸) : 『유마경』'入不二法門品'(『대정장』권14, p.550하)의 「法本不生, 今則無滅(법은 본래 生起하지 않고 지금 소멸하지도 않는다.)」에 근거를 두고 있다. 같은 '제자품'(『대정장』권14, p.541상)에 「法本不然, 今則無滅, 是寂滅義(법은 본래 불타지 않는다. 지금도 역시 소멸하는 일이 없다. 이것이 적멸의 본질이다.)」라고 있는 것은 물건의 연소에 비유하여 「타지 않고」라고 한 것이다.

○ **佛乘**(불승) : 『법화경』의 '방편품'과 '비유품' 등에서 강조하는 一佛乘의 뜻이다. 일체중생을 평등히 부처로 인도하는 유일최

고의 가르침.

○ **凡夫皆逐境** : 달마의 『이입사행론』 제9단에 "아직 깨닫지 못했을 때는 사람이 진리를 좇아가지만 깨달으면 진리가 사람에게 좇아온다. 깨달으면 의식이 물질을 지배하고, 미혹하면 물질이 의식을 지배한다"는 말이 있다. 사람이 진리를 좇는 것은 미혹이고, 진리가 사람을 좇는 것은 깨달음으로 보는 입장이다. 『안심법문』에 "미혹할 때는 사람이 법을 좇고, 깨달았을 때는 법이 사람을 좇는다. 깨달은 때는 의식이 물질을 거두어들이고, 미혹할 때는 물질이 의식을 거두어들인다"고 하는 이 사고는 『오성론』에도 보이고, 『돈오입도요문론』 권하, 제35단(平野宗淨, 『돈오요문』 <선의 어록6>, 筑摩書房, p.191)에도 보인다. 그리고 澄觀의 『心要』와 『종경록』 권98, 靑原의 語에도 같은 글귀가 있다. 『究竟大悲經』 권3에도 "깨닫지 못했을 때는 법으로써 법을 좇지만 이미 깨달았을 때는 법 그 자체가 그대로 법이며, 법은 움직이는 일이 없다"고 한다. 이런 말들의 원류로서 惠遠의 『形盡神不滅論』에 "만약 깊이 깨달은 자는 근본으로 돌아갈 수 있으나 미혹한 자는 물질을 좇을 뿐이다"라고 한 말이 주목된다.

○ **當忘其心**(당망기심) : 여기의 「忘」도 전단의 주기에서 기술한 것처럼 「亡」으로 바꾸어 읽어도 좋다. 이하 같다.

○ **絶意三乘**(절의삼승) : 삼승이라는 것은 성문·연각·보살에게 각각 응하여 설해진 가르침. 역시 '방편문'(『대정장』 권9, p.7중)에 "여래는 다만 일불승으로써 특히 중생들을 위하여 설법했을 뿐 그 밖의 이승이나 삼승은 말하지 않았다(如來但以一佛乘故爲衆生說法, 無有餘乘若二若三.)"고 한 것을 참조하라.

○ **謂我能證能得**(위아능증능득)… : 『유마경』 '관중생품'(『대정장

』권14, p.548상)에서 천녀가 사리불을 윽박질러 "만약 내가 무엇인가를 얻을 것이 있고 깨달을 것이 있다고 한다면 그것은 불법에 대한 증상만(불손하게 잘난 체 하는 것)입니다(若有得有證者, 卽於佛法爲增上慢)"라고 말한 것에 기반을 두고 있다. 『경덕전등록』권28, '越州大珠慧海章'(『대정장』권51, p.441상)에 "성품은 보래 청정하여 닦아서 이룰 필요가 없다. 수행할 것이 있고 증득할 것이 있다고 생각하면 이는 잘난 체 하는 사람(증상만인)과 같다(性本淸淨, 不待修成. 有證有修, 卽同增上慢者.)" 한다.

○ **法華會上(법화회상)**… : 『법화경』'방편품'(『대정장』권9, p.7상)에 나오는 말이다. 부처님이 대중의 청에 응하여 불가사의한 법을 설했을 때 자리에 있었던 僧·尼僧, 그밖에 죄가 많아 자만이 강한 5천인 남짓의 신자가 자리에서 일어나 나가버렸다. 그들은 '아직 얻지도 못한 것을 얻었다고 생각하고, 아직 깨닫지도 못한 것을 깨달았다고 생각하고 있는' 무리이다.

○ **凡人臨欲終時(범인림욕종시)** : 元刊 『경덕전등록』권9, 黃檗傳에 付載하는 『전심법요』에는 이 구가 「凡人欲修證」이라고 되어 있지만 그것에 따를 필요는 없다. 後文에도 「諸佛의 來迎」이라는 것이 서술되어 있어서 역시 임종이라는 현실적인 극한상황을 설정한 설법이라고 이해할 수 있다. 『혈맥론』(『대정장』권48, p.375상)에도 "임종 때에는 절대 모양을 취해서는 안 된다. … (臨終之時, 不得取相. …)"고 하는 경고가 설해져 있다. 이 일절은 일본 明惠上人(1173~1232)의 『邪正問答抄』에도 인용되어 있다.

○ **五蘊皆空(오온개공)** : 『반야심경』에 나오는 말이다. "관자재보살은 심원한 반야바라밀을 행하고 있을 때 오온은 모두 공하다

(일체의 존재를 구성하는 다섯 가지 요소는 모두 실체가 없는 것이다)라고 조견했다."

○ **無我(무아)** : 실체적인 자아를 가지지 않는 것.

○ **若見善相諸佛來迎(약견선상제불래영)…** : 『임제록』(『대정장』 권47, p.500상)에도 이것과 비슷한 글이 있다. "시방의 모든 부처님이 현전할지라도 조금도 기쁜 생각이 없으며, 칼과 피와 불의 삼도지옥이 갑자기 나타날지라도 한 생각도 두려울 것이 없다.(十方諸佛現前, 爲一念心喜, 三塗地獄頓現, 無一念心怖.)"

7. 교법에 얽매이지 말고 心法을 覺悟하라

十月八日, 師謂休曰, 言化城者, 二乘及十地等覺妙覺, 皆是權立接引之教, 並爲化城. 言寶所者, 乃眞心本佛自性之寶. 此寶不屬情量, 不可建立, 無佛無衆生, 無能無所, 何處有城. 若問此旣是化城, 何處爲寶所, 寶所不可指. 指卽有方所, 非眞寶所也, 故云在近而已. 不可定量言之, 但當體會契之卽是. 言闡提者, 信不具也. 一切六道衆生, 乃至二乘, 不信有佛果, 皆謂之斷善根闡提. 菩薩者, 深信有佛法, 不見有大乘小乘, 佛與衆生, 同一法性, 乃謂之善根闡提. 大抵因聲教而悟者, 謂之聲聞. 觀因緣而悟者, 謂之緣覺. 若不向自心中悟, 雖至成佛, 亦謂之聲聞佛. 學道人多於法上悟, 不於心上悟, 雖歷劫修行, 終不是本佛. 若不於心悟, 乃於法上悟, 卽輕心重法, 遂成逐塊, 忘於本心故. 但契本心, 不用求法, 心卽法也. 凡人多爲境礙心, [爲]事礙理, 常欲逃境以安心，屛事以存理，不知乃是心礙境，理礙事．但令心空，境自空．但令理寂，事自寂．勿倒用心也．凡人多不肯空心，恐落於空，不知自心本空．愚人除事不除心，智者除心不除事．菩薩心如虛空，一切俱捨．所作福德，皆不貪著．然捨有三等．內外身心，一切俱捨，猶如虛空，無所取著，然後隨方應物，能所皆忘，是爲大捨．若一邊行道布德，一邊旋捨，無希望心，是爲中捨．若廣修衆善，有所希望，聞法知空，遂乃不著，是爲小捨．大捨如火燭在前，更無迷悟．中捨如火燭在傍，或明或暗．小捨如火燭在後，不見坑穽．故菩薩心如虛空，一切俱捨．過去心不可得，是過去捨，現在心不可得，是現在捨，未來心不可得，是未來捨，所謂三世俱捨．自如來付法迦葉已來，以心印心，心心不異．印著空，卽印不成文．印著物，卽印不成法．故以心印心，心心不異．能印所印，俱難契會，故得者少．然心卽無心，得卽無得．佛有三身，法身說自性虛通法，報身說一切淸淨法，化身說六度萬行法．法身說法，不可以言語音聲形相文字而求，無所說，無所證，自性虛通而已．故曰，無法可說，是名說法．報身化身，皆隨機感現，所說法亦隨事應根，以爲攝化，皆非眞法．故曰，報化非眞佛，亦非說法者．所言同是一精明，分爲六和合，一精明者，一心也，六和合者，六根也．此六根各與塵合，眼與色合，耳與聲合，鼻與香合，舌與味合，身與觸合，意與法合，中間生六識，爲十八界．若了十八界無所有，束六和合爲一精明．一精明者，卽心也．學道人皆知此，但不能免作一精明六和合解，遂被法縛，不契本心．如來現世，欲說一乘眞法，則衆生不信，興謗沒於苦海．若都不說，則墮慳貪，不爲衆生溥捨妙道．遂設方便，說有三乘．乘有大小，得有淺深，皆非本法．故云，唯有一乘道，餘二則非眞．然終未能顯一心法，故召迦葉同法座，別付一心離言說法．此一枝法今別行．若能契悟者，便至佛地矣．

【번역】

10월 8일 대사께서는 배휴에게 말씀하셨다.

「화성(환상의 마을)」이라는 것은 이승과 십지, 등각, 묘각을 위하여 모두 방편으로 세워 인도하는 가르침으로써 이를 모두 화성이라 한다. 또 「보배의 장소」라는 것은 다름 아닌 바로 眞心·本佛·自性의 보배(本來性으로서 인간에게 구족된 진실한 마음·本源의 부처라는 보배)이다. 이 보배는 상식적으로 헤아릴 수 있는 것에 속하지 않으며, 인위적으로 세울 수 있는 것도 아니다. 거기에는 부처도 없고 중생도 없으며 주체도 없고 객체도 없는데 어느 곳에 성이 있겠는가? 만약 그것이 이미 화성이라면 어느 곳이 보배의 장소인가라고 묻는다해도 보배의 장소는 가리킬 수 없다. 가리킨다면 곧 방향과 처소가 있게 됨으로 참된 보배의 장소가 아니다. 그래서 지시자는 가까이에 있다고만 말했을 뿐이다. 그것을 정해진 양으로써 말할 수 없으며, 다만 그 자체를 정확히 체득하면 되는 것이다.

천제라는 것은 믿는 마음이 갖추어져 있지 않은 사람이다. 육도의 모든 중생들과 내지 이승은 불과가 있다는 것을 믿지 않는다. 그들은 모두 「선근을 끊은 천제」라 한다. 보살이란 불법이 있음을 굳게 믿고 대승과 소승이 다름을 문제삼지 않으며, 부처와 중생을 같은 법성으로 본다. 이들을 가리켜 「선근이 있는 천제」라 한다. 일반적으로 부처님의 설법을 듣고 깨달은 사람을 성문이라 하고, 인연을 관찰하여 깨달은 사람을 연각이라 한다. 그러나 만약 자기 마음속에서 깨닫지 못하면 비록 부처가 된다할지라도 역시 성문불이라 한다. 도를 배우는 사람들은 대개 법에 있어서는 깨닫는 것이 많으나 마음에 있어서는 깨닫지 못하고 있다. 이와 같이 비록 영겁 동안 수행을 거듭할지라도 끝내 「본래의 부처(本佛)」는 될 수 없다. 만약 자기의 마음에서 깨닫지 않고 법에서 깨닫는다면 마음을 가벼이 여기고 법만 중히 여겨 마침내 흙덩이를 좇는 개의 꼴이 되고 말 것이다. 이것은 본 마음을 잊어버렸기 때문이다. 다만 본래 마음에 계합하면 될 뿐 법을 구할 필요가 없다. 왜냐하면 마음이 곧 법이기 때문이다.

대부분의 사람들은 대상이 마음을 장애하고 현상(事)이 본체(理)를 장애하는 것이라고 생각하여 항상 대상으로부터 벗어나 마음을 편안하게 하려고 하고, 또 현상을 물리치는 것에 의하여 본체를 보존하려고 한다. 그러나 이런 마음이 도리어 대상을 가로막고 본체가 현상을 장애하게 되는 사실을 모르고 있다. 다만 마음을 비우기만 하면 경계는 저절로 공적해 진다. 다만 본체를 적정하게만 하면 현상은 저절로 고요해 진다. 그러므로 거꾸로 마음을 쓰지 말아야 한다.

또 사람들이 대개 마음을 쉽게 비우려고 하지 않는 까닭은 공에 떨어질까 두려워하기 때문이다. 이는 자기 마음이 본래 공한 줄을 모르는 것이다. 어리석은 사람은 대상을 없애려고 하면서도 마음을 없애려고 하지 않는다. 그러나 지혜로운 이는 마음을 없앨 뿐 대상을 없애지 않는다.

보살은 마음이 마치 허공과 같아서 모든 것을 다 버린다. 자기가 지은 복덕마저도 탐착하지 않는다. 그런데 이 버림에는 세 단계가 있다. 즉 안도 밖도 몸도 마음도 모두 다 버려서 마치 허공과 같이 하여 어디에도 집착하는 마음이 없어진 다음에 장소에 따라 사물에 응하되 제도하는 주체도 제도될 객체도 모두 잊어버리는 것이 「큰 버림(大捨)」이다. 다음 만약 한편으로 도를 행하고 덕을 펴면서 동시에 그들을 점차적으로 버려 가지고 싶어 하는 마음이 전혀 없으면 이것을 「중간의 버림(中捨)」이라고 한다. 그 다음 설사 여러 가지 선행을 널리 실천하면서 그것의 공덕을 바랄지라도 법을 듣고서는 一切皆空의 도리를 알고 마침내 그것에 집착하지 않는 것, 이것은 「작은 버림(小捨)」이다. 큰 버림은 마치 어두운 길을 갈 때 등불이 바로 정면을 비추는 것과 같아서 전혀 미혹함도 깨달음도 없다. 중간 버림은 등불이 옆에 있는 것과 같아서 밝기도 하고 어둡기도 하다. 그리고 작은 버림은 마치 등불이 뒤에 있는 것과 같아서 빠질 구덩이나 함정을 볼 수 없다. 그러므로 보살의 마음은 허공과 같아서 일체를 다 버린다. 과거의 마음을 얻을 수 없는 것은 과거를 버린 것이고, 현재의 마음을 얻을 수 없는 것은 현재를 버린 것이며, 미래의 마음을 얻을 수 없는 것은 미래를 버린 것이다. 이것이 이른바 「삼세를 모두 버린 것」이다.

여래께서 가섭에게 법을 부촉한 이래로 마음으로써 마음을 인가했기 때문에 인가하는 마음과 인가받은 마음은 서로 다르지 않았다. 마음의 도장(心印)이라는 것은 허공에 도장을 찍으면 도장은 아무 무늬를 남기지 않는다. 또 물건에 도장을 찍으면 도장은 법을 이룰 수 없다. 그러므로 마음으로써 마음을 서로 인가하는 것이기 때문에 쌍방의 마음과 마음이 다르지 않다. 그러나 도장을 찍는 것과 찍히는 것이 서로 함께 합일하는 것은 매우 어렵다. 그렇기 때문에 심법을 얻는 사람은 드물다. 그렇지만 마음은 바로 무심을 말하는 것이고 얻는다는 것도 실은 얻을 것이 없다.

부처에는 삼신이 있다. 법신은 자성의 허통한 법을 설하고, 보신은 모든 청정한 법을 설하며, 화신은 육도만행의 법을 설한다. 법신의 설법은 언어·음성·형상·문자를 통하여 이해할 수 있는 것도 아니고, 설명될 수 있는 것도 아니다. 설할 것도 없고, 증득할 것도 없으며, 그저 자성이 허통할 뿐이다. 그러므로 말씀하시기를, "법으로서 설할 것이 없는 것, 그것을 설법이라 한다"고 하셨다. 보신과 화신은 모두 근기에 따라 감응하여 나타나며, 따라서 그 설하는 법도 개개의 사정에 따르고 機根에 대응하여 敎導하는 것이기 때문에 이 둘은 진실한 법이 아니다. 그러므로 말하기를, "보신과 화신은 진실한 부처가 아니며, 또한 진실한 법을 설하는 것도 아니다"고 한 것이다.

말하자면 「원래는 동일한 하나의 精明일 뿐인데 이것이 나누어져 六和合이 된 것」이며, 一精明이라는 것은 바로 一心이다. 육화합이라는 것은 육근이다. 이 육근은 각기 육진과 화합한다. 즉 눈은 색과 합치하고, 귀는 소리와 합치하며, 코는 냄새와 합치하고, 혀는 맛과 합치하며, 몸은 촉감과 합치하고, 뜻은 법과 합치한다. 그런 가운데 육식이 나와 18계가 된다. 만약 이 18계가 어디에도 존재하지 않는 것을 깨달으면 육화합이 하나로 묶이어 일정명이 된다. 일정명이란 바로 마음이다. 그런데 도를 배우는 사람들은 이것을 모두 알고는 있지만 단지 <일정명>과 <육화합>에 대하여 지적으로 이해하는 것을 벗어나지 못하여 마침내 법에 속박되어 본래 마음과 계합하지 못하게 된다.

여래께서 세상에 나타나시어 일승의 진실한 가르침을 설하셨지만 중생들은 부처님의 말씀을 믿지 않고 비방하여 고통의 바다에 빠지게 되었다. 그렇다고 해서 만약 부처님께서 아무 말씀도 하시지 않는다면 여래는 간탐의 죄를 범하는 것이 된다. 따라서 중생을 위하여 널리 묘법을 베푸는 것이 못된다. 그래서 여래께서는 마침내 방편을 마련하여 삼승이 있음을 말씀하신 것이다. 그러나 乘에는 대승과 소승의 차이가 있고, 깨달음에도 깊고 얕음의 차별이 있다고 설한 것은 모두 본래적인 법이 아니다. 그러므로 말씀하시기를, "오직 일승의 도만 있을 뿐 나머지 이승은 진실한 법이 아니다"고 하신 것이다. 그러나 그것에서도 결국 한 마음의 법을 나타내시지 못했기 때문에 가섭을 불러 법좌를 함께 하시어 별도로 한 마음의 법, 즉 언설을 떠난 법을 부촉하신 것이다. 이 一脈의 법문은 지금도 독자적으로 세상에 행해지고 있다. 만약 이 법을 깨달을 수 있는 사람은 곧 바로 부처의 세계에 들어갈 것이다.

【注記】

○ **化城(화성)** : 『법화경』 '化城喩品'(『대정장』 권9, p.22상 이하)에서 설하는 일곱 가지 유명한 비유 중의 하나이다. 보배가 있는 곳을 찾아 험한 길을 가는 隊商이 도중에 지쳐 되돌아가려고 할 때 그 피로를 풀고 기력을 회복하기 위하여 훌륭한 지휘자가 도중에 환상의 城市를 만들어 내어 그 근처에 보배의 장소가 있다고 誘引하여 다시 대상을 이끌고 갔다고 하는 비유이다.

○ **在近而已(재근이이)** : 북본 『열반경』 권35(『대정장』 권12, p.819하)에 "만약 중생의 신체 가운데 별도로 불성이 내재한다고 말하면 그 뜻은 그렇지 않다. 왜냐하면 중생이 불성이고, 불성이 곧 중생이기 때문이다(若言衆生中別有佛性者, 是義不然. 何以故, 衆生卽佛性, 佛性卽衆生.)"고 한 말이 있다. 이처럼 불성은 우리와 가장 가까운 신체 안에 내재하고 있지만 구체적으로 어디에 있다고 지정하지 않는다. 단지 이 불성은 스스로 자각만 하면 될 뿐이다.

○ **闡提(천제)** : 바른 표기는 一闡提(icchantika)라고 한다. 斷善根이라든가 信不具足이라 한역했다. 불법을 믿지 않고 깨달음을 구하려고 하는 마음이 없는 것, 따라서 부처가 될 모든 조건이 결여된 것이라고 하는 것이 本義이다. 그러나 여기에서 설해지

고 있는 단선근과 선근이라는 두 가지 천제를 세우는 방법은『楞伽阿跋多羅寶經』권1에 보이는 설에 바탕을 둔 것이다. 즉 "一闡提有二種, 一者捨一切善根. … 二者菩薩本自願方便."(『대정장』권16, p.487중)

○ **法性(법성)** : 달마의『二入四行論』제72단 憐禪師의 말에 "법성은 체가 없으니 그대로 쓸 뿐 의심하지 말라(法性無體, 直用莫疑)"는 말이 있다.

○ **學道人多於法上悟, 不於心上悟(학도인다어법상오, 불어심상오)** : 원문에「法」은「敎法」,「心」은「心法」으로 각각 되어 있지만 이 다음의 논지가 心과 法의 대비를 축으로 하고 있어서 거기에「敎」를 개입시킬 필요는 없다고 생각한다. 元刊本『경덕전등록』付載의 텍스트(판본)에 의한 旁證으로부터 이와 같이 고친다. 뒤의「乃於法上悟」도 같은 이유로 원문의「乃至於敎法上悟」를 고친 것이며,「輕心重法」도 원문의「輕心重敎」를 고친 것이다.

○ **逐成逐塊(수성축괴)** : '개가 흙덩이를 좇아가는 것처럼'이라는 비유는 경전에 자주 사용되고 있는 말이다.

○ **心卽法也(심즉법야)** : 여기에서「法」은 상술한 것처럼 사물이나 존재의 의미가 아니라「心法」혹은「一心法」이라는 원리 내지 진리라는 의미로 사용되고 있다.

○ **爲境礙心, 〔爲〕事礙理(위경애심, 〔위〕사애리)** : 心境契合(또는 心境雙忘)은 본서에 지금까지 몇 번 설했다. 事와 理를 대치시키지 않고 양자의 相卽不二를 설하는 것은 화엄의 세계관(특히 理事無礙法界의 설)에 바탕을 둔 것이지만 선에서는 비근한 것으로서 寶誌和尙의「十四科頌」중의「事理不二」나「眞俗不二」의 章을 안내하고 싶다(『경덕전등록』권29).

○ **凡人多不肯空心(범인다불긍공심)**… : 제5단에서는 「人不敢忘(＝亡)心」이라 하고 있지만 의미는 거의 같다. 하구의 「落空」에 대해서도 거기의 주기에 詳說되어 있다.

○ **自心本空(자심본공)** : 마음은 無自性으로 그 자체가 본체를 가지지 않는다. 그러므로 공한 것이다. 달마의 『이입사행론』 제48단에 "심체는 체가 없다(心體無體)"와 동 제9단에 "심성은 적멸하다(心性寂滅)" 등을 참조하라. 심체무체란 일체의 존재를 비추는 마음 그 자체는 물체라고 할 만한 실체를 가지고 있지 않으며 이법 그 자체일 뿐이라는 말이다.

○ **捨有三等(사유삼등)** : 여기의 「捨」는 반드시 捨施, 즉 보시의 뜻으로 한정하지 않아도 좋다. 오히려 字意 그대로 捨遣・放棄, 혹은 捨象의 의미로 이해해도 무방하다.

○ **過去心不可得(과거심불가득)**… : 『금강경』(『대정장』 권8, p.751중)의 글이다. "여러 가지의 마음이라는 것은 마음이 아니라 단지 이름이 마음일 뿐이다"고 하는 것의 이유로서 이 3句를 제시한 것이다(암파문고본, p.102).

○ **自如來付法迦葉已來(자여래부법가섭이래)** : 석존이 이심전심으로 법을 대가섭에게 전한 이후 인도의 28인의 조사에 의하여 대대로 전수된 것을 달마가 중국에도 가져와 중국에서 초조가 되었으며, 이로부터 중국에 있어서 선의 역사가 개화했다고 하는 것이 『보림전』에 의하여 확립된 선의 傳燈觀이다. 그 대대로 상전한 법을 황벽은 「心法」 또는 「一心法」이라 한 것이다.

○ **以心印心(이심인심)** : 문자 그대로의 의미는 마음이라는 도장(心印)을 마음에 찍는다는 뜻이다. 즉 마음과 마음이 印證하여 합쳐져 심법이 하나의 마음으로부터 다음의 마음으로 전해져

가는 것을 말한다. 그것이 곧 「心心不異」이기도 하다. 또 「心心不異」에 대해서는 『임제록』(암파문고본, p.77) 참조

○ **印著空(인착공)**… : 이하의 4구는 난해하지만 우선 語義로부터 설명하면 「著」는 문어의 전치사 「於」와 같다. 印은 seal, 文은 도장을 종이 등에 찍을 때 나타나는 印文(impression)이다. 「印著空…」은 心印을 허공에 찍어도 허공에는 印文이 나타나지 않는다. 또 물건에 찍은 것에는 물건으로서 규정된 인문이 될 뿐 그것은 심법이라고 부를 수 있는 것은 아니다. 더욱이 심인은 마음 그 자체에 찍어져야만 정확히 마음으로부터 마음에 전해지는 법이 될 수 있다고 하는 것이 대의일 것이다. 신회의 『현종기』(『경덕전등록』 권30)에 "세존 멸도 후부터 서천28조에 이르기까지 머무름이 없는 마음을 함께 전했으며, 여래의 지견을 다 같이 설했다. 달마에 이르러 이 땅의 초조가 되었다. 대대로 相承하여 지금까지 끊어지지 않고 있다. … 안으로는 心印을 전하여 本心에 계합함을 인가했다(自世尊滅後, 西天二十八祖, 共傳無住之心. 同說如來知見. 至於達磨, 屆此爲初. 遞代相承, 於今不絶. … 內傳心印, 印契本心.)"고 한다. 도장과 印文의 비유는 『대반열반경』에서 일체의 모든 것은 인연에 의하여 생긴다고 하는 도리를 설하고 있다. 『종경록』 권76(『대정장』 권48, pp.837하~838상)에 인용된 것을 소개하면 다음과 같다. "마치 밀랍으로 된 도장을 진흙에 찍으면 도장과 진흙이 합쳐져 도장은 없어지지만 무늬는 남는다. 그 무늬는 진흙에서 나온 것도 아니고 그 밖의 다른 데서 온 것도 아니다. 도장의 인연으로 이런 무늬가 생긴 것과 같다(如蠟印印泥, 印與泥合, 印滅文成. 文非泥出, 不餘處來. 以印因緣, 而成是文.)." 참고로 『대반열반경』의 원문은 다음과 같이 되어 있다.

"如蠟印印泥, 印與泥合, 印滅文成. 而是蠟印不變在泥. 文非泥出, 不餘處來. 以印因緣而生是文."(『대정장』 권12, p.535하) 본서의 비유는 『대반열반경』의 주장에 근거를 두고 있는 것 같다. 또 『종경록』 권11(『대정장』 권48, p.477상)에 들고 있는 황벽의 語에는 같은 비유를 사용하면서도 여기와는 다른 설법을 전개하고 있다. 처음 부분을 기재하면 다음과 같다. "네가 만약 하나의 법이라도 擬著(措定)했다면 도장은 벌써 찍힌 것이다. 도장을 有에 찍으면 육도사생이라는 印文이 나타나고, 허공에 찍으면 空界無相이라는 무늬가 나타난다. 지금 단지 절대로 모든 물건에 도장을 찍지 않을 줄만 알면 그 도장은 허공과 동일하지도 않고 다르지도 않다. 따라서 허공은 공하지 않고 본래 도장은 존재하지 않는 것이다(爾若擬着一法, 印早成也. 印着有, 四生文出來, 印着空, 卽空界無想文現. 如今但知決定不印一切物。此印與虛空不一不異. 虛空不空, 本印不有.)"(이상은 『고존숙어록』 권3과 『사가어록』 권5에 실려 있는 황벽의 語에도 보인다.)

○ **三身(삼신)** : 법신은 부처가 설한 理法(진리) 그 자체를 부처의 不滅의 本身이라고 본 것. 보신은 진리의 體現者로서 그 과보(공덕)를 구족한 불신을 말한다. 화신은 중생구제를 위하여 이 세상에 여러 가지 모양을 하고 나타난 부처의 人格身을 가리킨다. 菩提流支 역의 『입능가경』 권2에 "대혜야, 훌륭한 환술사가 초목이나 토석을 가지고 여러 가지 형상을 만들어 내고, 주술이나 기교의 힘으로써 갖가지 생물의 모양이나 빛깔, 그리고 몸의 형태를 나타내 보이는 것은 幻影의 모습이라 한다. 사람들은 그 환영의 온갖 모습이나 빛깔을 보고 집착하여 사람이라고 생각하지만 실제로 사람은 존재하지 않는 것이다. 대혜야,

인연에 의거하여 생긴 존재의 실체가 마음의 분별에 의한 것이라는 것도 역시 이와 같아서 마음속으로 온갖 환영을 보고 있는 것에 불과하다. 왜냐하면 그러한 집착된 허망의 모습은 분별적 마음의 습관성에 기인하기 때문이다. 대혜야, 이것을 분별된 허망한 실체의 모습이라 일컫다. 대혜야, 이것이 報佛의 설법 입장이다. 대혜야, 法佛의 설법은 마음과 상응하는 실체를 떠나 있고, 안으로 실증된 성스러운 행위의 경계이기 때문에 대혜야, 이를 법불의 설법 입장이라 한다. 대혜야 응화불의 所作과 교설은 보시·계율·인내·노력·선정·지혜를 교설하기 위한 것이며, 정신을 구성하는 요소·감각기관과 그 대상·감각의 집착에서 벗어나 있고, 게다가 의식이나 사상과 같은 차별의 마음을 성립시키기 위하여 여러 이단자들의 無色定의 순서를 설명하는 것이다. 대혜야, 이것이 應佛의 소작이며, 응불의 설법 입장이다. … " 그런데 여기에는 智慧佛이 없고, 法佛·報佛·應化佛의 3신을 설하고 있다. 4권 『능가경』에는 化佛·報生佛·如如佛·智慧佛의 4불을, 7권 『능가경』에는 變化佛·報佛·眞如智慧佛의 3불을 각각 들어 설명하고 있다.

○ **自性虛通(자성허통)** : 법이 그 본질에 있어서는 본래적으로 공적하면서도 게다가 널리 유통하는 것이라는 뜻이다. 「自性」이라는 것은 법신을 「自性身」이라고도 칭하는 것과 照應시키고 있는 것 같다. 元刊 『경덕전등록』 부재의 텍스트에는 「虛」는 「靈」으로 되어 있다.

○ **無法可說, 是名說法(무법가설, 시명설법)** : 『금강경』의 글이다(암파문고본, p.106).

○ **報化非眞佛, 亦非說法者(보화비진불, 역비설법자)** : 菩提流

支가 번역한 『金剛般若論』의 偈의 2句(『대정장』25, p.784중). 원문에는 「報化」가 「應化」로 되어 있다. 南泉禪師(748~835)의 『南泉語要』에 다음과 같은 말이 있다. "질문, 언제나 화상으로부터 '보신과 화신은 참된 부처가 아니고, 또 법을 설하는 것도 아니다'고 하는 말을 들어 왔습니다만 무슨 이유입니까? 대답, 인연에 의하여 생긴 부처이기 때문에 쓸모없는 것이다. 질문, 보신과 화신이 참된 부처가 아니라고 한다면 그러면 법신불은 참된 부처입니까? 대답, 자, 벌써 응신불이 되어버렸다. 질문, 그렇다고 한다면 법신불조차 참된 부처가 아닌 것입니까? 대답, 법신불이 참된 것인지, 그렇지 않는 것인지에 대해서는 나에게 혀가 없기 때문에 말할 수 없다. 그러나 네가 나에게 말하게 할 수 있다면 말할 수 있는 것이지만."

○ **同是一精明, 分爲六和合(동시일정명, 분위육화합)** : 제3단의 「精明의 本體」를 참조하라. 이 2구는 『능엄경』권6의 게, 「元依一精明, 分成六和合.」(『대정장』권19, p.131중)에 바탕을 두고 있다.

○ **六識·十八界(육식·십팔계)** : 제4단 주기를 보라.

○ **一乘眞法(일승진법)** : 『법화경』'방편품'에 설한 최고유일의 가르침인 대승의 도를 말한다.

○ 方便**(방편)** : 범어 upāya의 번역어로 사람들을 이끌어 진리에 접근시킨다는 뜻이다. 구체적인 시설, 제2차적인 방법을 말한다. 『天台智者大師禪門口訣』에 "모름지기 수행하려면 반드시 순서가 없어서는 안 된다. 순서 없이는 일을 끝맺지 못한다. 순서라는 것은 네 가지 마음을 말한다. 첫째는 깊이 스승을 믿을 것, 둘째는 스승의 가르침을 이어받을 것, 셋째는 스스로 힘쓸 것, 넷째는 방편이나 세밀한 반복이다"고 한다. 『유마경』'問疾

品'에 "선의 참맛을 탐닉하는 것은 보살의 속박이며, … 방편에 의하여 有의 세계에 생존하는 것은 보살의 해탈이다"는 말이 있다.

○ **唯有一乘道, 餘二則非眞**(유유일승도, 여이즉비진) : 『법화경』 '방편품'(『대정장』 권9, p.8상)의 "오직 일승법만 있을 뿐 二도 없고, 또한 三도 없다(唯有一乘法, 無二亦無三.)"한 것과 同品(『대정장』 권9, p.8상)에 "오직 이 하나의 一만 진실일 뿐 나머지 二는 진실이 아니다(唯此一事實, 餘二則非眞.)"고 한 것을 합하여 2구로 한 것 같다.

○ **一心法**(일심법) : 『불설법왕경』(『대정장』 권85, pp.1385하~1386상)에 "一佛性의 속은 一心性이다. 그 일심밖에 따로 무엇인가를 구해서는 안 된다. 만약 별도로 구하면 전도된다. … 제불여래는 모두 일심법을 사용하여 일체중생과 일체의 마음으로 하여금 일심 가운데서 불법을 구하게 하고, 불신을 얻게 했다(一佛性中卽一心性. 於一心外更無他求. 若作他求卽爲顚倒. … 諸佛如來, 皆以一心法, 令諸一切衆生一切之心, 於一心中而求佛法而得佛身.)"고 한다. 또 『종경록』 권1과 권4에도 훌륭한 설명이 보인다.

○ **此一枝法今別行**(차일지법령별행) : 「今」자는 원본에서는 「令」으로 되어 있지만 원간본 『경덕전등록』 부재의 텍스트에 따라 「今」자로 고친다.

8. 수도란

問, 如何是道, 如何修行.

師云, 道是何物, 汝欲修行.

問, 諸方宗師相承, 參禪學道, 如何.

師云, 引接鈍根人語, 未可依憑.

云, 此旣是引接鈍根人語, 未審接上根人, 復說何法.

師云, 若是上根人, 何處更就人覓他. 自己尙不可得, 何況更別有法當情. 不見敎中云, 法法何狀.

云, 若如此, 則都不要求覓也.

師云, 若與麽, 則省心力.

云, 如是則渾成斷絶, 不可是無也.

師云, 阿誰敎他無. 他是阿誰, 爾擬覓他.

云, 旣不許覓, 何故又言莫斷他.

師云, 若不覓, 便休, 卽誰敎爾斷. 爾見目前虛空, 作麽生斷他.

云, 此法可得便同虛空否.

師云, 虛空早晩向爾道有同有異. 我暫如此說, 爾便向者裏生解.

云, 應是不與人生解耶.

師云, 我不曾障爾. 要且解屬於情, 情生則智隔.

云, 向者裏莫生情, 是否.

師云, 若不生情, 阿誰道是.

【번역】

배휴가 여쭈었다.

"도란 무엇이며, 어떻게 수행해야 합니까?"

대사께서 대답하셨다.

"너는 도가 무엇이라고 생각하기에 수행하려고 하는가?"

【질문】 "제방의 종사들이 서로 이어 참선하고 도를 배우게 하는 것은 무엇 때문입니까?"

【대답】 "둔근기의 사람을 이끌어 주기 위한 말을 의지해서는 안 된다."

【질문】 "그것이 이미 둔근기의 사람을 위한 말씀이라고 하신다면 도대체 상근기의 사람을 誘導하기 위해서는 어떤 법을 설해야 합니까?"

【대답】 "만약 상근기의 사람이라면 이제 와서 새삼스럽게 그것을 남에게 찾으려 하겠는가? 자기 자신마저도 오히려 파악할 수 없거늘 어찌 하물며 더구나 따로 법이 있어서 마음에 들어맞겠는가? 경전 중에 이르기를, 「법이라고 하는 법은 도대체 어떤 모양을 하고 있는가」라고 한

말씀을 보지 못했는가?"

【질문】 "만약 이와 같다면 전부 추구할 필요가 없다는 말씀입니까?"

【대답】 "만약 그와 같이 된다면 마음의 苦勞를 덜 수 있을 것이다."

【질문】 "그렇게 되면 모든 것이 단절되어 <無>가 되어 버리는 것이 아닙니까?"

【대답】 "도대체 누가 그것을 無가 된다고 가르쳤는가? 또 그것이 무엇이기에 너는 그것을 찾으려고 하는가?"

【질문】 "이미 추구하는 것을 허락하지 않으시면서 무엇 때문에 또 그것을 끊지도 말라고 하십니까?"

【대답】 "만약 추구하지 않으면 일은 끝난다. 그런데 도대체 누가 너에게 끊으라고 가르치던가? 자, 그대가 지금 눈앞의 허공을 보고 있는데 그것을 어떻게 끊겠는가?"

【질문】 "이 법이라는 것이 곧 허공과 같은 것이라고 생각해도 좋습니까?"

【대답】 "도대체 허공이 언제 너에게 같다거나 다르다고 말하던가? 내가 잠시 이상과 같이 설명하니 너는 당장 여기에 해석(지적인 분석)을 하는구나."

【질문】 "마땅히 사람들을 위하여 해석을 하지 않아야 합니까?"

【대답】 "내가 일찍이 너를 방해한 적은 없다. 어쨌든 해석은 마음의 작용에 속하며, 마음의 분별이 일어나면 지혜는 끊어진다."

【질문】 "거기에서 마음의 분별을 내지 않는 것이 옳은 것입니까?"

【대답】 "만약 분별심을 내지 않는다면 누가 옳다고 말하겠느냐?"

【注記】

○ **道是何物, 汝欲修行**(도시하물, 여욕수행) : 이 2구는 흡사 『임제록』(『대정장』 권47, p.503중)의 「這裏是什麽所在, 說麤說細.」(여기가 어디라고 생각하여 거칠다든가 미세하다고 떠들어 대는 것인가?)와 같이 분리하지 않고 단숨에 읽어야 한다. 달마의 『이입사행론』 제57단, 「道似何物, 而欲修之」도 이것과 趣旨·句法이 모두 같다. "도를 무엇이라고 알고 있기에 수행 따위를 말하는 것인가"라는 힐문이다. 그 취지는 도를 수행하는 것이라는 따위의 생각이 애초부터 잘못된 것이며, 도는 수행할 수 있는 것이 아니다. 우선 수행해야할 것으로써 도라고 하는 것을 설정하는 것 그 자체가 근본적으로 잘못된 생각이라고 하는 것이다. 「何物」은 단순히 「何」의 뜻이다.

○ **復說何法**(부설하법) : 하찮은 일 같지만 이와 같이 의문을 나타내는 句로 사용된 「復」은 「도대체」 「대체」라는 어기를 풍긴다. 「또」라는 의미는 아니다. 이것을 「當說何法」이라고도 읽을 수 있다. 그 경우의 「當」(도대체)도 같은 의미이다.

○ **何處更就人覓他**(하처경취인멱타) : 「他」는 속어로 3인칭대명사이다. 「그·그것」이라는 뜻이다. 여기서는 법을 가리킨다.

○ **自己尚不可得**(자기상불가득) : 『유마경』 '入不二法門品'(『대정장』 권14, p.551상)에 "나조차도 파악할 수 없는데 하물며 나 아닌 것을 어떻게 파악할 수 있겠는가(我尙不可得, 非我何可

得.)"라고 하는 말에 근거를 두고 있다. 「不可得」이란 인식의 대상에서 벗어나 파악할 수 없는 것, 물건에 실체가 없는 것을 표현할 때 사용되는 말이다. 간단히 말해서 空의 별명이다. 또 『금강경』(『대정장』 권8, p.749중)에 "법조차도 버리지 않으면 안 되거늘 하물며 법 아닌 것이야 말해서 무엇하랴(法尙應捨, 何況非法.)"라는 말도 참고가 된다.

○ **何況更別有法當情(하황경별유법당정)** : 宇井伯壽는 「情」을 넓게 감각적 지적인 마음의 작용을 가리키는 것이라고 해석하여 「有法當情」을 「법이 知의 대상이 되는 것」이라고 설명하고 있는 것은 옳다. 다만 이 1구 전체는 어법상으로 매우 파격적이다. 그렇다고 하는 것은 「어찌 하물며」라고 말을 꺼내면 그 다음에 이어지는 것은 自明한 것을 강하게 제시하거나 단정하는 말일 것이지만 여기서는 그렇지 않다. 「更別有法當情」은 전후의 논지로 보아 반어적으로 읽지 않으면 안 되기 때문이다.

○ **法法何狀(법법하상)** : 출전을 알 수 없다. 「何狀」이라는 것은 일체의 법이 無形無相인 것을 말한다.

○ **若與麼(약여마)** : 「與麼」는 속어이다. 문어의 「如此」와 같다. 「그러한」 또는 「그처럼」의 뜻이다. 與摩·與沒라고도 쓰며(돈황에서 나온 唐代寫本이나 옛날 선문헌에서는 모두 「與沒」을 사용했다), 또 드물게 異沒·伊沒이라고도 쓴다. 상세한 것은 入矢義高, 「禪語つれづれ<3>」(講座禪第3卷月報)을 보라.

○ **他是阿誰, 爾擬覓他(타시아수, 이의멱타)** : 상기의 「道是何物, 汝欲修行」과 완전히 같은 句法이다. 종래에 「그는 누구인가, …」라고 읽은 것은 잘못이다.

○ **早晩(조만)** : 「언제」의 뜻이다. 또 시간에 대한 물음이 아니라

단순히 「어째서」라는 반문의 어기를 나타내는 것의 예도 唐代에는 있다.

○ **者裏**(자리) : 이것도 속어이다. 「여기」 또는 「거기」라는 뜻이다. 가까운 장소를 나타낸다. 여기에서는 설명의 말을 가리키고 있다.

○ **情生則智隔**(정생즉지격) : 당 李通玄(639~734)의 『新華嚴經論』'序'(『대정장』권36, p.721상)에 "情이 일어나면 智는 멀어지고, 생각이 변하면 體는 달라진다(情生智隔, 想變體殊.)"고 한 것에 의거한 것이다.

9. 말이 파탄나다

問, 纔向和尙處發言, 爲什麽便道話墮.
師云, 汝自是不解語, 人有什麽墮負.

【번역】

【질문】 "제가 화상에게 말을 하자마자 무엇 때문에 바로 「말이 破綻(파탄)난다」고 하십니까?"

【대답】 "네 스스로 말을 할 수 없었을 뿐 자네라는 사람 그 자체에 무슨 결함이 있겠는가?"

【注記】

○ **話墮**(화타) : 남에게 질문하든지 대답하든지 간에 자기가 표현한 말 자체가 破綻을 드러내는 것. 『조주록』 권상(秋月龍珉, 『조주록』 <선의 어록11>, p.162)에서 하나의 예를 들어보자. "질문, 고인의 말에 '虛明은 스스로 비춘다'고 하는 말이 있습니다만 '스스로 비춘다'는 것은 어떠한 것입니까? 대답, 다른 사람이 비춘다는 것은 말하지 않는다. 질문, 비추지 않으면 어떻게 됩니까? 대답, 자네는 말에 걸렸다(問, 承古有言, 虛明自

照. 如何是自照. 師云, 不稱他照. 學云, 照不著處如何. 師云, 爾話墮也).”

○ **汝自是不解語**(여자시불해어) : 종래 「不解語」를 「말을 이해하지 않고」라고 읽은 것은 잘못이다. 「解語」라는 것은 직역하면 「무엇을 말할 수 있다」 「말을 할 수 있다」의 뜻이다. 「解」는 「能」의 의미이다. 예를 들면 玄宗으로부터 총애를 받은 楊貴妃의 아름다움을 당시 사람들은 「解語花」라고 찬탄했는데 그것은 「말하는 꽃」의 의미이다. 만약 「말을 이해하지 않고」라고 읽으면 이쪽이 하는 말을 상대가 이해하지 못한다고 하는 의미가 되어 완전히 어긋나버린다.

10. 사문이란 무심한 사람

問, 向來如許多言說, 皆是抵敵語, 都未曾有實法指示於人.

師云, 實法無顚倒, 汝今問處自生顚倒, 覓什麽實法.

云, 旣是問處自生顚倒, 和尙答處如何.

師云, 爾且將物照面看, 莫管他人.

又云, 祇如箇癡狗相似, 見物動處便吠, 風吹草木也不別.

又云, 我此禪宗, 從上相承已來, 不曾敎人求知求解, 祇云學道, 早是接引之詞. 然道亦不可學. 情存學解, 却成迷道. 道無方所, 名大乘心. 此心不在內外中間, 實無方所. 第一不得作知解, 祇是說汝如今情量處. 情量若盡, 心無方所. 此道天眞, 本無名字. 祇爲世人不識, 迷在情中, 所以諸佛出來, 說破此事. 恐汝諸人不了, 權立道名, 不可守名而生解. 故云, 得魚忘筌. 身心自然,達道識心. 達本源故, 號爲沙門. 沙門果者, 息慮而成, 不從學得. 汝如今將心求心, 傍他家舍, 祇擬學取, 有什麽得時. 古人心利, 纔聞一言, 便乃絶學, 所以喚作絶學無爲閑道人. 今時人祇欲得多知多解, 廣求文義, 喚作修行, 不知多知多解, 翻成壅塞. 唯知多與兒酥乳喫, 消與不消, 都總不知. 三乘學道人, 皆是此樣, 盡名食不消者. 所謂知解不消, 皆爲毒藥, 盡向生滅中取. 眞如之中都無此事. 故云, 我王庫內無如是刀. 從前所有一切解處, 盡須併却令空, 更無分別, 卽是空如來藏. 如來藏者, 更無纖塵可有, 卽是破有法王出現世間. 亦云, 我於然燈佛所, 無少法可得. 此語祇爲空爾情量知解. 但銷融表裏, 情盡都無依執, 是無事人. 三乘敎網, 祇是應機之藥, 隨宜所說, 臨時施設, 各各不同. 但能了知, 卽不被惑. 第一不得於一機一敎邊守文作解. 何以如此, 實無有定法如來可說. 我此宗門, 不論此事, 但知息心卽休, 更不用思前慮後.

【번역】

배휴가 여쭈었다. "지금까지 이와 같이 많은 언설들이 모두 대개 분수에 따른 말들이어서 전부 일찍이 진실한 법으로써 사람들에게 가리켜 보이신 적이 없었다는 말씀이십니까?"

대사께서 말씀하셨다. "진실한 법에는 모순대립이 없는데 지금 너의 질문 그 자체가 모순을 잉태하고 있다. 그러면서 어떤 진실한 법을 찾으려고 하고 있는 것이다."

【질문】 "이미 물음 그 자체가 모순을 잉태하고 있다면 스님의 대답은 어떠하십니까?"

【대답】 "너는 우선 사물을 통해 자신의 얼굴을 투영해 볼지언정 남의 일에는 상관하지 말라."

그리고 또 말씀하셨다. "단지 이 어리석은 개와도 같아서 물건이 움직이는 것을 보기만 하면 바로 짖어대니 바람이 초목을 흔드는 것과 또한 다르지 않다."

이어서 말씀하셨다. "우리의 이 선종은 위로부터 서로 전승하여 내려온 이후로 사람들에게 知解(知的인 분석이나 이해)를 추구하게 한 적이 없었다. 단지 <도를 배우라고만> 했을 뿐이지만 그것조차도 이미 誘導하기 위한 방편설인 것이다. 그러므로 도 역시 배워서 취할 수 있는 것이 아니다. 도를 배워서 이해하려고 하면 도리어 도를 미혹하게 만든다. 도에는 방향도 위치도 없는 것을 대승의 마음이라 부르는 것이다. 이 마음은 안팎에도 있지 않고, 또한 중간에도 있지 않아서 실제로 방향과 처소가 없다. 절대로 지적으로 이해하여 단지 지금 너의 情量(상식적인 사고)만으로 말해서는 안 된다. 만약 그와 같은 사고가 소멸하면 마음에는 방향과 처소가 없다. 이 도는 천진하여 본래 이름이 없다. 다만 사람들이 이 사실을 알지 못하고 상식 가운데서 헤매고 있기 때문에 그래서 모든 부처님께서 나오시어 이 일을 자상히 설명한 것이다. 그러나 너희 모든 사람들이 요달하지 못할까 염려되어 방편으로 <도>라는 이름을 세운 것에 불과하며 그렇기 때문에 이름에 拘礙되어 이해해서는 안 된다. 그러므로 말하기를, 「고기를 잡고나면 통발을 잊어버리라」고 한 것이다. 본래 그대로의 몸과 마음으로 자연스럽게 도를 통달하고 본심을 각지하는 것이다. 이와 같이 본래의 근원에 통달하기 때문에 사문이라 부른다. 사문의 과보는 思慮를 그치는 것에 의하여 완성되는 것일 뿐 배워서 얻어지는 것이 아니다. 그럼에도 불구하고 너는 지금 마음을 가지고 마음을 추구하고, 남의 집에 의지하여 다만 배워서 얻으려 하니 언제 얻을 날이 오겠는가? 옛 사람은 마음이 총명하여 한 마디 듣자마자 곧 바로 배울 것을 끊어버렸기 때문에 「배울 것을 끊어 할 일이 없는 한가로운 도인」이라 부른 것이다. 반면에 지금 사람들은 다만 많은 知解를 얻고 싶어 널리 글자의 뜻을 탐구하면서 그것을 수행이라고 하지만 실은 많은 지식과 견해가 도리어 진실을 보는 눈을 막아버리는 줄을 모르고 있다. 이는 오직 어린아이에게 가능한 한 많이 우유와 요구르트를 먹일 줄만 알 뿐 소화가 되는지 안 되는지에 대해서는 전혀 상관하지 않는 것과 같다. 삼승의 수행자들은 모두 이런 무리들이다. 그들은 먹을 줄만 알고 소화를 시키지 못하는 사람이라고 부른다. 말하자면 <지해가 사라지지 않으면 모두 독약이 되어> 전부 생사의 유전 속으로 끌려가고 말 것이다. 진여 가운데는 전혀 이런 일이 없다. 그러므로 말씀하시기를, 「우리 왕의 창고에는 이러한 칼이 없다」고 한 것이다. 지금까지 축적하여 온 모든 지해는 전부 반드시 배제하여 깨끗이 비워 버리고 다시 어떠한 분별도 없다면 그것이 <공여래장>이다. 여래장이라는 것은 거기에 단 하나의 먼지도 없다. 이것이야말로 有(중생의 생존)를 파괴하는 법왕이 세상에 출현했다고 하는 것이다. 또 말씀하시길, 「나는 연등불의 처소에서 조그마한 법이라도 얻은 것이 없었다」고 하신 것이다. 이 말씀은 단지 그대들의 상식적인 사고나 지적분석을 비우게 하기 위한 것임에 틀림없다. 다만 겉과 속을 녹이고 知情이 소멸하여 전혀 의지하거나 집착이 없는 사람, 이것이 <일없는 사람(無事人)>이다."

그물처럼 둘러쳐진 삼승의 가르침은 단지 근기에 응하여 투여하는 약에 지나지 않으며, 그 때 그 때의 편의에 따라 설한 것이다. 그러한 때에 응하여 시설한 것이기 때문에 각각 말씀이 같지 않다. 다만 분명히 알 수만 있다면 미혹되지 않을 것이다. 절대로 어떤 境地나 어떤 가르침에 대한 말에 집착하여 지해를 일으켜서는 안 된다. 왜 그와 같이 말하는가 하면 실로 정해진 법으로써 여래께서 설한 것은 아무 것도 없기 때문이다. 우리의 종문에서는 이와 같은 일은 상관하지 않고, 단지 마음을 그칠 줄만 알면 바로 그 자리에서 일은 끝나는 것이다. 그러므로 다시 앞뒤(이것저것)를 생각할 필요가 없다.

【注記】

○ **抵敵語(저적어)** : 대립물을 설정해 놓고 그것과의 모순관계에서 설명한다고 하는 간접적인 방식이다. 「抵敵」은 또 대상을 향하여 정면으로 부딪친다고 하는 의미로도 사용되지만 여기서는 그러한 의미로 사용된 것은 아니다.

○ **和尙答處如何(화상답처여하)** : 그렇게 말씀하신 화상의 대답도 나의 모순된 물음에 입각한 대답에 지나지 않는 것이 아닙니까라는 반문이다.

○ **照面看(조면간)** : 「照」는 「비추다」가 아니라 「비치게 하다·투영하다」의 뜻이다. 「照面」이라는 것은 거울이나 水鏡에 얼굴을 투영하는 것을 말한다. 제13단도 참조하라. 「看」은 보는 것이 아니고 「…해 보십시오」라는 뜻이다. 정중한 명령이나 권유를 나타낸다.

○ **然道亦不可學. 情存學解, 却成迷道(연도역불가학. 정존학해, 각성미도)** : 『老子』제48장에 "학문하는 것은 날마다 (지식을) 더하는 것이지만 도를 닦는 것은 날마다 (지식을) 버리는 것이다. 버린 뒤에도 또 버리면 마침내 무위에 이르는 것이다. 무위에 이르면 이루어지지 않는 것이 없다"고 한 말이 참고가 된다.

○ **大乘心(대승심)** : 아마 황벽의 독자적인 造語인 것 같다. 자성청정한 진심을 대승의 理法의 근저로 자리잡는 것으로부터 발상된 말이다. 북종의 자료인 『大乘北宗論』의 首題 밑에 大乘心이라고 기재되어 있고, 그 대승심을 다음과 같이 말한다. "大乘心, 나는 오히려 布施心도 일으키지 않거늘 어찌 하물며 慳貪心이랴! 나는 오히려 持戒心도 일으키지 않거늘 어찌 하물며 觸犯心이랴! 나는 오히려 忍辱心도 일으키지 않거늘 어찌 하물며 殺害心이랴! 나는 오히려 精進心도 일으키지 않거늘 어찌 하물며 懈怠心이랴! 나는 오히려 禪定心도 일으키지 않거늘 어찌 하물며 散亂心이랴! 나는 오히려 智慧心도 일으키지 않거늘 어찌 하물며 愚癡心이랴!" 이것은 수계의식 때 대중과 더불어 齊唱하는 의식의 일부분으로 황벽이 말한 대승

심과는 다르다.

○ **此心不在內外中間**(차심불재내외중간) : 『유마경』'제자품'(『대정장』권14, p.541중)에 "마음은 또한 안에도 있지 않고, 밖에도 있지 않으며, 중간에도 있지 않다(心亦不在內不在外不在中間.)"고 한 것에 바탕을 두고 있다.

○ **第一不得**(제일불득)… : 이 2구는 종래의 읽는 방법이 잘못되었다. 「第一不得」은 강한 금지를 표현하는 어투이다. 「절대 … 해서는 안 된다」의 뜻이다. 제2・제3을 예상하지도 않고 필요로 하지도 않는다. 「第一莫」「第一物」「第一不可」등이라고도 한다. 돈황본 『육조단경』제13단에 "알지도 못하면서 절대 선정과 지혜가 다르다고 말해서 안 된다(第一勿迷言惠定別.)"는 말이 있다. 그리고 이 금지의 語氣는 다음 구까지 걸쳐져 있다. 이것을 종래처럼 위의 구만 끊어서 「첫째로 지적이해를 짓지 말아야 한다」라고 읽은 것은 잘못이다. 또 「情量處」를 「情量盡處爲道」로 고치고 있는 텍스트도 있지만 그렇게 고칠 필요는 없다.

○ **得魚忘筌**(득어망전) : 『장자』'外物篇'에 「得魚而忘筌」(고기를 잡고나면 통발이 필요 없다)・「得兎而忘蹄」(토끼를 잡고 나면 올무가 필요 없다)・「得意而忘言」(뜻을 얻으면 말이 필요 없다)이라는 말이 있다. 또 王弼의 『周易略例』'明象篇'에 「得象忘言」(모양을 얻으면 말이 필요 없다)・「得意而忘象」(뜻을 얻으면 형상이 필요 없다)이란 말이 있는데 이는 支遁의 「大小品對比要鈔序」에 받아들여지고 있다. 筌은 고기를 잡는데 쓰는 竹製의 통발이다. 고기를 잡으면 도구인 통발은 잊어버린다. 이는 목적을 달성하면 그것을 위하여 사용한 수단(방편)은 무용한 것이 된다고 하는 비유이다.

○ **達道識心**(달도식심)… : 『보림전』에 나오는 『사십이장경』에 "육친과 이별하여 출가하고, 본심을 覺知하여 本源에 이르며(識心達本), 무위의 법을 이해하는 사람, 이것을 사문이라 한다"고 있고, 또 『中本起經』(『대정장』 권4, p.153하)에 "망념을 그치어 본원에 이르다. 그러므로 사문이라 한다(息心達本源, 故號爲沙門.)"고 한 것에 기반을 두고 있다.

○ **沙門果者, 息慮而成**(사문과자, 식려이성) : 사문(śramaṇā)은 또 「息」이라든가 「靜志」라고 한역된다. 息이라는 것은 「그치게 하는 것」, 즉 나쁜 것을 종식시키는 것이다.

○ **絶學無爲閑道人**(절학무위한도인) : 永嘉大師의 『증도가』의 구이다. 「閑」이라는 것은 닦아야할 도도 없고, 깨달아야 할 법도 없어서 無爲無事한 것을 말한다. 임제선사가 말하는 「無爲의 사람」 「無事의 사람」 등을 참조하라. 無爲는 원래 『易經』의 말이다. 『역경』 '繫辭上'에 "易이란 생각함이 없는 것이며, 하는 일이 없는 것이다(無爲)"는 말이 보인다.

○ **我王庫內無如是刀**(아왕고내무여시도) : 『열반경』 '여래성품'(『대정장』 권12, p.653중 이하)에서 이야기하고 있는 우화이다. 어떤 왕자는 빈핍한 남자를 친우로 사귀고 있었는데 그 남자는 왕자가 가지고 있는 名刀에 반하여 항상 가지고 싶어 했다. 어느 때 그 남자는 남의 집에 머물러 잠꼬대 하면서 「칼! 칼!」이라고 외쳤기 때문에 의심을 받고 잡혀가 왕의 신문을 받았다. 그 때 왕자는 例로 든 칼을 차고 다른 나라로 가고 있었다. 남자는 왕자의 칼을 훔친 것이 아니라고 우겨댔다. 거기서 왕이 네가 본 칼은 어떠한 칼이었는가라고 물었을 때 영양의 뿔과 같은 모양이었다고 남자는 대답했다. 왕은 웃으면서 말하기를, "지금 걱정하는 것은 아니다. 우리 창고에는 그와 같은 칼은

없다. 자네는 왕자의 칼을 본 적도 없다"라고 했다. 실상을 명확히 알지 않고 아집에 미혹되어 환상의 칼을 마음에 만들기까지 하는 미망을 경고한 것이다.

○ **併却(병각)** : 拼却, 또는 併當却(『이입사행론』제15단 · 『절관론』 등에 보인다)라고도 한다. 「併」은 「拼」 · 「屛」과 같다. 「처리하다 · 처분하다 · 매듭(결말)짓다」의 뜻이다.

○ **空如來藏(공여래장)** : 『승만경』'空義隱覆章'(『대정장』권12, p. 221하 이하)에 설하는 2종의 <如來藏空智> 중의 하나이다. 생과 사, 깨달음과 미혹함, 진여와 번뇌를 포함한 일체만유의 실존적인 根元을 여래장이라고 하지만 여기서는 그것을 寂然한 空, 더구나 자성청정한 여래법신의 경계라고 보는 것이다. 여래장 그 자체를 공하다고 하는 것은 아니다.

○ **破有法王出現世間(파유법왕출현세간)** : 『법화경』'약초유품'의 偈句(『대정장』권9, p.19하)이다. 「破有」의 「有」라는 것은 번뇌와 업에 의하여 생긴 중생으로서의 생존을 말한다(암파문고본, 上册, p.364 注에 의함).

○ **我於然燈佛所(아어연등불소)**…『금강경』의 글에 기반을 두고 있지만 조금 다르다. 제3단 注記를 참조

○ **實無有定法如來可說(실무유정법여래가설)** : 역시 『금강경』(『대정장』권8, p.749중)의 글이다. 이 구의 뒤에 다음과 같은 이유가 붙어 있다. "왜냐하면 여래가 설한 법은 모두 파악할 수 없고, 설명도 할 수 없기 때문이다. 그것은 법도 아니고, 또 법이 아닌 것도 아니다(何以故, 如來所說法皆不可取不可說, 非法非非法.). … "

○ **但知息心卽休(단지식심즉휴)** : 「息心」에 대해서는 상기의 주기에 인용된 『중본기경』의 글을 참조하라. 또 梁나라 亡名僧

의 『息心銘』(『전등록』권30 →『대정장』권51, p.458상)이라는 노래에 "많이 생각하지도 말고 많이 알려고도 하지 말라. 많이 알아 일이 번잡한 것보다는 마음을 쉬는 것이 더 낫다(無多慮無多知, 多知多事, 不如息意.)"고 하는 것도 이와 같은 취지이다. 우두법융의 『心銘』(『전등록』권30 →『대정장』권51, p.457하)에는 "凡情을 없애려고 하지 말고 다만 생각을 그치게 하라(莫滅凡情, 唯教息意.)"고 한다.

11. 卽心是佛의 의미

問, 從上來皆云, 卽心是佛, 未審卽那箇心是佛.

師云, 爾有幾箇心.

云, 爲復卽凡心是佛, 卽聖心是佛.

師云, 爾何處有凡聖心耶.

云, 卽今三乘中, 說有凡聖, 和尙何得言無.

師云, 三乘中分明向爾道, 凡聖心是妄. 爾今不解, 返執爲有, 將空作實. 豈不是妄, 妄故迷心. 汝但除却凡情聖境, 心外更無別佛. 祖師西來, 直指一切人全體是佛. 汝今不識, 執凡執聖, 向外馳騁, 還自迷心. 所以向汝道, 卽心是佛. 一念情生, 卽墮異趣. 無始已來, 不異今日, 無有異法, 故名成等正覺.

云, 和尙所言卽者, 是何道理.

師云, 覓什麽道理, 纔有道理, 便卽心異.

云, 前言無始已來, 不異今日, 此理如何.

師云, 祇爲覓故, 汝自異他. 汝若不覓, 何處有異.
云, 旣是不異, 何更用說卽.
師云, 汝若不認凡聖, 阿誰向汝道卽. 卽若不卽, 心亦不心. 可中心卽俱忘, 阿爾便擬向何處覓去.

[번역]

배휴가 여쭈었다.

"예로부터 모든 사람들이 마음이 부처(卽心卽佛)라고 하지만 도대체 어느 마음이 부처인 것입니까?"

대사께서 대답하셨다.

"너에게는 몇 개의 마음이 있는 것인가?"

【질문】 "범부의 마음 그 자체가 부처입니까, 아니면 성인의 마음 그 자체가 부처입니까?"

【대답】 "도대체 너의 어느 곳에 범부와 성인의 마음이 있다는 말인가?"

【질문】 "지금 삼승의 가르침 가운데 범부와 성인이 있다고 말씀하시는데 화상께서는 어째서 그것이 없다고 하십니까?"

【대답】 "삼승의 경전에 분명히 너희에게 말씀하기를, 「범부와 성인의 마음이 모두 허망하다」고 하셨다. 그럼에도 불구하고 너는 지금 알지 못하고 도리어 그 마음에 집착하여 실체가 있는 것이라고 생각하여 空無한 것을 가지고 실체로 삼고 있다. 이것이야말로 어찌 허망하지 않는 것이라고 하겠는가? 허망(잘못된 생각)하기 때문에

마음을 보지 못하는 것이다. 네가 단지 그러한 범부의 생각이나 성인의 경계를 제거하기만 하면 마음 밖에 또 다른 부처라는 것은 없다. 달마대사는 서쪽에서 오시어 일체 모든 사람이 그대로 부처라는 것을 직접 보여주셨다. 너는 지금 그것을 모르고 凡心에 구애되고 聖心에 집착하여 자신의 밖으로 내달이면서 도리어 스스로 마음을 미혹시키고 있다. 그러므로 너희들에게 말하기를, 「마음 그 자체가 부처다」고 설한 것이다. 한 생각의 망념이라도 일어나면 곧 바로 육도의 다른 세상(지옥)에 떨어지게 된다. 비롯함이 없는 永劫의 옛날로부터 마음이라는 것은 오늘의 그것과 다르지 않아 이 밖에 다른 법이 없다. 그러므로 그것을 일컬어 정등각을 이루었다고 하는 것이다."

【질문】 "화상께서 말씀하신 바로 그대로<卽>라고 하는 것은 어떠한 도리입니까?

【대답】 "어떤 도리를 찾으려고 하여 겨우 도리라도 있기만 하면 곧 바로 너의 마음은 달라져 버린다."

【질문】 "조금 전에 「시작함이 없는 영겁의 옛날부터 오늘의 그것과 다르지 않다」고 말씀하신 그 도리는 어떠한 것입니까?"

【대답】 "단지 네가 그 도리를 찾으려고 하기 때문에 너는 스스로 그것과 달라지는 것이다. 네가 만약 찾지 않는다면 어디에 다를 것이 있겠는가?"

【질문】 "이미 다르지 않는 것이라면 무엇 때문에 새삼스럽게

<卽>이라고 하실 필요가 있겠습니까?"

【대답】 "네가 만약 범성을 문제삼지 않았다면 누가 너에게 <卽>이라고 말했겠는가? 卽이 만약 卽이 아니라면 마음도 또한 아닌 것이다. 만약 마음(心)과 바로 그대로(卽)라는 것을 모두 다 함께 망각해 버리면 너는 또 그것을 어디에서 구하러 갈 생각인가?"

【注記】

○ 이 일단은 入矢義高, 「禪語つれづれ(4)」(講座禪第4卷의 月報所載) 가운데 인용되어 다소의 해설을 더하여 두었기 때문에 참조하기 바란다.

○ **爲復卽凡心是佛(위부즉범심시불)**… : 「爲復A, 〔爲復〕B」는 「A인가, B인가」라는 선택의문의 句法이다. 「爲復」은 「대체」라든가 「도대체」 정도의 의미이다. 여기의 예처럼 下句의 문두에 두는 「爲復」을 생략하는 경우도 있으며, 또 上句 쪽에서 생략하는 것도 있다. 또 「爲復」은 「爲當」 또는 「爲是」로 바꿔 말하는 경우도 있으며, 「爲復A, 爲當B」 등과 교대로 사용하는 것도 있다. 이것의 가장 간략한 형식은 「爲A, 爲B」이다.

○ **向外馳騁(향외치빙)** : 『임제록』(『대정장』 권47, p.497중)에 「向外馳求」라는 말도 같은 취지이다.

○ **等正覺(등정각)** : 正等覺이라고도 하며, 또 생략하여 正覺이라고도 한다. 無上正覺, 즉 이 위에 없는 훌륭하고 바른 평등원만한 깨달음의 지혜를 말한다.

○ **便卽心異(변즉심이)** : 제7단에서 설한 「心心不異」를 참조할 것. 『신심명』 제48게(『경덕전등록』 권30 →『대정장』 권51, p.446중)에 "마음이 만약 다르지 않으면 만법은 하나가 된다(心若不異,

萬法一如.).” 또 南泉和尙(『경덕전등록』권28 →『대정장』권51, p.446중)의 “그대가 만약 일념이 다르면 이미 수행은 어렵다(爾若一念異, 卽難爲修行.)”라고 한 것도 취지는 같다.

○ **旣是不異, 何更用說卽**(기시불이, 하경용설즉) : 이 「卽」은 두 가지의 것이 무조건·무매개로 직접 等値되는 경우에 사용된다. 「卽心卽佛」이라고 할 때 마음과 부처의 등치가 「卽」으로 표현되고 있다. 여기에 「이미 다르지 않는 것이라면 이제와서 새삼스럽게 <卽>라고 말할 필요는 없을 것이다」라고 되받아치는 것은 「卽心」(마음 그 자체)이라고 하는 때의 「卽」과 함께 위와 같은 「卽」의 논리를 근거로 하고 있다고 생각된다.

○ **可中**(가중) : 「만약」 「만약의 경우」라는 뜻의 속어이다. 종래에 이것을 「可의 中」이라고 훈독하여 「箇中」 「箇裏」와 같은 의미로 해석하고 있는 것은 잘못되었다. 「可中」에 대해서는 豊田穰, 『唐詩硏究』, 張相, 『詩詞曲語辭匯釋』 등에 예증이 있다.

○ **阿爾**(아이) : 「阿誰」 「阿師」 「阿兄」 등의 예와 같이 「阿」는 가벼운 친밀함의 뉘앙스를 띤 접두사이다.

12. 以心傳心

問, 妄能障自心, 未審而今以何遣妄.

師云, 起妄遣妄亦成妄. 妄本無根, 祇因分別而有. 爾但於凡聖兩處情盡, 自然無妄, 更擬若爲遣他. 都不得有纖毫依執, 名爲我捨兩臂必當得佛.

云, 旣無依執, 當何相承.

師云, 以心傳心.

云, 若心相傳, 云何言心亦無.

師云, 不得一法, 名爲傳心. 若了此心, 卽是無心無法.

云, 若無心無法, 云何名傳.

師云, 汝聞道傳心, 將謂有可得也. 所以祖師云, 認得心性時, 可說不思議, 了了無所得, 得時不說知, 此事若敎汝會何堪也.

【번역】

배휴가 여쭈었다.

"망념이 자신의 마음을 장애하면 도대체 지금 무엇으로써 망념을 쫓아 버려야 합니까?"

대사께서 말씀하셨다.

"망념을 일으키는 것도 망념을 없애 버리려고 하는 것도 역시 망념이 되는 것이다. 망념에는 본래 뿌리가 없지만 다만 분별심에 의하여 일어난다. 네가 다만 凡과 聖이라는 대치된 가치관념을 없애 버리기만 하면 자연히 망념은 사라질 것이다. 그런데 다시 그것을 어떻게 떨쳐 버리려고 하느냐? 절대 털끝만큼이라도 의지하여 집착하지 않는 것을 이름하여 「나는 두 팔을 모두 버리고 반드시 부처가 될 것이다」고 하는 것이다."

【질문】 "이미 의지하여 집착하는 것이 전혀 없다면 도대체 무엇을 서로 계승한 것입니까?"

【대답】 "마음을 마음에 전하는 것이다."

【질문】 "만약 마음에서 마음으로 서로 전한다고 한다면 왜 또 <마음조차 없다>고 하십니까?"

【대답】 "한 법이라도 얻을 수 없는 것을 이름하여 <마음에 전한다>고 하는 것이다. 만약 이 마음을 요달하면 마음도 없고 법도 없다."

【질문】 "마음도 없고, 법도 없다면 어떻게 <전한다>고 하는 것이 있을 수 있습니까?"

【대답】 "너는 <마음에 전한다>고 하는 말을 듣고 거기에 무엇인가 얻을 수 있는 것이 있다고 잘못 생각하고 있다.

그렇기 때문에 조사께서 말씀하시기를, 「마음의 본성을 간파했을 때 불가사의하다고 말하는 것이 좋다. 분명히 얻을 것이 없으며, 얻었을 지라도 그것을 알았다고는 말할 수 없다」고 하신 것이다. 만약 이것을 너에게 알게 하려고 한다해도 어떻게 감당해 낼 수 있겠는가?

【注記】

○ **我捨兩臂必當得佛(아사양비필당득불)** : 『법화경』'藥王菩薩本事品'에 나오는 이야기이다. 약왕보살의 前身이었던 一切衆生喜見菩薩은 日月淨明德佛로부터 『법화경』을 듣고 깨달음을 얻어 그 報恩을 위하여 몸을 태워 그 부처님에게 공양했지만 다시 태어나 그 부처님을 섬겼다. 그 부처님이 입멸했을 때 팔을 태워 공양하고 대중을 향하여 맹세했다. "나는 두 팔을 모두 태워 반드시 부처가 될 것이다. 그것의 확실한 증거로 두 팔을 본래 상태대로 재생시킬 것이다"고 했다. 맹세가 끝나자 과연 두 팔은 원래 상태대로 복원되었다.

○ **無心無法(무심무법)** : 서천 제3조의 商那和修尊者의 傳心偈(『대정장』 권51, p.207상)에 "법도 아니고 또한 마음도 아니며, 마음도 없고 법도 없다(非法亦非心, 無心亦無法.)"는 말이 있고, 또 제5조 提多迦尊者의 전심게(『대정장』 권51, p.208상)에 "본심의 법에 통달하면 마음도 없고 非法도 없다. 깨닫고 나면 깨닫기 전과 같나니 마음도 없고 또한 법도 없다(通達本心法, 無法無非法. 悟了同未悟, 無心亦無法.)"고 한다.

○ **祖師云(조사운)…** : 서천 제23조 학륵나존자의 傳法偈의 全文이다.

○ **認得(인득)** : 서천 제22조 摩拏羅尊者 전법게(『대정장』 권51, p.

214상)에 "마음이 여러 가지 경계를 따라 轉變하지만 움직이는 곳마다 조금도 흔적을 남기지 않는다. 흐름을 따라 그 본성을 깨달으면 기쁨도 없고 근심도 없다(心隨萬境轉, 轉處實能幽. 隨流認得性, 無喜復無憂.)"는 말이 있다. 여기서 「認得」은 「깨닫다」 「간파하다」의 뜻이다.

13. 마음과 경계, 얼굴과 거울

問, 祇如目前虛空, 可不是境, 豈無指境見心乎.

師云, 什麽心教汝向境上見, 設汝見得, 祇是個照境底心. 如人以鏡照面, 縱然得見眉目分明, 元來祇是影像, 何關汝事.

云, 若不因照, 何時得見.

師云, 若也涉因, 常須假物, 有什麽了時. 汝不見他向汝道, 撒手似君無一物, 徒勞謾說數千般.

云, 他若識了, 照亦無物耶.

師云, 若是無物, 更何用照, 莫開爾眼寱語去.

【번역】

【질문】 "예를 들면 눈앞의 허공이 경계가 아니라고 할 수 있습니까? 경계를 가리켜(통하여) 마음을 보는데 어찌 없다고 하겠습니까?"

【대답】 "도대체 너의 어떤 마음이 경계를 보게 하는가? 가령 네가 볼 수 있다하더라도 그것은 다만 경계를 비추는

마음일 뿐이다. 마치 사람이 거울에 얼굴을 비출 때와 같이 비록 눈썹과 눈을 분명히 볼 수 있다하더라도 그것은 원래 단지 그림자(映像)일 뿐, 너의 본래 얼굴 그 자체와는 무슨 상관이 있겠는가?"

【질문】 "그러나 만약 비추는 것에 의지하지 않으면 언제 볼 수 있겠습니까?"

【대답】 "만약 무엇인가 원인을 실마리로 한다면 언제나 반드시 물건을 수단으로 하지 않으면 안 되기 때문에 언제 끝날 날이 있겠는가? 너는 그가 너에게 다음과 같이 말하는 것을 보지 못했는가? 「손을 펴 그대에게 보여도 한 물건도 없으니 함부로 수 천 가지를 말해도 한갓 헛된 수고만 할 뿐이다.」"

【질문】 "그가 만약 이치를 분명히 깨달았다면 가령 비추어도 거기에는 아무 물건도 없는 것입니까?"

【대답】 "만약 아무 것도 없다면 일부러 비출 필요도 없는 것이 아닙니까? 눈을 뻔히 뜨고 잠꼬대 하지 말라.

【注記】

○ 이 일단의 전부는 『종경록』 권6에 인용되어 있다. 그다지 큰 字句의 異同은 없다.

○ **豈無指境見心乎(기무지경견심호)** : 「마음이 허공과 같다」고 설한 그 자체가 허공을 境(objective인 것)으로써 措定한 설명이며, 그러한 조정에 있어서만 마음을 보게 된다. 자성으로서 본래 공인 마음을 an sich로 直視(또는 直示)한 것이 아닙니까라는 질문이다.

○ **如人以鏡照面**(여인이경조면) : 「照」는 「비치게 하다 · 투영하다」 또는 「反映하다 · 비치다」라는 의미이다. 비추는 것은 아니다. 여기에 鏡(거울)을 들고 나온 것은 上文의 「指境見心」과의 관계에서 「境」과 완전히 같은 字音의 「鏡」이 슬쩍 생각났기 때문일 것이다. 따라서 「以鏡照面」의 의미를 역으로 소급하여 상문의 「指境見心」에 꼭 들어맞게 하려면 이 구는 「境이라는 鏡(거울)에 마음을 비추다」 = 「境을 매개로 하여 마음을 본다」라고 하는 의미가 된다. 레토릭과 논리와의 교묘한 照應이 재미있다.

○ **若也涉因**(약야섭인) : 「若也」의 2자로 「만약」이라는 뜻이다. 역시 속어이다. 종래 「만약 또한」이라고 읽은 것은 잘못이다.

○ **撒手似君無一物**(살수사군무일물)… : 자세한 출전을 알 수 없다. 「撒手」라는 것은 「무엇인가에 잡힌 손을 확 놓아 주는 것」이다. 「似君」의 「似」는 「示」와 같은 뜻이다.

○ **照亦無物耶**(조역무물야) : 좀 이해하기 어렵지만 「物」이라는 것은 비추는 것(鏡)과 비치는 것(像)과의 둘 다를 의미하는 것일 것이다. 비추는 주체(能)와 비치는 객체(所)가 모두 없다고 하는 의미로까지 발전시킬 필요는 없다. 그렇지 않으면 다음 황벽의 반문이 통하지 않는다.

○ **更何用照**(경하용조) : 『종경록』에는 이 구가 「更何處得照」로 되어 있다. 「도대체 비춘다고 하는 것이 어디에 성립하는 것인가」라는 의미이며, 이쪽이 논지상으로 보아 더 낫다고 생각된다.

14. 無 求

上堂云, 百種多知, 不如無求最第一也. 道人是無事人, 實無許多般心, 亦無道理可說. 無事散去.

【번역】

상당하여 말씀하셨다.

“백 가지 일에 대하여 박식한 것보다 아무 것도 구하지 않는 것이 훨씬 더 중요하다. 도인이란 <일 없는 사람>이기 때문에 실로 이런 저런 마음이 없고, 또한 도리로써 설할 만한 것도 없다. 자, 이제 용무가 없으니 모두 물러나십시오.”

【注記】

○ **無求(무구)** : 『유마경』 ‘부사의품’(『대정장』 권14, p.546상)에 “대개 법을 구하는 자는 일체법에 대하여 마땅히 구하는 것이 없어야 한다(若求法者, 於一切法應無所求.)”고 하는 말을 드는 것만으로 충분할 것이다.

○ **無事人(무사인)** : 제10단의 주기를 참조하라. 『임제록』(『대정장』 권47, p.497하)에 “일 없는 것이 귀인이다(無事是貴人.)”고 한

말을 여기에 想起시켜도 좋을 것이다.

○ **寶無許多般心(실무허다반심)** : 임제선사에게도 이것과 비슷한 발언이 있다. “나의 입장에서는 여러 가지(許多般) 도리가 없다(據我見處, 寔無許多般道理.<『대정장』권47, p.502상>)”와 “나의 입장에서 말하면 장황한 것은 없고(無如許多般), 단지 평상시 그대로의 삶의 방법뿐이다(約山僧見處, 無如許多般, 秖是平常着衣喫飯無事過時.<『대정장』권47, p.500하>)”를 들 수 있다. 『고존숙어록』의 텍스트에는 句末의 「心」이 없지만 그 쪽이 더 낫다고 생각된다.

15. 마음의 진실이야말로 고귀한 것

問, 如何是世諦.

師云, 說葛藤作什麽. 本來清淨, 何假言說問答. 但無一切心, 卽名無漏智. 汝每日行住坐臥, 一切言語, 但莫著有爲法. 出言瞬目, 盡同無漏. 如今末法向去, 多是學禪道者, 皆著一切聲色, 何不與我心. 心同虛空去, 如枯木石頭去, 如塞灰死火去, 方有少分相應. 若不如是, 他日盡被閻老子拷爾在. 爾但離却有無諸法, 心如日輪常在虛空, 光明自然, 不照而照, 不是省力底事. 到此之時, 無棲泊處. 卽是行諸佛行, 便是應無所住而生其心. 此是爾清淨法身, 名爲阿耨菩提. 若不會此意, 縱爾學得多知, 勤苦修行, 草衣木食, 不識自心, 盡名邪行, 定作天魔眷屬, 如此修行, 當復何益. 志公云, 佛本是自心作, 那得向文字中求. 饒爾學得三賢四果, 十地滿心, 也祇是在凡聖內坐. 不見道, 諸行無常, 是生滅法. 勢力盡,箭還墜，招得來生不如意，爭似無爲實相門，一超直入如來地．爲爾不是與麽人，須要向古人建化門廣學知解．志公云，不逢出世明師，枉服大乘法藥．爾如今一切時中，行住坐臥，但學無心，久久須實．爲爾力量小，不能頓超．但得三年五年或十年，須得箇入頭處，自然會去．爲爾不能如是，須要將心學禪學道，佛法有什麽交涉．故云，如來所說，皆爲化人，如將黃葉爲金，止小兒啼，決定不實．若有實得，非我宗門下客，且與爾本體有甚交涉．故經云，實無少法可得，名爲阿耨菩提．若也會得此意，方知佛道魔道俱錯，本來淸淨皎皎地，無方圓，無大小，無長短等相，無漏無爲，無迷無悟．了了見，無一物，亦無人，亦無佛，大千沙界海中漚，一切聖賢如電拂．一切不如心眞實，法身從古至今與佛祖一般，何處欠少一毫毛．旣會如是意，大須努力，盡今生去．出息不保入息．

【번역】

배휴가 여쭈었다.

"세제라는 것은 어떤 것입니까?"

대사가 대답했다.

"갈등(꾸불꾸불 서로 얽힌 것)을 설하여 무엇 하겠는가? 본래 청정한 것인데 어떤 언설의 문답을 빌릴 필요가 있겠는가? 다만 일체의 마음이 없는 것을 무루지라고 한다. 너는 매일 가고 머무르고 앉고 누움과 또 어떠한 것을 말함에 있어서도 다만 유위법(現象界)에 집착해서는 안 된다. 그렇게 하면 말을 하고 눈을 깜짝이는 것이 모두 무루의 행위와 같게 될 것이다. 그런데 지금은 말법의 시대로 기울어져 가고 있어서 대부분 禪道를 배우는 사람들이 모두 일체의 소리와 사물에 집착하고 있다. 어떻게 자신의 마음을 관심사로 하지 않을 수 있겠는가? 마음이 허공처럼 되어 가고, 마른 나무나 돌덩이와 같이 되어가며, 또 차가와진 재나 꺼진 불처럼 되어 가면 비로소 본심과 약간 상응함이 있을 것이다. 만약 이와 같이 되지 않으면 뒷날 전부 염라대왕에게 너를 호되게 매맞게 할 것이다. 네가 다만 유위·무위의 모든 법(인연)을 여의어 마음은 마치 태양이 항상 허공에 떠 있어서 광명이 자연스럽게 비추지 않으면서도 비추는 것과 같이 되면 이것이 힘을 드는 일이 아니겠는가? 여기에 이르는 때는 머무를 곳도 없다. 이것이 바로 제불의 행을 실천하는 것이며, <머무는 바 없이 더구나 그 마음을 낸다>고 하는 것이다. 이것이 다름 아닌 너의 청정한 법신이며, 아뇩보리라고 한다. 만약 이 뜻을 會得하지 못하면 비록 네가 많은 지식을 배워 얻고 부지런히 애써 수행하며 풀을 옷으로 삼고 나무의 껍질을 먹는다할지라도 자기의 마음을 깨닫지 못한 이상 모두 삿된 수행이라 하며, 반드시 천마의 권속이 될 것이다. 이와 같은 수행이 도대체 무슨 이익이 있겠는가? 지공이 말하기를, 「부처는 본래 자신의 마음이 이루는 것인데 어찌 씌여진 문자 안에서 구할 수 있겠는가」라고 한다. 설령 네가 삼현·사과 십지의 만심의 位地를 밟고넘었다해도 그것은 역시 범부와 성인이라는 상대적인 가치의 세계에 머무르는 것밖에 되지 않는다. 너는 「모든 법이 무상한 것, 그것은 생멸법이다」고 말하는 것을 보지 못했는가? <세력이 다하면 화살은 다시 땅에 떨어져 내생의 뜻하지 않는 운명을 초래하나니 어찌 무위실상의 문에서 한번 뛰어 여래의 자리로 곧 바로 들어가는 것과 같겠는가>라고 하였다. 아쉽게도 너는 이러한 근기의 사람이 아니기 때문에 어떻게 해서라도 반드시 옛사람이 마련한 교화방편의 설에서 널리 지혜를 배워야 한다. 지공도 말하기를, 「출세간의 지혜가 뛰어난 명철한 스승을 만나지 않아 쓸데없이 대승의 법약을 복용하고 있다」고 한다. 네가 지금 모든 때의 가고 머무르고 앉고 누움에 단지 무심만을 배우면 시간이 지나 반드시 진실이 드러날 것이다. 네가 역량이 부족하기 때문에 단번에 悟境으로 뛰어들 수 없을지라도 단지 3년이나 5년, 혹은 10년만 지나면 반드시 깨달음의 단서를 잡을 수 있어서 자연히 悟入하게 될 것이다. 그런데 너는 이와 같이 할 수 없기 때문에 반드시 마음을 가지고 선을 배우고 도를 배워야 한다고 생각하고 있으니 불법과 무슨 인연이 있겠는가? 그러므로 경전에도 이르시기를, 「여래가 설한 가르침은 모두 사람을 교화하기 위하여 마치 누런 나뭇잎을 돈으로 가장하여 어린 아이의 울음을 그치게 하는 것과 같다」고 한 것이다. 따라서 그러한 가르침은 결코 진실한 법이 아니다. 만약 거기에 진실한 법으로써 얻을 것이 있다고 생각한다면 그는 우리 선종 문하의 사람이 아니다. 그 뿐만 아니라 너 자신의 본체와도 하등의 관계가 없다. 그렇기 때문에 경에서 말씀하시기를, 「실로 작은 법도 가히 얻을 수 없는 것을 아뇩보리(부처님의 가장 높은 깨달음)라 한다」고 한 것이다. 만약 이 뜻을 알아차린다면 비로소 불도(깨달음을 얻을 수 있다고 생각하는 것)와 마군의 도가 모두 원래 잘못되었음을 알게 될 것이다. 본래 청정하여 밝고 밝은 자리에는 모나고 둥근 모양도 없고, 크고 작은 모양도 없으며, 길고 짧은 등의 모양도 없고, 그 상태 그대로 번뇌도 작위도 없어서 미혹도 깨달음도 없다. <똑똑히 간파하라, 거기에는 한 물건도 없다. 게다가 사람도 없고, 또한 부처도 없다. 대천세계는 바다 위의 물거품이고, 모든 성현들은 순식간에 사라지는 번갯불 같다는 것을.> 모든 것 가운데서 뛰어난 것은 마음의 진실이다. 우리들 모두에게 구족된 법신은 예로부터 지금에 이르기까지 부처나 조사와 똑같아서 그 어디에도 털끝만큼이라도 모자람이 있겠는가? 이미 이와 같은 의미를 알아들었다면 한 번 크게 분발하여 금생에 전력을 다해 보는 것이다. 지금 코에서 나온 숨은 다음에 흡입하는 숨으로 이어지는 것을 保證하지는 않는다."

【注記】

○ **世諦**(세제) : 속제·세속제라고도 한다. 유일진실의 진리를 「眞諦」(第1義諦)라고 하는 것에 대하여 세속적인 진리 = 상대적인 도리를 말한다. 여기에서 질문자가 세제를 꺼낸 것은 진실한 법을 깨닫는 데는 일체의 방편을 개입시켜서는 안 되지만 진제를 설하기 위해서는 세제에 의하지 않을 수 없다. 따라서 세간적인 말이나 사고를 소외하여 捨象(공통성 이외의 요소를

버림)하는 것은 가능하지 않는 일이 아닌가라는 문제의식에 서 있는 것 같다.

○ **葛藤(갈등)** : 꾸불꾸불 서로 얽혀 휘감아 붙진 것의 비유이다. 어구의 의미만을 천착하여 究極의 것을 보지 못하는 것을 말한다.

○ **無漏智(무루지)** : 인간이 가진 번뇌 때문에 갖갖가지 괴로움이나 과오가 누출하여 인간을 미혹의 세계로 표류시킨다고 하는 생각으로부터 번뇌를 「有漏」라고 한다. 그러한 번뇌를 끊고 부처의 깨달음을 목표로 하는 성자의 지혜를 「無漏智」라고 한다. 세속의 사물에 대한 智를 「有漏智」라고 한 것에 상대한 것이다.

○ **有爲法(유위법)** : 존재하는 모든 것은 그 자체로서의 불변한 실체를 가지지 않고 모두 어떠한 인연에 의하여 생기하고 변화하는 것이라고 하는 세계관에 바탕을 둔 것이다. 그러한 현상 존재를 초월한 진여를 「무위법」이라 한다.

○ **多是學禪道者(다시학선도자)** : 「多是」는 속어로 「應是」라고도 한다. 「모두」 「모든」이라는 의미이다. 「많이 이…」라는 종래의 읽는 방법은 잘못되었다.

○ **如枯木石頭去(여고목석두거)** : 달마의 『이입사행론』 제18・37단에서는 마음이 도 그 자체인 까닭을 "마음은 원래 목석과 같은 것이다"고 하는 비유로 설명하고 있다.

○ **他日盡被閻老子拷爾在(타일진피염로자고이재)** : 말구의 「在」도 당시 속어로 강한 단정의 어기를 나타낸다. 「있다」라는 의미는 전혀 없다. 제17단 끝의 「受殃有日在」의 예도 같은 어법이다.

○ **到此之時, 無棲泊處(도차지시, 무서박처)** : 「無棲泊處」 = 「

서박하는 곳이 없다」라고 하는 구는 제2단에도 사용되고 있지만 그것과는 文意가 완전히 다르다. 일체의 제법으로부터 벗어나 그들을 초월하여 스스로 태양과 같이 빛난다고 하는 경지가 되면 거기에는 자기라고 하는 것의 존재는 捨象되어 깨달음의 경지라는 <境地>도 措定할 수 없다는 의미일 것이다. 『유마경』'관중생품'(『대정장』권14, p.548하)에 "보리에는 주처가 없다(菩提無住處)"고 한 것을 상기해도 좋다.

○ **卽是行諸佛行(즉시행제불행)** : 『돈오입도요문론』제9단에 "일체의 모든 행을 행하지만 행했다는 생각도 없이 행하는 것이 곧 부처의 행이며, 또한 바른 행이고, 또한 성인의 행이다(不行一切行, 卽名佛行, 亦名正行, 亦名聖行.)"고 하는 말이 있다.

○ **應無所住而生其心(응무소주이생기심)** : 『금강경』(『대정장』권8, p.749하)의 글이다. 육조혜능은 최초로 이 구를 듣고 깨달음을 열었다고 한다. 선가에서 즐겨 인용하는 말이다. 이 구는 「마땅히 머무는 바 없이 더구나 그 마음을 내어야만 한다」고 읽혀지고 있어 선가에서는 특히 「더구나 그 마음을 낸다」에 강한 엑센트를 둔다. 그러나 산스크리트의 원문은 「마음의 對象(다르마)에 사로잡힌 마음을 일으켜서는 안 된다」고 하는 의미이며(암파문고본, p.65 참조), 이것과 완전히 같은 원문이 뒤쪽에서는 「應生無所住心」(마땅히 머무는 바 없는 마음을 내어야만 한다)라고 번역되어 있어서(同上, p.80 참조) 그 쪽이 범문의 원의를 바르게 전하고 있다. 그러나 중국의 선가에 있어서는 그러한 것은 문제 밖에 있다. 이 후자의 역문에는 관심도 두지 않고 오로지 전자의 글에 대하여 「應無所住」와 「而生其心」과의 대치관계에 흥미를 쏟았다. 이것의 선례를 이룬 것이 하택신회이다. 그의 어록에 "「응무소주」라는 것은 本寂의 體

를 나타내고, 「이생기심」이라는 것은 本智의 작용을 나타낸다" 고 한다. 남종계의 선가가 『금강경』의 이 글을 인용할 때 이해한 것은 거의 이 신회의 입장을 계승한 것이다. 여기 황벽의 인용법도 예외가 아니다. 더구나 구의 冒頭의 「應」(…하지 않으면 안 된다)이라는 의미는 없는 것과 같다. 말하자면 當爲(Sollen)와 존재(Sein)와의 직접적인 등치이다. 이것도 당시 선가에서 흔히 보이는 사유와 레토릭의 특징을 보여주는 것이다.

○ **阿耨菩提(아뇩보리)** : 아뇩다라삼막삼보리(anuttara-samyak-saṁbodhi)의 略語이다. 부처님이 소유하는 최고 깨달음의 지혜를 말한다.

○ **當復何益(당부하익)** : 「當復」에 「도대체」「대체」의 뜻이 있다. 의문문에 있어서 「當」이나 「復」은 단순히 의문의 어기를 더하는 것에 불과하다.

○ **志公云(지공운)** : 지공은 梁代의 스님, 寶志라는 사람이다. 寶誌·保誌라고도 쓴다. 보지의 시송으로써 전해지고 있는 작품에 『大乘讚』『十二時頌』『十四科頌』 등이 있지만 이 2구는 그러한 것들에 보이지 않으며, 출전이 명확하지 않다.

○ **四果(사과)** : 소승불교에서 수행의 단계와 깨달음의 경지를 4종으로 분류한 것. 수다원·사다함·아나함·아라한의 4과를 가리킨다. 앞의 셋은 각각 預流·一來·不還이라 번역하는데 예류는 번뇌를 끊고 비로소 깨달음의 무리 속으로 들어선 입장, 일래는 인천에 태어날 미혹을 단 한 번만 남기는 입장, 불환은 다시 욕계로 돌아오지 않는 입장이다. 이런 단계를 넘어서 비로소 완전히 미혹을 끊어 버리게 됨으로 넷째인 아라한을 殺賊 혹은 不生이라 번역하는데 일반적으로 아라한이란 음역에 따르고 이 번역어는 잘 쓰지 않는다.

○ **諸行無常, 是生滅法**(제행무상, 시생멸법) : 『열반경』 권14, '성행품'(『대정장』 권12, p.450상)에 보이는 유명한 구이다. 이른바 雪山偈이다. 뒤의 2구는 「生滅滅已」「寂滅爲樂」이다. 일본 「이로하 노래」가 이 4구의 趣意를 읊은 것이라는 것은 주지하는 바와 같다.

○ **勢力盡, 箭還墜, 招得來生不如意, 爭似無爲實相門, 一超直入如來地**(세력진, 전환추, 초득래생불여의, 쟁사무위실상문, 일초직입여래지)… : 이 5구는 영가대사의 『증도가』의 글이다. 그 上句(제48게)의 "모양에 머무는 보시를 하면서 천상에 복을 기대하는 것은 마치 활을 위로 향하여 허공을 쏘는 것과 같은 것이다(住相布施生天福, 猶如仰箭射虛空.)"라는 문맥을 이어받은 것이다. 「實相門」이라는 것은 일체법(모든 존재)이 그대로 진실불변한 理法의 현현이라고 하는 입장을 말한다. 말하자면 <諸法實相>의 법문이다.

○ **志公云**(지공운) : 이 2구도 전거가 자세하지 않다. 「枉」은 이미 주기한 것처럼 「공연히 · 쓸데없이」 「헛되이 · 보람 없이」라는 의미이다. 「무리하게라도 · 억지로」라고 읽는 것은 잘못이다. 宇井伯壽의 발견에 의하면 종밀(780~841)의 『圓覺經大疏鈔』 권2의 하에 지공의 말로써 「… 不逢出世明師, 未服大乘法藥…」이라고 인용되어 있다. 「未服」이라면 아직 그 법약을 복용할 기회가 없는 것이지만 「枉服」이라는 것은 복용하고는 있지만 헛되어 효과가 없는 것을 말한다.

○ **久久須實**(구구수실) : 원문에는 「實」자 다음에 「得」자가 더 있지만 『고존숙어록』의 텍스트에 따라 생략했다. 「반드시 實得이 있어야 한다」고 하면 후문의 「決定不實, 若有實得, 非我宗門下客」과 모순될 뿐만 아니라 본서에 자주 인용되는 『금강

경』의 「나의 아뇩보리에 있어서는 실로 얻은 것이 없다」고 하는 취지와도 상반하기 때문이다. 또한 여기의 構文 「但學無心, 久久須實」에 있어서는 「無」와 「實」이 교묘하게 대비시킨 레토릭으로 되어 있다. 즉 「無心」이 결코 마음이 허무하다는 것을 나타내는(annihilate) 것이 아니라 <無心의 心>으로서 靈活한 작용을 가지고 있다는 것을 시사하고 있는 것이다.

○ **入頭處**(입두처) : 또한 「入處」라고도 한다. 선가의 애용어 중에 하나이다. 「入頭의 處를 얻다」 또는 「入頭의 處가 있다」고 하는 것은 悟境의 門에 발을 한 걸음 들여 놓아 깨달음의 최초의 체험을 얻는 것이다.

○ **如來所說**(여래소설)… : 『열반경』'嬰兒行品'에 어린 아이가 큰 소리로 울며 칭얼거리고 있을 때 부모가 포플러의 황색 잎을 보이며 "이제 울지 마, 돈을 줄 테니"라고 말하면 어린 아이는 그것을 돈이라고 생각하여 울음을 그친다고 하는 방편의 행위를 설하고 있다. 경문은 다음과 같다. "如彼嬰兒啼哭之時, 父母卽以楊樹黃葉而語之言, 莫啼莫啼我與汝金, 嬰兒見已生眞金想便止不啼.(『대정장』 권12, p.485하)"

○ **故經云**(고경운) : 상기의 주기에 인용된 『금강경』의 글이다.

○ **佛道魔道俱錯**(불도마도구착) : 寶志의 『大乘讚』(『대정장』 권51, p.449하)에 "내견도 외견도 모두 나쁘고, 불도도 마도도 모두 잘못되어 있다. 이 두 가지 큰 파순에 미혹되어 사람은 괴로움을 싫어하고 즐거움을 추구한다. 생사의 근원을 깨달으면 그 본체는 공한 것, 어디에도 佛魔가 자리 잡지 않는다(內見外見總惡, 佛道魔道俱錯. 被此二大波旬, 便卽厭苦求樂. 生死悟本體空, 佛魔何處安着.)"고 한다.

○ **了了見**(요요견) : 영가대사의 『증도가』의 글이다. 「大千沙界」

는 보기 드문 말투이다. 보통 「大千世界」라고 한다. 「沙」는 恒河沙, 즉 갠지스 강의 모래와 같이 셀 수 없을 정도로 많다고 하는 의미일 것이다. 大珠慧海의 『諸方門人參問語錄』 제29단에 「徧周沙界」(무수한 세계에 널리 퍼지다)라는 말이 있다. 끝 2구의 거품과 번개의 비유는 『금강경』(『대정장』 권8, p.752 중)의 게에 "일체의 유위법은 꿈・허깨비・거품・그림자와 같고, 이슬과 같고 또한 번개와 같다(一切有爲法, 如夢幻泡影, 如露亦如電.)"고 한 것에 기반을 두고 있다.

○ **出息不保入息(출식불보입식)** : 지금 코로부터 나온 숨은 다음에 흡입하는 숨으로 이어지는 것을 保證하지는 않는다.

16. 육조는 왜 조사가 되었는가

問, 六祖不會經書, 何得傳衣爲祖. 秀上座是五百人首座, 爲敎授師, 講得三十二本經論, 云何不傳衣.

師云, 爲他有心, 是有爲法所修所證將爲是也, 所以五祖付六祖. 六祖當時祇是默契, 得密授如來甚深意, 所以付法與他. 汝不見道, 法本法無法, 無法法亦法, 今付無法時, 法法何曾法. 若會此意, 方名出家兒, 方好修行. 若不信, 云何明上座走來大庾嶺頭尋六祖. 六祖便問, 汝來求何事, 爲求衣, 爲求法. 明上座云, 不爲衣來, 但爲法來. 六祖云, 汝且暫時斂念, 善惡都莫思量. 明乃稟語. 六祖云, 不思善, 不思惡. 正當與麽時, 還我明上座父母未生時面目來. 明於言下忽然默契. 便禮拜云, 如人飮水, 冷暖自知, 某甲在五祖會中, 枉用三十年工夫, 今日方省前非. 六祖云, 如是. 到此之時, 方知祖師西來, 直指人心, 見性成佛, 不在言說. 豈不見阿難問迦葉云,世尊傳金襴外, 別傳何法. 迦葉召阿難, 阿難應諾. 迦葉云, 倒却門前刹竿著. (此便是祖師之標牓也). [問]甚生阿難三十年爲侍者, 祇爲多聞智慧被佛訶. 云, 汝千日學慧, 不如一日學道. 若不學道, 滴水難消.

【번역】

배휴가 여쭈었다.

"육조혜능은 글자를 몰라서 경전을 읽지 못했는데도 어떻게 오조 홍인대사로부터 전법의가사를 전해 받고 조사가 되었습니까? 또 신수는 500명의 대중을 거느리는 수좌로서 교수사가 되어 32部의 경론을 강의할 수 있었는데 왜 전법의 가사를 전수받지 못했던 것입니까?"

선사가 대답했다.

"그(신수상좌)는 마음이 있었기 때문에 결국 이 유위법에 대하여 닦고 깨닫는 것을 옳다고 생각했다. 그렇기 때문에 5조 홍인은 6조에게 법을 전한 것이다. 6조는 그 당시 다만 자신의 마음에 그것을 묵묵히 받아들이는 것만으로 은밀히 여래의 심오한 뜻을 전해 받을 수 있었다. 그렇기 때문에 법이 그에게 傳授된 것이다. 너는 다음과 같이 말하는 偈를 보지 못했는가? 「법은 본래 그 자체로서 무법(空)인 것이지만 무법도 또한 그 자체로서 법인 것이다. 지금 이 무법을 그대에게 전할 때 법과 법이 어찌 일찍이 법이었던 적이 있으랴?」 만약 이 의미를 알면 그때 비로소 출가자라고 하기에 충분하며, 그래야만이 수행의 자격이 있다고 할 것이다. 만약 그렇지 않다고 한다면 무엇 때문에 도명상좌가 대유령 정상까지 달려와서 6조를 찾았겠는가? 그 때 6조 혜능이 묻기를, 「그대는 무엇을 구하기 위하여 여기에 왔는가? 가사를 구하기 위함인가? 그렇지 않으면 법을 구하기 위함인가?」 도명상좌가 이르기를, 「가사를 때문에 온 것이 아니라 단지 법을 위하여 온 것입니다.」 거기서 6조께서 말씀하시기를, 「네는 당분간 잠시 思念을 억누르고 선도 악도 모두 생각하지 말라.」 도명상좌는 분부를 받았다. 6조는 계속해서 말씀하시기를, 「선도 생각하지 말고 악도 생각하지 말라. 바로 그러한 때 도명상좌의 부모가 아직 태어나기 이전 자신의 얼굴을 되돌아보라.」 도명상좌는 말이 끝나자마자 홀연히 깨달았다. 그 자리에서 바로 예배하고 말하기를, 「마치 사람이 물을 마실 때 차고 더운 것은 자신만이 아는 것과 같습니다. 저는 5조의 會中에서 부질없이 30년 동안 공부를 해 왔습니다. 그렇지만 오늘에야 비로소 지난날의 잘못을 깨닫게 되었습니다.」 6조께서 말씀하시기를, 「그렇다.」 이러한 때에 이르러야 비로소 달마대사께서 서쪽에서 오시어 사람의 마음을 바로 가리켜 성품을 보고 부처를 이루게 하신 그 의미가 결코 언설 가운데 있지 않다는 것을 알 것이다. 어찌 다음과 같이 말하는 것을 보지 못했는가? 아난이 가섭에게 묻기를, 「세존께서 금란가사를 전하신 것 외에 별도로 어떤 법을 전했습니까?」 가섭이 「아난!」이라고 불렀다. 아난이 「예」라고 대답했다. 그러자 가섭이 말하기를, 「문 앞의 찰간을 넘어뜨려버려라.」(이 찰간은 조사가 자신을 표방하기 위하여 건립한 것이다.)”

【질문】 "어떻게 또 아난은 30년 동안이나 세존의 시자 노릇을 하면서 단지 그 박식과 지혜의 풍부함 때문에 부처님의 꾸지람을 받은 것입니까?"

【대답】 "비록 자네가 천일의 지혜를 배우는 것보다도 단 하루만이라도 도를 배우는 것이 더 낫다. 만약 도를 배우지 않으면 물 한 방울조차도 사용할 수 없다."

【注記】

○ **六祖不會經書**(육조불회경서) : 「경서를 알지 못했다」고 하는 것은 경전을 읽지 않았다는 것을 말한다. 그것은 그가 글자를 몰랐다. 즉 문맹이었기 때문이다. 그것은 『육조단경』 가운데도 두 번 기재되어 있다. 당대의 선가 사이에서도 널리 믿고 있었던 것 같다. 예를 들면 南泉和尙의 『南泉語要』(송판 『고존숙어요』 권1에 수록되어 있음)에 "오조의 문하 500인 가운데 노행자(수행시대의 육조를 가리킴) 한 사람만은 불법을 알지 못하고, 글자도 알지 못했지만 그런데 그는 도를 알았다"고 기술하고 있다.

○ **秀上座**(수상좌) : 오조홍인 문하의 衆僧 가운데 수좌로 있었던 신수(606?~706)를 말한다. 이른바 북종선의 祖이다.

○ **法本法無法, 無法法亦法**(법본법무법, 무법법역법) : 석가모니 부처님이 가섭존자에게 법을 전했을 때의 게송(소위 전법게)의 全文이다. 제3·4구는 『완릉록』 제8단에도 인용되어 있지만 제3구가 「付此心法時」라고 되어 있다. 『보림전』 이후 역대조사의 전법게는 널리 선가 사이에 애송되었다.

○ **明上座**(명상좌) : 오조로부터 몰래 법을 전해 받은 육조혜능은 그의 지시에 따라 남방으로 도피한다. 나중에 그것을 알고 전

법의를 탈취하기 위하여 추종한 자들 가운데 혜명만이 대유령까지 가서 육조를 뒤따라 잡았다고 하는 이야기이다. 이것은 돈황사본의 『육조단경』에는 없지만 뒤의 홍성사본 이후의 판본에는 게재되어 있다. 또 『무문관』 제23칙 「不思善惡」을 참조하라.

○ **善惡都莫思量(선악도막사량)** : 이 말을 최초로 한 사람은 하택신회이다. 『단어』 제13단에 「一切善惡, 總莫思量.」(일체의 선악을 모두 한꺼번에 사량하지 말라.)이란 말이 나온다. 『조계대사전』에 "대사가 薛簡에게 고하기를, 만약 心要를 가지고자 한다면 일체의 선과 악을 모두 사량하지 말라. 심체는 담적하지만 응하여 작용함에 자유롭다(『慧能研究』, p.47)." 『조당집』 권2 '혜능장'에도 "여래의 지견을 얻고자 한다면 일체 선악을 모두 사유하지 말라. 그러면 자연히 깨달을 수 있고, 심체는 담연하여 항상 적정하며, 지혜의 묘용은 항하사와 같이 다양하다." 혜흔본 이후의 『단경』에는 "선도 생각하지 않고 악도 생각하지 않는, 바로 그러한 때 어느 것이 명상좌의 본래면목인가?" 大珠慧海의 『돈오요문』에 "일체의 만물을 사량하지 말며, 일체의 선악을 모두 사량하지 말라(平野宗淨, 『頓悟要門』, p.37)." 그리고 본서에 "선도 생각하지 말고 악도 생각하지 말라. 바로 그러한 때 도명상좌의 부모가 아직 태어나기 이전 자신의 얼굴을 되돌아보라." 이들은 모두 종래에 혜능의 말로 알고 있었으나 돈황자료가 발견되면서 신회가 최초로 한 말임을 알게 되었다. 나중에 육조혜능의 중도의 실천법문으로 탈화된 것이다. 즉 『조당집』 권2 '홍인화상전'과 『전등록』 권4 '몽산도명장'에 혜능이 3품장군 출신인 惠順에게 大庾嶺에서 「不思善, 不思惡」이라고 법문한 내용이 바로 신회(684~758)의 이 구절을

모태로 한 것이다. 그런데 돈황본 『육조단경』 제11단에는 단지 혜능이 대유령에서 혜순에게 법을 전했다고만 했을 뿐 구체적으로 어떤 법을 전했는지에 대한 내용은 없다(能於嶺上, 便傳法惠順).

신회의 이 말은 중국인들이 선악·유무·단상 등 양변을 한꺼번에 초월하는 공(중도)의 실천적인 수행체계를 구체적으로 표현한 것이다. 이 중도를 구체적으로 실천하는 방법은 망념이 일어나면 망념이 일어난 사실을 자각하는 것이다. 자각함으로써 망념은 없어지고 망념이 이어지는 것을 끊어 주게 된다. 『단어』 제36단에 「若有妄起, 卽覺, 覺滅卽是本性無住心.」라 했고, 같은 내용이 『남종정시비론』 제48단과 석정본 『문답잡징의』 제14단에도 나온다. 이 내용을 이어 규봉종밀(780~841)은 「念起卽覺 覺之卽無」라 했고, 송대 종색(?~?)이 지은 『禪苑淸規』 내의 「좌선의」에서는 「念起卽覺, 覺之卽失」이라고 간결하게 표현했다. 그런데 '一切善惡, 總莫思量'이란 말이 신회의 『단어』에 최초로 나오지만 이 말의 구체적인 실천방법인 「念起卽覺, 覺之卽失」이란 말과의 직접적인 연결은 신회의 어록에는 보이지 않고 종밀의 『禪源諸詮集都序』에서부터 맹아하기 시작하여 송대 宗賾禪師의 「坐禪儀」에서는 분명히 연결시켜 제시하고 있다. 이 둘을 서로 비교해서 보면, 『都序』에서는 "모든 모습이 공한 줄 깨달으면 마음에 저절로 망념은 없어진다. 망념이 일어나면 곧 바로 망념이 일어난 사실을 깨달아라. 그러면 망념은 사라진다. 이것이 수행의 묘문이다[覺諸相空, 心自無念, 念起卽覺, 覺之卽無, 修行妙門.(『대정장』 권48, p.403상)]"고 했고, 종밀의 사상을 계승하여 종색은 『緇門警訓』에서 "일체의 선악을 전부 사량하지 말라. 망념이 일어나면 곧 바로 망념이 일어난 사실을 깨달아라. 그러면 망념은 사라진다. 이와 같이 오래도록 하여 망념이 없어지면 저절로 만법과 하나가 되는 것이다. 이것이 좌선의 요술이다[一切善惡, 都莫思量. 念起卽覺, 覺之卽失. 久久忘緣, 自成一片. 此坐禪之要術也.(『대정장』 권48, p.1047중)]"고 한다. 그리고 『勅修百丈淸規』의 「좌선의」에서는 "일체의 선악을 전부 사량하지 말라. 망념이 일어나면 곧 바로 망념이 일어난 사실을 깨달아라. 그러면 항상 깨어 있어서 어둡지도 혼미하지도 산란하지도 않을 것이다. 이와 같이 일념이 지속되어 단절되지도 않고, 고정되지도 않게 하는 것이 좌선의 요술이다[一切善惡. 都莫思量. 念起卽覺. 常覺不昧. 不昏不散. 萬年一念. 非斷非常. 此坐禪之要術也. (『대정장』 권48, p.1143상)]"고 한다.

○ **不思善, 不思惡**(불사선, 불사악) : 상기의 주기를 보라.

○ **父母未生時面目來**(부모미생시면목래) : 아버지와 어머니라는 차별의 세계가 갈라지기 이전의 본래 모습을 표현한 말이다.

○ **如人飮水, 冷煖自知**(여인음수, 냉난자지) : 이 2구는 선의 체험을 말하고자 할 때 반드시 인용하는 문구이다. 선이란 지식적으로나 논리적으로 이해하는 철학이 아니다. 선은 체험이고 생활이다. 그러므로 그 體悟의 세계는 오직 체험한 그 자신만이 알 수 있는 것이며, 체험하지 못한 사람은 지식적으로 알고 있을 뿐이다. 물이 차다는 것은 객관적인 사실이다. 그러나 그 찬물이 어느 정도 구체적으로 찬지의 주관적인 척도는 그 물을 마셔본 사람만이 알 수 있는 것이다.

○ **見性成佛**(견성성불) : 「敎外別傳」 「以心傳心」 「不立文字」와 함께 선가에서 상투적으로 애용되는 선의 4대 기치이다. 원래 「견성성불」은 『涅槃經集解』 제33에 의하면 僧亮(444~509)의

말이다. 또 「直指人心」과 아울러 이 구가 세트 프레이즈로 된 예는 『전심법요』의 이 예가 최초라고 한다(柳田聖山, 『초기선종사사의 연구』, p.475 참조). 견성이라는 것은 識心見性, 즉 심성을 洞見하여 그것이 불성임에 틀림없다는 것을 자각하는 것이다. 달마의 『이입사행론』 제3단에도 「終須見本性」(틀림없이 참된 자기를 발견하게 된다)이란 말이 나오는데 달마문하의 최대의 관심사는 이 견성에 집중되어 있다고 해도 과언이 아닐 것이다.

○ **阿難問迦葉云**(아난문가섭운)… : 이 이야기의 오래된 확실한 전거는 알 수 없지만 『무문관』 제22칙에는 이것이 공안으로서 게재되어 있다. 다만 세존이 가섭에게 金襴을 주었다고 하는 이야기는 『大唐西域記』 권9에 보인다. 「剎竿」이라는 것은 금동의 寶珠를 꼭대기에 설치한 긴 장대로 절의 앞에 세워서 梵剎을 표방한 것이라고 한다. 下文의 「此便是祖師之標牓也」라는 구는 이 찰간을 설명한 주석으로 후인이 첨가한 것이라고 생각된다. 일설에는 인도에서 논쟁을 전개할 때 쌍방의 논자가 幡竿을 세우고 한 쪽이 질 때는 그 장대를 꺾어 넘어뜨린다. 찰간이라는 것은 그 번간인 것이다고 한다. 그렇다면 위 주기의 구 「祖師之標牓」이란 제1조 가섭과 제2조 아난이 각각 스스로를 표방하기 위하여 사용한 지표라는 의미일 것이다. 또 아난의 질문인 「별도로 어떤 법을 전했는가?」가 「별도로 무엇을 전했는가?」라고 되어 있는 텍스트가 있다. 「倒却門前剎竿著」의 「著」는 여기서는 명령을 나타내는 조사라고 생각해도 좋다.

○ **甚生**(심생)… : 이 「甚生」은 「어떠한 이유로」라는 뜻인 것 같지만 상당히 희귀한 말로 이 이외의 예를 알 수 없다(張相의 『

詩詞曲語辭匯釋』에는 元代의 가곡에 보이는 일례를 들고 있지만 그 예문 자체에 의문이 있다). 아난은 석존의 10재 제자 중 한 사람으로서 다문제일이라고 칭해진 박학다식의 인테리였지만 그것이 바른 깨달음을 얻는데 방해가 되고 있다고 생각했기 때문에 세존으로부터 엄하게 경고를 받았다. 이 내용은 『능엄경』에 나온다.

○ **滴水難消** : 「消」는 「消用」 「消受」의 뜻이다. 즉 享受하여 소비하는 것이다. 『임제록』(『대정장』 권47, p.498중)에 "날마다 만 냥의 황금을 소비한다(日消萬兩黃金)"고 한 것도 그와 같은 예이다. 1구의 의미는 물이라는 천지의 은혜조차 한 방울도 향수할 자격이 없다고 하는 것이다. 『경덕전등록』 권7, 歸宗智常의 말(『대정장』 권51, p.256상)에 "그러한 것을 말해서는 한 방울의 물조차도 사용할 수 없다(作遮箇語話, 滴水也銷不得.)" 고 한 것의 의미(「銷」는 「消」와 같은 뜻)이다. 野雲比丘의 『自警文』에 "금생에 마음을 밝히지 못하면 적수도 또한 녹이기(소화하기)어렵다(今生未明心, 滴水也難消)"고 하는 말이 있다. 그리고 일본 宇治의 黃檗山 萬福寺의 齋堂에 걸려 있는 對聯은 隱元禪師의 글이지만 그 글에 다음과 같이 말하고 있다. "법안이 圓明하면 매일 斗金(1斗의 황금)을 소비하는 것도 분수에 넘치지 않는다. 그러나 偸心이 죽지 않으면 그 때 滴水를 맛보는 것도 또한 소화하기 어렵다."

17. 自在人

問, 如何得不落階級.

師云, 但終日喫飯, 未曾咬著一粒米. 終日行, 未曾踏著一片地. 與摩時, 無人我等相, 終日不離一切事, 不被諸境惑, 方名自在人. 念念不見一切相, 莫認前後三際. 前際無去, 今際無住, 後際無來. 安然端坐, 任運不拘, 方名解脫. 努力努力. 此門中千人萬人, 祇得三箇五箇. 若不將爲事, 受殃有日在. 故云, 著力今生須了却, 誰能累劫受餘殃.

黃檗山際禪師傳心法要 終

【번역】

배휴가 여쭈었다.

"어떻게 하면 계급에 떨어지지 않을 수 있습니까?"

선사가 대답했다.

"단지 하루 종일 밥을 먹고 있어도 아직 일찍이 한 알의 飯

粒도 씹은 적이 없다. 하루 종일 걷고 있어도 아직 일찍이 한 조각의 땅도 밟은 적이 없다. 이러한 때에는 인상·아상 등의 견해는 녹아 없고, 하루 종일 모든 일로부터 떠나 있지 않으면서도 일체의 대상에 매혹된 적이 없어야 비로소 이러한 사람을 <자재인>이라고 하는 것이다. 한 생각 한 생각할 때마다 일체의 모양을 보지 말고, 과거도 미래도 현재도 인정하지 말라. 과거는 간 적이 없고, 현재는 머무른 적이 없으며, 미래는 온 적이 없다. 느긋하게 단좌하며 주어진 상황에 맡겨 구애되지 않아야 비로소 진정한 <해탈>이라고 할 수 있는 것이다. 노력하고, 또 노력하라! 우리 선문의 宗徒가 무수히 있는 중에 진정한 도인은 겨우 3·5인 뿐이다. 만약 그것을 아무것도 아니라고 생각하는 사람은 언젠가 반드시 재앙을 받을 날이 다가 올 것이다. 그렇기 때문에 말하기를, 「애써 노력하여 금생에 반드시 깨달아 버려라. 그러면 누가 영겁에 재앙을 받겠는가?」"

【注記】

○ **不落階級(불락계급)** : 보살의 修行階程을 아래로부터 위로 10信·10住·10行·10廻向·10地·등각·묘각이라는 52단계로 나눈다. 「떨어지지 않는다」는 것은 범주나 圖式에 들어가지 않는 것을 말한다. 그러한 formula로부터 자유로운 것. 여기서는 점수점오(돈오)의 계급적 방식이 아니라 단번에 여래의 자리에 도달하는 방법을 찾고 있는 것일 것이다. 『경덕전등록』 권5, 靑原行思(740년 몰)章(『대정장』 권51, p.240상)에도 그가 육조에게 "도대체 어떤 노력을 하면 계급에 떨어지지 않고 끝낼 수 있습니까?(當何所務卽不落階級.)"라고 묻고 있다.

○ **終日喫飯, 未曾咬著一粒米**(종일끽반, 미증교착일립미) : 『경덕전등록』 권14, 藥山禪師(753~828)의 말(『대정장』 권51, p.312 상)에도 "하루에 두 번 식당으로 가서 공양을 할 때 한 알의 飯粒도 씹어 으깨서는 안 된다(二時上堂, 不得咬破一粒米.)"는 말이 있다.

○ **念念不見一切相**(염염불견일체상) : 이 구의 위에 원문에는 「更時時」의 3자가 있지만 『고존숙어록』과 『사가어록』의 텍스트에는 없다. 그것에 따랐다. 특히 「更」은 어법상으로 보아도 타당성을 잃고 있다.

○ **故云, 著力今生須了却, 誰能累劫受餘殃**(고운, 착력금생수료각, 수능루겁수여앙) : 이 2구는 출전을 알 수 없다.

黃檗斷際禪師
宛陵錄

1. 도는 마음으로 깨닫는 것

裴相公問師曰，山中四五百人，幾人得和尙法.

師云，得者莫測其數. 何故. 道在心悟，豈在言說. 言說祇是化童蒙耳.

【번역】

배상공이 황벽스님께 여쭈었다.

"화상의 산중에는 4·5백 명의 수행승이 있습니다만 그 가운데 몇 사람이 화상의 법을 얻었습니까?"

대사가 말씀 하셨다.

"법을 얻은 사람은 그 수를 헤아릴 수 없다. 왜냐하면 도는 마음으로만 깨닫는 것일 뿐, 어찌 언설과 관계가 있겠는가? 언설이라는 것은 다만 어린아이를 달래는 것일 뿐이다."

【注記】

○ **道在心悟(도재심오)** : 『경덕전등록』 권5, 혜능장(『대정장』 권51, p.236상)에 "도는 마음에 의하여 깨닫는다(道由心悟)"는 말이 있다. 『조당집』에는 같은 혜능장에 「由心悟道」로 되어 있다. 뒤의 제4단에 나오는 「悟在於心」도 같은 취지이다.

2. 자기의 마음을 알아야 함

問, 如何是佛.

師云, 卽心是佛, 無心是道. 但無生心動念, 有無長短, 彼我能所等心. 心本是佛, 佛本是心, 心如虛空. 所以云, 佛眞法身, 猶如虛空. 不用別求, 有求皆苦. 設使恒沙劫行六度萬行, 得佛菩提, 亦非究竟. 何以故. 爲屬因緣造作故. 因緣若盡, 還歸無常. 所以云, 報化非眞佛, 亦非說法者. 但識自心, 無我無人, 本來是佛.

【번역】

배휴가 여쭈었다.

"무엇이 부처입니까?"

선사가 대답했다.

"마음이 부처이고, 무심이 도이다. 단지 마음을 일깨워 思念을 움직여 유무나 장단이나 피아나 주체객체 등의 분별을 일으키는 마음이 없기만 하면 마음이 본래 부처이고, 부처가 본래 마음이다. 그리고 그 마음은 허공과 같다. 그러므로 이르기를, 「부처의 진실한 법신은 마치 허공과 같다」고 한 것이다. 따라서 따로 무엇인가를 구할 필요가 없다. 구하려고 하면 모든 것이 괴로움이 된다. 설사 갠지스 강의 모래 수만큼이나 긴 세월 동안 6도 만행을 실천하여 부처의 깨달음을 얻었다할지라도 그것은 결코 究極인 것은 아니다. 왜냐하면 그것은 인연을 조작하여 영위한 것이기 때문이다. 그리고 인연이 다하면 역시 무상(死)으로 돌아갈 뿐이다. 그렇기 때문에 이르기를, 「보신도 화신도 모두 진실한 부처가 아니고, 또한 진실한 법을 설하는 것도 아니다」고 한 것이다. 단지 자신의 마음을 자각하기만 하면 아견과 아집은 없어지는데 그것이 바로 본래 부처인 것이다."

【注記】

○ **卽心是佛, 無心是道**(즉심시불, 무심시도) : 육조혜능의 제자 가운데 한 사람인 司空本淨禪師의 말(『경덕전등록』 권5 →『대정장』 권51, p.242중)에 "만약 부처를 찾고자 한다면 마음이 바로 부처이다. 만약 도를 깨닫고자 한다면 무심이 도이다. … 도는 원래 무심인 것, 그 무심을 도라고 한다. 만약 무심을 자기의 것으로 만들면 무심이 그대로 도이다(若欲求佛, 卽心是佛. 若欲會道, 無心是道. … 道本無心, 無心名道. 若了無心, 無心卽道.)." 또 宇井伯壽, 『제2선종사연구』, p.301 참조

○ **無生心**(무생심) : 『金剛三昧經』(『대정장』 권9, p.369)의 偈에 "망념이 없고 생함이 없는 마음(無念無生心)"이라는 말이 있다.

○ **心如虛空**(심여허공) : 마음과 허공이라는 것의 유추는 많은 경

론에 보이지만 가장 직접적인 等値表現으로서는 『경덕전등록』 권1, 서천 제7조의 전법게(『대정장』 권51, p.208중)에 "마음은 허공계와 같아서 허공과 같은 법을 보인다(心同虛空界, 示等虛空法.)"고 하는 것을 예로 들 수 있을 것이다. 또 허공을 voidness의 의미와 함께 pureness의 표상으로서 마음을 허공에 비유한 것으로는 7권『능가경』 권6(『대정장』 권16, p.626하)에 보이는 "심성은 원래 청정한 것, 마치 맑은 허공과 같다(心性本淸淨, 猶若淨虛空.)"고 한 것을 가장 빠른 예의 하나로서 지적할 수 있다. 이미 『전심법요』에서 본 「本源淸淨心」(=「本源淸淨佛」)의 강조도 역시 마음의 본래적인 空性의 확인과 깊게 결합된 것이다. 달마의 저작으로 전해지는 『悟性論』(『대정장』 권48, p.370하)에도 "마음이 허공인 것을 아는 것, 그것이 <부처를 본다>고 하는 것이다(知心是空, 名爲見佛.)"고 한다.

○ **所以云(소이운)** : 이 2구는 이미 『전심법요』 제5단의 처음에 인용되어 있다. 그 해당 주기를 보라.

○ **有求皆苦(유구개고)** : 달마의 『이입사행론』 제2단에 '경에 이르기를'이라고 하면서 「有求皆苦, 無求則樂」(구하고자 하는 마음이 있으면 모든 것이 괴롭고, 구하고자 하는 마음이 없으면 즐겁다.)라고 하는 2구를 들고 있다. 또 『종경록』 권45(『대정장』 권48, p.681상)에 「經」의 글로서 「有心皆苦, 無心始樂」(마음이 있으면 모두 괴롭다. 마음이 없으면 비로소 즐겁다.)이라는 것을 인용하고 있다.

○ **所以云(소이운)** : 이 2구도 이미 『전심법요』의 제7단에서 보였다.

3. 機心을 그치고 관념을 없애야 함

問, 聖人無心卽是佛, 凡夫無心, 莫沈空寂否.

師云, 法無凡聖, 亦無沈寂. 法本不有, 莫作無見. 法本不無, 莫作有見. 有之與無, 盡是情見, 猶如幻翳. 所以云, 見聞如幻翳, 知覺乃衆生. 祖師門中, 祇論息機忘見. 所以忘機則佛道隆, 分別則魔軍熾.

【번역】

배휴가 여쭈었다.

"성인의 무심은 그대로 부처이지만 범부의 무심은 공적에 빠져들어가는 것이 아닙니까?"

선사가 대답했다.

"법에는 범도 없고, 성도 없으며, 또한 공적에 빠지는 것도 없다. 법은 본래 있는 것이 아니지만 그러나 <없다>고 보아서도 안 된다. 법은 본래 없는 것은 아니지만 그러나 <있다>고 보아서도 안 된다. 있음과 없음은 모두 관념에 지나지 않으며, 말하자면 마치 허깨비나 그림자와 같은 것이다. 그러므로 이르기를, 「보고 듣는 것(見聞)은 마치 허깨비나 그림자와 같고, 깨달아 아는 것(覺知)은 중생만이 하는 것이다」고 한 것이다. 우리 조사문중에는 다만 機心을 그치고 관념을 없애는 것을 문제로 삼을 뿐이다. 그러므로 <機心을 잊어버리면 불도는 홍륭하고, 분별심을 일으키면 마군은 치열하다.>"

【注記】

○ **莫沈空寂否(막침공적부)** : 『전심법요』 제2단의 「恐落空無棲泊處」, 제5단의 「恐落空無撈摸棲處」, 제7단의 「恐落於空」과 같은 의미이다. 제2단의 해당 주기를 참조하라. 空에는 사물이 자성을 갖지 않는 것과 청정한 것과의 두 자지 속성이 있다.

○ **法本不有, 法本不無(법본불유, 법본불무)** : 『유마경』'入不二法門品'(『대정장』 권14, p.550하)에 "법은 본래부터 생하지 않고, 지금도 또한 멸함이 없다(法本不生, 今則無滅.)"라고 한 말이 참고가 된다.

○ **見聞如幻翳(견문여환예)**… : 『능엄경』 권6(『대정장』 권19, p.131상)에 나오는 글이다.

○ **忘機則佛道隆(망기즉불도륭)**… : 본서의 最後의 段에는 「忘機是佛道, 分別是魔境」라는 문구로 되어 있기 때문에 아마도 출전이 있는 成句일 것이다.

4. 마음과 불성은 다르지 않음

問, 心旣本來是佛, 還修六度萬行否.

師云, 悟在於心, 非關六度萬行. 六度萬行, 盡是化門, 接物度生邊事. 設使菩提眞如, 實際解脫法身, 直至十地四果聖位, 盡是度門, 非關佛心. 心卽是佛, 所以一切諸度門中, 佛心第一. 但無生死煩惱等心, 卽不用菩提等法. 所以道, 佛說一切法, 度我一切心, 我無一切心, 何用一切法. 從佛至祖, 並不論別事, 唯論一心, 亦云一乘. 所以十方諦求, 更無餘乘. 此衆無枝葉, 唯有諸貞實, 所以此意難信. 達摩來此土, 至梁魏二國, 祇有可大師一人, 密信自心, 言下便會, 卽心是佛. 身心俱無, 是名大道. 大道本來平等, 所以深信含生同一眞性, 心性不異, 卽性卽心, 心不異性, 名之爲祖. 所以云, 認得心性時, 可說不思議.

【번역】

배휴가 여쭈었다.

"마음이 이미 본래로 부처라고 했는데 그런데도 또 육도만행(일체의 모든 수행방식)을 닦아야 합니까?"

선사가 대답했다.

"깨달음이라는 것은 마음에서만 깨닫는 것일 뿐 육도만행과는 관계가 없다. 그러한 육도만행이란 모두 세속교화의 방편, 즉 사물에 응하여 중생을 제도하는 차원의 일이다. 가령 보리나 진여라든가 또 실상이나 해탈이라든가 그리고 법신이라는 것을 비롯하여 직접 10지·4과의 성위에 이르기까지 그들은 모두 피안으로 건너가는 방편문이기 때문에 부처의 마음과는 아무런 관계가 없다. 마음이 그대로 부처이다. 그러므로 일체의 교화방편문 가운데서 부처의 마음(佛心)이 첫째인 것이다. 단지 생사와 번뇌라는 思念만 없으면 보리 따위의 법은 필요 없는 것이다. 그러므로 이르기를, 「부처님께서 일체의 법을 설하신 것은 내 스스로가 일체의 마음을 제거하도록 하기 위함이었다. 그러나 내에게 일체의 마음이 없기 때문에 어찌 일체의 법을 쓸 필요가 있겠는가」라고 한 것이다. 부처님으로부터 역대 조사에 이르기까지 모두 다른 특별한 것은 전혀 설하지 않으셨고, 오직 한 마음만을 말했을 뿐이며, 또한 일승만을 말씀하셨다. 그러므로 시방팔방을 자세히 탐구해 보아도 역시 이 일승 이외의 다른 법은 없다. <이 會衆에는 쓸데없는 사람들은 없고, 오직 순수한 사람들만 있다.> 그러므로 이 의미는 믿기 어렵다. 달마대사가 이 땅에 와서 양·위 두 나라에까지 갔지만 단지 혜가대사 한 사람만이 자기의 마음을 은밀히 보고 말끝에 곧 바로 <마음이 곧 부처인 것을 깨달았다. 몸도 마음도 모두 함께 없

는 것을 이름 하여 큰 도(大道)라고 한다. 큰 도는 본래 평등하여 만인에게 통하는 것이다. 그러므로 살아 있는 모든 생명체는 전부 진실한 본질을 평등하게 공유하고 있다는 것과 마음과 불성은 다른 것이 아니라는 것, 불성이야말로 마음임에 틀림없는 것, 마음은 불성과 다르지 않다는 것을 깊이 확신하는 것, 그를 이름하여 <조사>라 하는 것이다. 그러므로 말하기를, 「마음의 본질을 깨달았을 때 다만 불가사의하다고 말해도 좋다」고 한 것이다."

【注記】

○ **菩提(보리)** : 보리는 구역에서는 道, 신역에서는 覺이라 번역했다. 『대지도론』권44에 "보리는 무상의 지혜를 말한다"고 하고, 승조의 『열반무명론』에서는 "경전에 말한다. 보리의 길은 헤아릴 수 없다. 위없이 높아서 그 높이를 구명할 수 없고, 한 없이 깊어서 그 깊은 이치를 헤아리지 못한다. 크다면 천지를 감싸고, 작다면 전혀 빈틈이 없는 곳이라도 능히 들어간다. 그러므로 도라 한다"고 한다. 『여래장엄지혜광명경』권하에 "무수사리여, 일체의 존재가 공한 사실을 깨닫는 것을 보리라 한다. 보리라는 것은 일체의 존재가 공이라는 것을 깨닫는 것이며, 공이라는 것은 곧 보리이다. … 보리라는 것은 평등이란 것이고, 평등이라는 것은 진여란 것이고, 진여라는 것은 不異란 것이고, 불이라는 것은 진실 그대로 작위와 비작위의 모든 존재에 머문다는 것이다"고 한 말도 참고가 된다.

○ **眞如(진여)** : 있는 그대로의 상태. 『기신론』에 "있는 그대로인 상태 그 자체의 모습(眞如自體相)은 모든 범부·불제자·나한

・보살・부처를 통하여 늘지도 줄지도 아니하며, 먼저 생겨난 것도 아니고, 나중에 사라지는 것도 아니다. 궁극적으로 영원하며, 본래부터 그 자체는 모든 우수한 능력을 갖추고 있다"고 한다.

○ **佛心(불심)** : 달마의 『이입사행론』 제9단(柳田聖山, 『達摩の語錄』 <禪の語錄1>, 筑摩書房, p.71)에 "불심이란 무엇을 말하는 것입니까?(何名佛心.)"라고 묻는 질문에 답하기를, "마음이 특별한 모습이나 틀을 가지지 않는 것을 진여(있는 그대로의 것)라 한다. … 마음 그 자체가 걸림이 없어서 자유로운 것을 보리라 한다. 마음 그 자체가 적막하게 아주 고요해져 있는 것을 열반이라 한다(心無異相, 名作眞如. … 心性無碍, 名爲菩提. 心性寂滅, 名爲涅槃.)"고 설명하고 있다.

○ **所以道(소이도)** : 6조 혜능의 말이다. 이미 『전심법요』 제5단에 인용되었다.

○ **一乘(일승)** : 이미 주기에서 서술한 바 있다. 『법화경』 '방편품'(『대정장』 권9, p.7상 이하)에서 말하는 「一佛乘」을 가리킨다. 『大乘開心顯性頓悟眞宗論』에 말하기를, "질문, 어떤 것이 일승입니까? 대답, 마음이 일승이다. 질문, 마음이 어떻게 일승이라는 것을 알 수 있습니까? 대답, 마음이 공적하여 존재성을 가지지 않는 것이라고 徹見하는 것, 이것이 일승이다(問曰, 何者是一乘. 答曰, 心是一乘. 問曰, 心云何知是一乘. 答曰, 可[恐「了」]見心空無所有. 即是一乘.)" <『鈴木大拙全集』 제3권, 「禪思想史硏究第3」, p.323>.

○ **此衆無枝葉(차중무지엽)…** : 『법화경』 '방편품'(『대정장』 권9, p.7하)의 偈句이다.

○ **可(가)** : 선종의 제2조 혜가를 가리킨다. 道宣의 『속고승전』 권1

6에는 僧可로 나온다. 武牢(현재의 하남성 汜水縣 서쪽) 사람. 당 고조의 이름을 피하여 虎牢라고 적은 문헌도 있다. 속성은 姬씨. 본래 유학자였지만 40세 때 달마를 만나 6년간 사사하며 깊이 교학을 익힘. 天平 초기 무렵(534~)부터 동위의 업도지방을 중심으로 활동했다. 동지들 중에는 曇林을 비롯하여 向居士・化公・彦公・和禪師・那禪師・惠滿 등이 있다. 특히 삼론종의 惠布가 멀리 강남에서 도를 물어 찾아온 적도 있다고 한다.

○ **深信含生同一眞性(심신함생동일진성)** : 역시 달마의 『二入四行論』 제2단(上揭, 柳田聖山, p.31)에 보이는 구이다. 『능가사자기』 제13단의 '달마전'(柳田聖山, 『初期の禪史 I 』<禪の語錄2>, 筑摩書房, p.132)에도 보인다. 깊이 믿는다(深信)는 것은 깊이 선정에 드는 그 자체를 말한다. 신수의 『관심론』에 五分法身香이 해설되어 있는데 그 제2의 定香을 「깊이 대승을 믿어 마음이 물러나지 않는 것」이라고 한 말이 참고가 된다. 또 『기신론』에서는 3종 발심을 나누고 있는데 그 중 제1의 신심이 완성하는 발심을 그 내용면에서 3종류로 나누어 直心・深心・大悲心이라 하고 있다. 그 직심이란 바르게 진여의 법을 念하는 것이라고 한 것도 참고가 된다. 含生은 모든 생명이 있는 것. 含識・含靈과 같은 말이다. 眞性은 본래의 성질, 진실한 본성. 『장자』 '漁父'에 "眞은 하늘로부터 받는 것이기 때문에 그것은 자연이며, 바뀌지 않는다"고 하고, 『중용』에 "하늘이 명하는 바를 性이라 한다"고 한다.

○ **心性不異(심성불이)**… : 「直指人心, 見性成佛」이라는 2구가 세트 프레이즈로서 문헌에 나타나는 것은 『전심법요』(제16단)가 최초인 것은 이미 지적했다. 그리고 下句의 「見性成佛」이

梁代의 『涅槃經集解』 권33에 처음 보이는 것도 周知하는 바와 같지만 단 그 책에 있어서 <心> <性>을 파악하는 방법이 당대의 선, 특히 마조 이후 선종에서의 그것과 크게 다르다. 이하 이 점에 대해서는 柳田聖山의 해설을 인용할 것이다. 즉 "『열반경집해』에는 性 그 자체가 부처(佛)이다라고 말하고 있어서 그 배후에는 <마음은 무상하다. 불성은 항상(常)하기 때문에 무상한 마음이 아니라 항상하는 불성을 보는 것이 견성성불이다>라고 하는 사고방식이 있으며, 마음과 성을 확실히 구분하고 있다. … 이것이 종래의 정통적인 불교학의 해석이었다." (柳田聖山, 「臨濟義玄의 人間觀」, 禪文化硏究所紀要1, p.105). 이 사고방식이 8세기 말부터 9세기에 걸쳐서 "마음 바로 그 자체가 부처이다"라고 하는 테제로 대표되는 <心卽性>, <人心卽佛性>의 주장을 취해 대표하게 된다. 거기에 直指하는 <人心>이라는 것은 "평상심 혹은 중생심의 뜻이다. 바로 눈앞의 인간의 마음 전체이며, 善惡正邪의 움직임 모두를 포함한다. 그것은 정신의 奧底에 숨어있는 진성이라든가 良心이라는 것보다도 오히려 일상생활의 표면에서 작용하고 있는 구체적인 마음이다"(同上, p.109).

○ **名之爲祖(명지위조)** : 여기의 「祖」라는 말은 특히 주목해야만 하는 理念用語이다. 뒤의 제10단에서도 또 詳說된다. 주지하는 바와 같이 이 이념은 임제에 의하여 계승되어 「活祖」(살아있는 조사)라든가 「祖佛」(조사로서 살고 있는 현신불)이라고 하는 더욱 생생한 내용을 가지고 있다. 조사나 부처를 외재적·초월적인 절대자로서 措定하는 것이 아니라 이 현실세계에 살고 있는 우리들 인간의 실천적·주체적인 인격 그 자체를 부처나 조사와 직접적으로 등치하는 것이며, 그 현실에 살고

있는 몸 그대로 本來佛로서 완전히 긍정하는 것이다. 거기에는 살아 있는 眞佛을 내재적으로 전제한다고 하는 순서조차 전혀 없다(만약 그러한 전제가 있다고 한다면 그 <살아 있는 진불> 자체가 또 다른 하나의 가치주체가 되어 버릴 것이다.). 임제는 제자들을 향하여 다음과 같이 말한다. "그대들은 조불을 알고 있다고 생각하는가? 틀림없이 지금 나의 면전에서 설법을 듣고 있는 그대들이야말로 조불이다(爾欲得識祖佛麼. 祇爾面前聽法底是.)"(암파문고본, 『임제록』의 「너희들이 거기에서 이 설법을 듣고 있는 그 놈이 조불이다」라고 번역한 것은 잘못되었다.). 임제는 또 말하기를, "그대들의 깨달음과 그 작용이 다르지 않는 것이 그대로 <생동하는 조사>라고 이름한다(爾心心不異, 名之活祖.)." 또 『조주록』에 "질문, 이 나라에서는 누가 조사입니까? 대답, 달마가 온 이후 여기의 사람들은 모두 조사이다(這邊總是)." 또 이 「祖」라는 용어와 그 뜻에 대해서는 『보림전』의 '달마장'에 들고 있는 두 개의 偈도 각각 「祖」라는 술어를 포함하고 있는 점에서 우선 참고가 될 것이다. 그 하나에서 말하기를, "불심의 宗(근본)을 명확하게 밝혀 조금도 어긋남이 없이 行과 解가 照應하는 것, 그것을 <祖>라고 한다." 제2의 게에 말하기를, "악을 보고 싫어하지도 않고, 선을 보고 履行하고 싶다고 생각하지도 않으며, 愚者를 버리고 현인을 부르려고도 하지 않고, 미혹을 버리고 깨달음으로 나아가려고도 하지 않으며, 대도에 이르러 틀을 초월하고, 불심을 통달하여 보통 정도가 아니며, 범성과 같은 범주에는 살고 있지 않는 것, 그것을 초월적으로 <祖>라고 부른다." 이 두 게가 달마의 작품이라는 것은 믿을 수 없지만 『종경록』 권3, 『경덕전등록』 권3, 『祖庭事苑』 권8, 그 외 달마의 찬술이라고 하는

『안심법문』(『少室六門』에 수록)에도 원래 실려 있으며, 아마 황벽 당시에 널리 알려져 있었던 것일 것이다. 『전등록』의 것을 기재하면 다음과 같다. 「明佛心宗, 行解相應, 名之曰祖.」(『대정장』 권51, p.220상), 「亦不睹惡而生嫌, 亦不觀善而勤措, 亦不捨智而近愚, 亦不拋迷而就悟, 達大道兮過量, 通佛心兮出度, 不與凡聖同躔, 超然名之曰祖.」(『대정장』 권51, p.220상).

○ **所以云(소이운)** : 인도 제23조의 전법게이다. 이미 『전심법요』 제12단의 끝에도 인용되어 있다.

5. 부처도 중생도 없다

問, 佛度衆生否.

師云, 實無衆生如來度者. 我尙不可得, 非我何可得. 佛與衆生, 皆不可得.

云, 現有三十二相, 及度衆生, 何得言無.

師云, 凡所有相, 皆是虛妄. 若見諸相非相, 卽見如來. 佛與衆生, 盡是汝作妄見. 祇爲不識本心, 謾作見解. 纔作佛見, 便被佛障. 作衆生見, 被衆生障. 作凡作聖, 作淨作穢等見, 盡成其障. 障汝心故, 總成輪轉. 猶如獼猴放一捉一, 無有歇期. 一等是學, 直須無學. 無凡無聖, 無淨無垢, 無大無小, 無漏無爲. 如是一心中, 方便勤莊嚴. 聽汝學得三乘十二分敎, 一切見解總須捨却. 所以除去所有, 唯置一牀, 寢疾而臥. 祇是不起諸見, 無一法可得, 不被法障, 透脫三界凡聖境域, 始得名爲出世佛. 所以云,稽首如空無所依，出過外道．心旣不異，法亦不異．心旣無爲，法亦無爲，萬法盡由心變．所以我心空故諸法空，千品萬類悉皆同．盡十方空界，同一心體．心本不異，法亦不異．祇爲汝見解不同，所以差別．譬如諸天共寶器食，隨其福德，飯色有異．十方諸佛，實無少法可得，名爲阿耨菩提．祇是一心，實無異相，亦無光彩，亦無勝負．無勝故無佛相，無負故無衆生相．

云，心旣無相，豈得全無三十二相八十種好化度衆生耶．

師云，三十二相屬相，凡所有相，皆是虛妄．八十種好屬色，若以色見我，是人行邪道，不能見如來．

【번역】

배휴가 여쭈었다.

"부처님은 중생을 제도하십니까?"

선사가 대답했다.

"분명히 여래가 제도할 중생이라는 것은 없다. 나조차도 오히려 파악할 수 없거늘 내가 아닌 것을 어떻게 파악할 수 있겠는가? 부처도 중생도 모두 다 파악할 수 없는 것이다."

【질문】"그러나 여래는 실제로 32종의 瑞相을 구유하고, 또

중생을 제도하고 있기 때문에 어떻게 여래가 존재하지 않는다고 말씀하실 수 있습니까?"

【대답】 "「대개 존재하고 있는 모양은 모두 허망하다. 만약 모든 모양이 모양이 아니라고 간파한다면 그 때 여래를 볼 것이다.」 부처나 중생이라는 것도 모두 너의 허망한 생각(妄見)이 지어낸 것일 뿐이다. 다만 자기 자신의 本源의 마음을 알지 못했기 때문에 그러한 터무니없는 견해(관념)를 내는 것이다. 부처라는 관념을 내자마자 곧바로 부처에게 拘碍를 받고 만다. 반면 중생이라는 관념을 내는 순간 중생에게 장애를 받고 만다. 범부라든가 성인이라든가 깨끗하다든가 더럽다든가 하는 등의 견해(관념)는 모두 그러한 장애가 된다. 그들이 너의 마음을 장애하기 때문에 모두 윤회의 틀이 되는 것이다. 마치 원숭이가 하나의 물건을 버리면 곧 바로 다음 물건을 잡으며 손이 쉴 사이가 없는 것과 같다. 대체로 그러한 학문을 하기보다는 절대 배우는 것이 없어야 한다. 범부도 없고 성인도 없으며, 깨끗함도 없고 더러움도 없으며, 큼도 없고 작음도 없으며, 유루의 미혹함도 없고 유위의 배움도 없다. <이와 같은 한 마음 가운데 방편을 써서 부지런히 장엄한다.> 설령 네가 3승 12분교(불법의 모든 가르침)를 배운다할지라도 일체의 관념적 해석은 모두 다 버려야 한다. 그러므로 유마는 소유한 일체 모든 것을 방에서 전부 치워 버리고 오직 침상 하나만을 남겨 두고 거기에 아픈 체 하며 누워 있었던

것이다. 단지 여러 가지 견해(관념)를 일으키지 않고, 한 법도 가히 얻을 만한 것이 없어서(어떤 하나의 인식대상도 없어서) 법에 장애를 받지 않고 삼계나 범성의 세계를 관통하여 벗어나야만 비로소 출세간의 부처라고 부를 만하다. 그러므로 이르기를, 「허공처럼 의지할 것이 없는 데에 귀의하여 외도의 세계를 벗어나 있다」고 한 것이다. 마음이 이미 다른 것이 아닌 이상 법(사물)도 또한 다른 것이 아니다. 마음이 이미 영위하지 않는 한 법 또한 영위하는 것이 없다. 따라서 만법은 모두 마음에 의하여 변현한 것이다. 그러므로 <나의 마음이 비었기 때문에 모든 법이 공하며, 천차만별도 모두 다 같은 것>이다. 온 시방의 이 공한 세계는 모두 같은 마음 자체의 표상이다. 마음은 본래 다른 것이 아니고, 법(사물)도 다른 것이 아니다. 단지 너의 견해(관념)가 다르기 때문에 차별이 생기게 되는 것이다. 비유하자면 많은 천상계의 사람들이 함께 하나의 보배 그릇으로 會食할 때 각자 그 복덕의 차이에 따라서 밥의 색깔이 다른 것과 같다. 시방의 모든 부처에게는 실로 작은 법이라도 얻은 것이 없다. 이것을 이름하여 아뇩보리(부처의 최상의 지혜)이라고 하는 것이다. 중요한 것은 단지 이 한 마음뿐이며, 그것은 정말로 다른 모양도 없고, 또한 광채도 없으며, 우열도 없다. 우수한 것이 때문에 부처라는 모양도 없고, 열등한 것이 없기 때문에 중생이라는 모양도 없다."

【질문】 "마음에는 이미 모양이 없다고 해도 어찌 32상·80종호의 서상과 중생을 교도하는 것이 전혀 없다고 할 수 있겠습니까?"

【대답】 "32가지의 특징은 모양에 속한다. 따라서 <무릇 존재하고 있는 모양은 모두 허망한> 것이다. 80종의 징표는 색(모습)에 속한다. 따라서 <만약 겉모습으로 나를 보려고 하면 이 사람은 삿된 도를 행하고 있는 자이어서 여래를 볼 수 없는> 것이다."

【注記】

○ **實無衆生如來度者**(실무중생여래도자) : 『금강경』(『대정장』 권8, p.752상)에 나오는 말이다.

○ **我尙不可得**(아상불가득)… : 이 2구는 『유마경』'入不二法門品'(『대정장』 권14, p.551상)의 글이다. 「不可得」이라는 것은 존재로서의 실체를 가지지 않기 때문에 인식의 대상이 될 수 없는 것을 말한다. 또 『전심법요』 제8단의 「자기조차도 오히려 파악할 수 없거든」(自已尙不可得)이란 말과 같은 뜻이다.

○ **現有三十二相, 及度衆生**(현유삼십이상, 급도중생) : 여기의 「及」은 어법상으로 보아 약간 특이하다. 아니면 「化」의 오기인지도 모른다. 하문의 「豈得全無三十二相八十種好化度衆生耶」를 참조하라.

○ **凡所有相**(범소유상)… : 『금강경』(『대정장』 권8, p.749상)의 글이다. 「若見諸相非相」은 종래 「만약 모든 모양이 모양이 아님을 본다면」 라고 읽고 있었지만 「만약 諸相과 非相을 보면」 이라고도 읽을 수 있다.

○ **一等是學**(일등시학) : 이 구는 약간 난해하여 자신이 없다. 하구의 「直須」의 「直」은 단지 「須」를 강조만 하는 부사이다. 「大須」라고 하는 것과 같다.

○ **如是一心中, 方便勤莊嚴**(여시일심중, 방편근장엄)… : 『범망경』(『대정장』 권24, p.1010상)의 偈句이다.

○ **聽汝學得三乘十二分敎**(청여학득삼승십이분교) : 이 구의 종래 읽는 방법은 「聽汝」를 잘못하여 上句의 「方便勤莊嚴」에 이어서 「… 장엄하는 것은 너에게 허락한다」라고 읽었다. 여기의 「聽」은 「… 하고 싶으면 얼마든지 해도 좋다」라고 하는 原義가 변하여 「비록 아무리…해도」라는 의미이다. 任·從·憑 등과 같은 용법이다. 또 이 구는 위의 『범망경』의 2구에 이어 「보살이 해야 할 것을 순서에 따라 배우지 않으면 안 된다」(菩薩所應作, 應當次第學.)고 하는 의미를 근거로 하여 훌륭한 의견을 말한 것이다.

○ **除去所有**(제거소유) : 『유마경』'問疾品'(『대정장』 권14, p.544중)에 보이는 이야기이다. 유마는 부처님이 병문안을 위하여 그의 제자들을 파견할 것을 예견하고 방을 정리하여 침상 하나만으로 자리를 보전하고 있었다.

○ **無一法可得**(무일법가득) : 지금까지만 해도 몇 번이나 인용된 『금강경』(『대정장』 권8, p.751하)의 구이다. 원문은 「無有少法可得」으로 되어 있다.

○ **稽首如空無所依**(계수여공무소의) : 『유마경』'불국품'의 讚佛偈의 구이다(『대정장』 권14, p.538상).

○ **出過外道**(출과외도) : 이것은 『유마경』에서 인용한 것은 아니지만 하구의 「心旣不異…」로는 文意가 이어지지 않는다고 하여 이 구만 독립시키면 공중에 떠버리기 때문에 어쩔 수 없이

위의 구로 붙여서 읽기로 한다. 이것은 원문자체에 의문이 있으며, 아마 脫文이 있을 것이다.

○ **我心空故諸法空**(아심공고제법공)… : 이 2구는 출전이 있을 것이지만 아직 조사하여 찾아내지 못했다.

○ **譬如諸天共寶器食**(비여제천공보기식)… : 역시 『유마경』'불국품'(『대정장』 권14, p.538하)의 글이다.

○ **十方諸佛**(시방제불)… : 역시 『금강경』(『대정장』 권8, p.751하)에 바탕을 두고 있다.

○ **凡所有相**(범소유상)… : 『금강경』(『대정장』 권8, p.749상)의 구이다.

○ **若以色見我**(약이색견아) : 『금강경』(『대정장』 권8, p.752상)의 구이다.

6. 부처와 중생은 같은 것

問, 佛性與衆生性, 爲同爲別.

師云, 性無同異. 若約三乘敎, 卽說有佛性有衆生性, 遂有三乘因果, 卽有同異. 若約佛乘及祖師相傳, 卽不說如是事, 唯指一心. 非同非異, 非因非果. 所以云, 唯此一乘道, 無二亦無三, 除佛方便說.

【번역】

배휴가 여쭈었다.

"불성과 중생의 본성(본질)이 같습니까, 다릅니까?"

선사가 대답했다.

"성(본질)으로서 동이는 없다. 소승 삼승교의 입장에서는 불성이 있고, 중생성이 있다고 설하기 때문에 마침내 성문·연각·보살의 세 가지에 응한 인과의 도리를 세운 것이다. 거기에서 동이가 나온 것이다. 그러나 만약 일불승과 조사가 서로 전한 법에 입각한다면 그와 같은 것은 말할 수 없고 오직 한 마음만을 직시할 뿐이며, 같음도 없고 다름도 없으며, 원인도 없고 결과도 없다. 그러므로 이르기를, 「오직 이 일승의 도만 있고, 2승도 없고 3승도 없다. 그러나 부처님이 방편으로써 설한 것은 별도이다」고 한 것이다.

【注記】

○ **佛性與衆生性(불성여중생성)…** : 비근한 것으로는 寶誌和尙의 『十四科頌』의 '佛與衆生不二章'(『대정장』 권51, p.450하)에 "중생은 부처와 다르지 않으며, 大智는 어리석음과 다르지 않다. 무엇 때문에 밖을 향하여 보배를 찾으려고 하는가? 우리의 身田에 본래 명주<마음이라는 진주>가 있는 것이다(衆生與佛無殊, 大智不異於愚. 何須向外求寶. 身田自有明珠.)"고 한다.

○ **所以云(소이운)** : 『법화경』 '방편품'의 偈句이다(『대정장』 권9, p.8중). 그러나 경문과는 차이가 난다. 경문은 다음과 같다. 「一切諸世尊, 皆說一乘道. 今此諸大衆, 皆應除疑惑. 諸佛語無異, 唯一無二乘.」

7. 테두리를 세우지 않아야 한다

問, 無邊身菩薩, 爲什麽不見如來項相.

師云, 實無可見. 何以故. 無邊身菩薩便是如來, 不應更見. 祇教汝不作佛見, 不落佛邊. 不作衆生見, 不落衆生邊. 不作有見, 不落有邊. 不作無見, 不落無邊. 不作凡見, 不落凡邊. 不作聖見, 不落聖邊. 但無諸見, 卽是無邊身. 若有見處, 卽名外道. 外道者樂於諸見, 菩薩於諸見而不動. 如來者卽諸法如義. 所以云, 彌勒亦如也, 衆聖賢亦如也. 如卽無生, 如卽無滅, 如卽無見, 如卽無聞. 如來項卽是圓見, 亦無圓見, 故不落圓邊. 所以佛身無爲, 不墮諸數. 權以虛空爲喩, 圓同太虛, 無欠無餘. 等閑無事, 莫强辯他境, 辯著便成識. 所以云, 圓成沈識海, 流轉若飄蓬. 祇道我知也, 學得也, 契悟也, 解脫也, 有道理也, 强處卽如意, 弱處卽不如意, 似者箇見解, 有什麽用處. 我向汝道, 等閑無事, 莫謾用心. 不用求眞, 唯須息見. 所以內見外見俱錯, 佛道魔道俱惡. 所以文殊暫起二見, 貶向二鐵圍山. 文殊卽實智, 普賢卽權智. 權實相對治, 究竟亦無權實, 唯是一心. 心且不佛, 不衆生, 無有異見. 纔有佛見, 便作衆生見, 有見無見, 常見斷見, 便成二鐵圍山, 被見障. 故祖師直指一切衆生本心本體本來是佛, 不假修成, 不屬漸次, 不是明暗. 不是明故無明, 不是暗故無暗. 所以無無明, 亦無無明盡. 入我此宗門, 切須在意. 如此見得, 名之爲[見]法. 見法故, 名之爲佛. 佛法俱無, 名之爲僧, 喚作無爲僧, 亦名一體三寶. 夫求法者, 不著佛求, 不著法求, 不著衆求, 應無所求. 不著佛求故無佛, 不著法求故無法, 不著衆求故無僧.

【번역】

배휴가 여쭈었다.

“무변신보살은 무엇 때문에 여래의 모습을 볼 수 없었던 것입니까?”

선사가 대답했다.

“실로 볼 수 없었다. 왜냐하면 무변신보살 자신이 여래이어서 보여질 리가 없었기 때문이다. 다만 네가 부처라는 견해(관념)조차도 일으키지 않는다면 佛邊(부처의 범주)에 떨어지지 않으며, 중생이라는 관념조차도 일으키지 않는다면 중생이라는 변견(중생의 범주)에 떨어지지 않으며, 있다(有)는 관념조차도 일으키지 않는다면 있다는 변견(有의 범주)에 떨어지지 않으며, 없다(無)는 관념조차도 일으키지 않는다면 없다는 견해(무의 범주)에 떨어지지 않으며, 범부라는 관념조차 일으키지 않는다면 범부라는 변견(범부의 범주)에 떨어지지 않으며, 성인이라는 관념조차 일으키지 않는다면 성인이라는 변견(성인의 범주)에 떨어지지 않는다. 단지 이러한 여러 가지 견해(관념)가 없으면 그것이 바로 <테두리가 없는 몸(無邊身)>이다. 만약 어떠한 관념이 있으면 그것은 외도(이단자)라고 하는 것이다. <외도는 여러 가지 관념을 즐기지만 보살은 여러 가지 관념에 대하여 부동이다.> <여래라는 것은 '일체 존재가 있는 그대로(진여)이다'라고 하는 뜻이다. 그러므로 이르기를, 「미륵도 또한 있는 그대로(如)이며, 여러 성현들도 또한 있는 그대로이다」고 한 것이다. <있는 그대로>에는 생기는 것이 없고, <있는 그대로>에는 멸하는 것도 없다. <있는 그대로>에는 본다고 하는 것도 없고, <있는 그대로>에는 듣는다고 하는 것도 없다. 여래 정수리의 둥근 계주는 원만히 볼 수 있는 대상이지만 원만히 본다고 하는 것도 없다. 그러므로 圓邊(원만히라고 하는 범주)에 떨어지지 않는다. 그러므로 <佛身은 無爲로서 일체의 범주에 떨어지지 않는> 것이다. 지금 임시로 허공으로써 비유하면 <원만한 것은 하늘과 같아서 모자라는 것도 없고 남는 것도 없는> 것이다. 쉽게 쓸데없이 억지로 그 경지를 말하려고 하지 말라. 입 밖에 내면 곧 바로 識(분석판단)이 되고 만다. 그러므로 말하기를, 「圓成은 識의 바다에 빠져 쓰러져 가는 쑥과 같이 유전한다」라고 훈계하고 있는 것이다. 그저 나는 알고 있다, 학문을 했다, 깨달음을 얻었다, 해탈했다, 도리를 알고 있다라고 말하는 무리들은 자신이 만만할 때는 생각대로 되지만 형편이 나쁜 경우에는 생각대로 되지 않는다. 이와 같은 지견이 무슨 쓸모가 있겠는가? 내가 너에게 말해 두고 싶은 것은 쉽게 시간이나 때운다는 생각으로 쓸데없이 마음을 부리지 말라. <진실을 구하려고 할 필요도 없이 단지 관념의 움직임을 그치기만 하면 된다.> 그러므로 <내견도 외견도 모두 잘못이고, 불도도 마도도 모두 나쁘다>고 하는 것이다. 그렇기 때문에 문수보살이 잠시 두 가지의 생각을 일으켰기 때문에 세계의 끝인 두 철위산으로 추방된 것이다. 문수보살은 實(實相)의 지혜를 나타내고, 보현보살은 權(방편)의 지혜를 나타내지만 권과 실, 즉 실상과 방편을 같이 죽이면 결국은 권도 실도 모두 없어지고 단지 한 마음만 남게 된다. 마음이라 해도 그것은 부처도 아니고, 중생도 아니며, 그밖에 다른 見地와도 무관하다. 부처라는 관념을 일으키자마자 동시에 중생이라는 관념이 일어나 유견(있다는 생각)이나 무견(없다는 생각), 상견(不變)이나 단견(斷滅) 등의 관념도 파생되어 바로 두 철위산의 지옥을 이루어 관념의 장애를 받게 된다(관념 때문에 재앙을 초래하게 된다). 그렇기 때문에 조사는 일체 중생의 본심・본체가 원래 부처인 것, 그것은 수행의 축적에 의하여 되는 것도 아니고, 점차적인 단계를 통하여 얻을 수 있는 것도 아니며, 밝지도 않고 어둡지도 않는 것이라는 것을 바로 보인 것이다. 밝음이 아니기 때문에 밝음도 없으며, 어두움이 아니기 때문에 어두움도 없다. 그러므로 <무명도 없고,

또 무명이 없는 것도 없다.> 우리 선종의 문에 들어오는 자는 신중히 정신을 차리지 않으면 안 된다. 이와 같이 간파하는 것, 그것을 <법을 본다>고 하는 것이다. 법을 보기 때문에 부처라고 하는 것이다. 그 부처와 법이 다 함께 없는 것, 그것을 승이라 하며, <無爲僧>이라 부르며, 또한 <일체삼보>라고도 부른다. <대개 법을 구하는 자는 부처에 집착하여 구해서도 안 되고, 법에 집착하여 구해서도 안 되며, 승가에 집착하여 구해서도 안 된다. 이와 같이 마땅히 구하는 것이 없어야 한다.> 부처에 집착하여 구하지 않기 때문에 부처도 없고, 법에 집착하여 구하지 않기 때문에 법도 없으며, 승가에 집착하여 구하지 않기 때문에 스님도 없다."

【注記】

○ **無邊身菩薩(무변신보살)** :『열반경』'서품'(『대정장』권12, p.370하 이하)에 보인다. 부처님이 『열반경』을 설할 때 그 법좌에 參集한 보살 가운데 한 사람이다.

○ **外道者樂於諸見(외도자낙어제견)…** :『유마경』'문질품'(『대정장』권14, p.544하)의 글이다.

○ **如來者卽諸法如義(여래자즉제법여의)** :『금강경』(『대정장』권8, p.751상)의 글이다. 그리고 이 「如」의 의미에 대해서는 달마의 『이입사행론』제73단을 참조할 것(柳田聖山, 『達摩の語錄』, p.246, 기타).

○ **彌勒亦如也(미륵역여야)…** :『유마경』'보살품'(『대정장』권14, p.542중)의 글이다.

○ **如來頂卽是圓見(여래정즉시원견)** :「如來頂」이라는 것은 「如

來頂相」의 줄인 말이라고 보기 어렵고 부처님의 고귀한 相의 하나라고 생각되는 둥글게 부풀어 오른 頭頂의 肉髻를 말하는 것일 것이다.

○ **佛身無爲, 不墮諸數**(불신무위, 불타제수) : 『유마경』'제자품'(『대정장』 권14, p.542상)의 글이다.

○ **圓同太虛, 無欠無餘**(원동태허, 무흠무여) : 3조 승찬의 『신심명』의 구이다.

○ **圓成沈識海**(원성침식해)… : 양 傅大士의 撰이라고 하는 『금강경』의 頌이 돈황에서 발견되어 지금 『대정장경』 제85권의 권두에 수록되어 있다. 그 가운데 보인다. 「圓成」이나 「識海」는 당 玄奘의 번역에 의하여 처음으로 정착된 유식의 용어이기 때문에 이 부대사의 송의 제작은 당의 개원년간(713~741)보다 후일 것이다.

○ **不用求眞, 唯須息見**(불용구진, 유수식견) : 역시 『신심명』의 구이다. 또 牛頭法融의 『心銘』(『대정장』 권51, p.457하)에 "凡情을 멸하려고 하지 말고, 다만 意(마음의 志向性)를 그치게 하면 좋다(莫滅凡情, 唯教息意.)"고 말한 것도 참고가 된다.

○ **內見外見俱錯**(내견외견구착)… : 寶誌和尙의 『大乘讚』의 구이다. 임제도 "잘못 판단해서는 안 된다. 밖을 향해도 법은 없고, 또한 안에도 그것은 얻을 수 없는 것이다(莫錯, 向外無法, 內亦不可得.)"고 말한다(『대정장』 권47, p.500하).

○ **文殊暫起二見**(문수잠기이견)… : 『諸佛要集經』 권하에 보이는 이야기이다. 어느 때 여래가 天王佛의 처소로 설법하러 와서 시자인 아난에게 누군가가 나를 찾거든 영취산의 석실에 있다고 대답하라고 명령해 두었다. 이윽고 문수가 찾아 왔기 때문에 천왕불의 처소에 계시라고 대답했다. 문수가 천왕불의 처소

로 갔을 때 「여기는 부처님들만이 모인 세계로 보살은 들어올 수 없다」고 말해서 강당으로 들어갈 수 없었다. 그래서 그는 마음속으로 「나는 부처가 되려고 하면 지금 당장이라도 될 수 있지만 중생들을 위하여 보살의 자리에 머무르고 있을 뿐이다. 부처의 세계에 참가할 자격이 있는 것이다. 왜 들어오지 말라고 하는 것인가」라고 생각했다. 이 2見을 내었기 때문에 천왕불은 그를 철산으로 추방했다. 뒤의 제10단에는 「二見」이 아니라 「佛見」으로 되어 있다.

○ **文殊卽實智**(문수즉실지) : 문수와 보현을 각각 실지와 권지에 배당한 논거는 도무지 알 수 없다. 아마 황벽의 독특한 견해인 것 같다.

○ **常見斷見**(상견단견) : 세계도 인간의 본체도 불변불멸하다고 하는 견해가 상견이고, 그 반대의 견해가 단견(허무론)이다.

○ **被見障**(피견장) : 이 3字1句는 대단히 불안정하다. 여기의 문맥에도 잘 들어맞지 않는다. 아마도 뒷사람이 첨가한 코맨트일 것이다.

○ **無無明, 亦無無明盡**(무무명, 역무무명진) : 『반야심경』의 글이다(암파문고본, p.10). 「無明」이라는 것은 인간의 과거세로부터 이어져 있는 미망의 근원인 무지를 말한다. 『기신론』에 "홀연히 망념이 일어나는 것을 무명이라 한다"고 한다.

○ **如此見得, 名之爲法**(여차견득, 명지위법) : 「爲法」을 「爲見法」이라고 정정하여 번역했다. 『전심법요』 제5단의 끝을 참조하라.

○ **無爲僧**(무위승) : 無事人·絶學無爲閑道人 등과 같은 발상에 기반을 두고 있는 類語이다.

○ **一體三寶**(일체삼보) : 불·법·승의 삼보를 본질적으로 하나

라고 보는 견해이다. 同體三寶라고도 한다.

○ **夫求法者(부구법자)**… : 『유마경』'부사의품'(『대정장』권14, p.546상)의 글이다. 신회의 『단어』에는 이 글을 인용하여 다음과 같이 말하고 있다. "왜냐하면 중생의 마음속에 각자 불성이 구족되어 있기 때문이다"고 한다.

8. 심법이란 무엇인가

問, 和尙見今說法, 何得言無僧亦無法.

師云, 汝若見有法可說, 卽是以音聲求我. 若見有我, 卽是處所. 法亦無法, 法卽是心. 所以祖師云, 付此心法時, 法法何曾法, 無法無本心, 始解心心法. 實無一法可得, 名坐道場. 道場者祇是不起諸見, 悟法本空, 喚作空如來藏. 本來無一物, 何處有塵埃. 若得此中意, 逍遙何所論.

【번역】

배휴가 질문했다.

"화상은 지금 실제로 법을 설하고 계시는데 무엇 때문에 승도 없고 법도 없다고 말씀하실 수 있습니까?"

선사가 대답했다.

"네가 만약 법으로써 무엇인가를 설할 만한 것이 있다고 생각한다면 그것은 <음성으로 나를 찾은> 것임에 틀림없다. 만약 나라고 하는 것이 존재한다고 생각한다면 그것은 장소를 措定한 것이 된다. 법이라고 해도 법으로서의 실체는 없는 것이며, 법이라는 것은 실제로 마음임에 틀림없다. 그러므로 조사는 다음과 같이 말했다.

「지금 이 심법을 부촉할 때
법과 법이 어찌 일찍이 법이었던 적이 있으랴?
법도 없고 본래의 마음도 없을 때
비로소 마음과 마음의 법을 알 것이다.」

실제로 법으로써 얻을 수 있는 것이 아무 것도 없다고 하는 것이 <도량에 앉는다>고 하는 것의 의미이다. 도량이라는 것은 단지 여러 가지 관념을 일으키지 않는 것이며, 법이 본래 공한 것을 깨닫는 것이며, 그것을 <공여래장>이라고 부른다. <본래 한 물건도 없는데 어디에 티끌이 있겠는가? 만약 이 뜻을 會得한다할지라도 유유자적하게 무슨 할 말이 있겠는가?"

【注記】

○ **汝若見有法可說**(여약견유법가설)… : 『금강경』(『대정장』 권8, p.751하)의 "법으로써 설해질 수 있는 것이 아무것도 없는 것, 그것이 진실한 설법이다(無法可說, 是名說法.)"를 근거로 한 반론이다. 하구의 「음성으로써 나를 구하다」도 같은 경전의 偈句이다. 그와 같이 구하는 방법은 「邪道를 행하는 것이다」라고 하며 강하게 훈계하고 있다.

○ **若見有我, 卽是處所**(약견유아, 즉시처소) : 뒤의 제10단에 「

若無一切見, 佛有何處所」(만약 모든 관념(一切見)이 없다면 부처에게 어떤 장소가 있겠는가)를 참조하라. 『유마경』'제자품'(『대정장』권14, p.540상)에 "법에는 我(실체)가 없다. 그것은 아라고 하는 더러움으로부터 벗어나 있기 때문이다(法無有我, 離我垢故.)"라는 의미를 隱微에 포함하고 있다고 생각된다. 「場所」가 주어진 것은 방향이나 위치가 설정된 것이며, 어떤 formula에 정착시킨 것을 의미한다. 이것은 위의 '제자품'에서 유마가 엄하게 훈계하고 있는 내용이다.

○ **祖師云(조사운)** : 처음의 2구는 석가가 가섭존자에게 법을 전할 때의 偈의 후반이다. 이 게의 全文은 이미 『전심법요』제16단에 인용되어 있다. 뒤의 2구는 인도 제4조 전법게의 「非心非本心」의 구와 제6조 전법게의 「若了心非心, 始解心心法」과를 어렌지한 것일 것이다.

○ **坐道場(좌도량)** : 구체적으로는 수행의 場에 앉는 것이지만 『유마경』'보살품'에 엄광동자에 대하여 유마가 상세하게 가르친 것처럼 고차적인 대승수행의 이념을 가리킨다. 유마는 "일체의 법은 도량이다. 제법이 공한 것을 알기 때문이다(一切法是道場, 知諸法空故.)"고 말한다(『대정장』권14, pp.542하~543상).

○ **空如來藏(공여래장)** : 이미 『전심법요』제10단에 나왔다.

○ **本來無一物, 何處有塵埃(본래무일물, 하처유진애)** : 육조혜능이 자신의 心境을 오조홍인에게 받칠 때의 心偈의 후반이다.

○ **此中(차중)** : 「여기」의 뜻이다. 箇中·箇裏·這裏 등과 같은 의미이다.

9. 本來無一物

問，　本來無一物，無物便是否.

師云，無亦不是，菩提無是處，亦無無知解.

【번역】

배휴가 질문했다.

"본래 한 물건도 없다면 물건이 없는 것이 좋은 것입니까?"

선사가 대답했다.

"<없다>고 해도 안 된다. 보리에는 <여기가 그렇다>라고 단정하여 보일 수 있는 것이 없지만 알 수 없다고 결정해 버릴 수 있는 것도 아니다."

【注記】

○ **無亦不是**(무역불시)… : 여기는 종래부터 오해하여 「無도 또한 보리가 아니고, 이 處도 없으며, …」라고 誤讀되어져 왔다. 「菩提無是處」라는 구는 제10단에 있으며, 거기에서는 한층 더 의미가 확실하게 되어 있다. 「이 장소가 없다」라고 하는 것은 여기(또는 이것)가 보리이다라고 지시할 수 있는 포인트가 없

다고 하는 의미이다. 『유마경』‘관중생품’(『대정장』권14, p.548하)에 「菩提無住處, 是故無有得者.」(보리에는 주처가 없다. 그러므로 얻는 자가 없다)고 하는 말이 있으며, 그 「無住處」와 약간 비슷하다. 보리에는 「머무를 곳이 없다」라고 하는 것은 「보리에는 위치를 가지지 않는다」, 「보리를 어떤 위치에 postulate하는 것은 불가능하다」고 하는 의미이기 때문이다. 여기에 보리라는 것을 들고 나온 것은 상기 육조의 심게 제1구에 「菩提本無樹」(보리에는 본래 나무가 없다)라는 말이 있고, 그것이 신수 심게의 「身是菩提樹」(몸은 보리수이다)를 정면에서 비판했기 때문이다.

○ **菩提無是處, 亦無無知解(보리무시처, 역무무지해)** : 깨달음의 자리는 공적하여 아무 것도 없지만 그 공적한 자리에 반야의 지혜가 끊임없이 상속하기 때문에 허무한 것은 절대 아니다. 「菩提無是處, 亦無無知解」라는 말의 용례로서 정확한 것은 아니지만 그 뜻을 이해하는데 도움이 될 수 있는 하나의 예를 들어 둔다. 『전등록』권7, ‘鵝湖大義章’(『대정장』권51, p.253상)에 京兆尸利가 順宗의 물음에 대하여 “불성은 마치 물속의 달과 같아서 볼 수는 있지만 손으로 잡을 수는 없다(佛性猶如水中月, 可見不可取.)”고 대답한 말이 있다.

10. 발보리심

問，何者是佛.

師云，汝心是佛. 佛卽是心，心佛不異. 故云，卽心是佛. 若離於心，別更無佛.

云，若自心是佛，祖師西來，如何傳授.

師云，祖師西來，唯傳心佛，直指汝等心本來是佛. 心心不異，故名爲祖. 若直下見此意，卽頓超三乘一切諸位. 本來是佛，不假修成.

云，若如此，十方諸佛出世，說於何法.

師云，十方諸佛出世，祇共說一心法，所以佛密付與摩訶大迦葉. 此一心法體，盡虛空，遍法界，名爲諸佛. 理論者箇法，豈是汝於言句上解得他，亦不是於一機一境上見得他. 此意唯是默契. 得者一門，名爲無爲法門. 若欲會得，但知無心. 忽悟卽得. 若用心擬學取，卽轉遠去. 若無岐路心一切取捨心，心如木石，始有學道分.

云，　如今現有種種妄念，何以言無.

師云，妄本無體，卽是汝心所起. 汝若識心是佛，心本無妄，那得起心更認於妄. 汝若不生心動念，自然無妄. 所以云，心生則種種法生，心滅則種種法滅.

云，　今正妄念起時，佛在何處.

師云，汝今覺妄起時，覺正是佛. 可中若無妄念，佛亦無. 何故如此. 爲汝起念作佛見，便謂有佛可成，作衆生見，便謂有衆生可度. 起心動念，總是汝見處. 若無一切見，佛有何處所. 如文殊纔起佛見，便貶向二鐵圍山.

云，　今正悟時，佛在何處.

師云，問從何來，覺從何起. 語默動靜，一切聲色，盡是佛事，何處覓佛. 不可更頭上安頭，觜上加觜. 但莫生異見，山是山，水是水，僧是僧，俗是俗. 山河大地，日月星辰，總不出汝心. 三千世界都來是汝箇自己，何處有許多般，心外無法，滿目青山，虛空世界，皎皎地無絲髮許與汝作見解. 所以一切聲色是佛之慧目. 法不孤起，仗境方生. 爲物之故，有其多智. 終日說，何曾說，終日聞，何曾聞. 所以釋迦四十九年說，未曾說著一字.

云, 若如此, 何處是菩提.

師云, 菩提無是處, 佛亦不得菩提, 衆生亦不失菩提. 不可以身得, 不可以心求, 一切衆生卽菩提相.

云, 如何發菩提心.

師云, 菩提無所得, 爾今但發無所得心, 決定不得一法, 卽菩提心. 菩提無住處, 是故無有得者. 故云, 我於然燈佛所, 無有少法可得, 佛卽與我授記. 明知一切衆生本是菩提, 不應更得菩提. 爾今聞發菩提心, 謂將一箇心學取佛去, 唯擬作佛. 任爾三祇劫修, 亦祇得箇報化佛. 與爾本源眞性佛, 有何交涉. 故云, 外求有相佛, 與汝不相似.

【번역】

배휴가 여쭈었다.

"부처란 어떤 것입니까?"

선사가 대답했다.

"너의 마음이 부처이다. 부처는 곧 마음이기 때문에 마음과 부처는 서로 다르지 않다. 그러므로 이르기를, 「마음이 곧 부처다(卽心是佛)」고 한 것이다. 만약 마음을 떠난다면 그 밖에 따로 부처는 없다."

【질문】 "만약 자신의 마음이 부처라고 한다면 달마조사가 인도에서 오셨을 때 도대체 어떻게 법을 傳授한 것입니

까?"

【대답】 "달마조사가 중국으로 왔을 때 전수한 것은 다름 아닌 오직 마음의 부처(心佛)인 것이며, 너희들의 마음이 본래 부처라는 것을 바로 보여 주신 것이다. 모든 마음과 마음이 다르지 않기 때문에 <조사>라 부르는 것이다. 만약 곧 바로 이 뜻을 깨닫는다면 3승의 모든 수행단계를 단번에 뛰어넘게 될 것이다. 우리들은 본래 모두 부처인 것이며 결코 수행을 거쳐서 부처가 되는 것은 아니다."

【질문】 "만약 그렇다고 한다면 시방의 모든 부처님이 세상에 출현했을 때 도대체 어떤 법을 설하신 것입니까?"

【대답】 "시방의 모든 부처님이 세상에 나왔을 때 다만 전부 한 마음의 법만을 설하셨다. 그러므로 부처님은 그 법을 마하가섭에게 마음으로 은밀히 부촉하신 것이다. 이 一心의 본체는 허공계에 편만하여 온 법계(세계전체)를 가득 채우고 있다. 그 점에서 모든 부처님(諸佛)이라 부르는 것이다. 이 법을 어떻게 논하여 보인다 해도 그것은 네가 언구상에서 이해할 수 있는 것과 같은 것이 아니며, 또한 하나하나의 움직이는 방식이나 개개의 대상과의 관계에서 그것을 회득할 수 있는 것도 아니다. 이 것의 의미는 오직 마음으로 체득하는 길 외에는 다른 방법이 없다. 이 하나의 법문을 체득하는 것을 이름하여 <무위의 법문>이라 한다. 만약 그것을 회득하고 싶다고 한다면 다만 무엇보다도 먼저 무심을 알아야만 한

다. 홀연히 그것을 자각하기만 하면 바로 체득되는 것이다. 이렇게 하지 않고 만약 마음을 움직여 배워 알려고 한다면 그렇게 하면 할수록 더욱 더 멀어지게 될 것이다. 만약 이쪽으로 갈까 저쪽으로 갈까 하는 岐路의 마음과 일체의 취사분별심이 없어서 마음이 마치 나무와 돌과 같이 되어야 비로소 도를 배울 수 있는 자격이 있는 것이다."

【질문】 "그러나 지금 나의 마음에는 실제로 여러 가지 망념이 있는데, 어떻게 없다고 하십니까?

【대답】 "그 망념은 본래 실체가 없는 것이지만 틀림없이 너의 마음 자체가 일으킨 것이다. 네가 만약 마음이 부처인 것과 마음에는 원래 망념이 없는 줄을 자각한다면 어찌 일부러 마음을 일으켜 다시 망념을 알려고 할 필요가 있겠는가? 만약 네가 마음을 일으켜 사념을 움직이지 않는다면 저절로 망념은 없어질 것이다. 그러므로 말하기를, 「마음이 일어나면 갖가지 법이 생겨나고, 마음이 소멸하면 갖가지 법이 없어진다」고 한 것이다."

【질문】 "지금 바로 망념이 일어날 때 부처는 어디에 있습니까?"

【대답】 "네가 지금 망념이 일어난 것을 깨달았을 때 그 깨달음이 바로 부처인 것이다. 만약 망념이 없으면 부처 또한 없는 것이다. 어째서 그럴까? 네가 마음을 일으켜 부처라는 견해(관념)를 짓기 때문에 문득 이룰만한 부처가 있다고 생각하는 것이며, 중생이라는 관념을 지으면 제

도할 중생이 있다고 생각하는 것이다. 이와 같이 마음을 일으키고 사념을 움직이면 전부 너의 관념이 되어 버린다. 만약 일체의 관념이 없으면 부처가 어느 곳에 있겠는가? 비록 문수라할지라도 겨우 부처에 대한 관념을 일으키자마자 곧 바로 두 철위산으로 추방되었던 것이다."

【질문】 "이제 바로 깨달았을 때 부처는 어디에 있습니까?"

【대답】 "그 질문은 어느 곳으로부터 나왔으며, 그 깨달음은 어디에서 생긴 것인가? 일상의 語・默・動・靜도 모든 소리・빛깔도 모두 불사인 이상 도대체 어디에서 부처를 찾으려고 하는 것인가? 머리 위에 머리를 얹고, 입 위에 입을 더하는 것과 같은 쓸데없는 짓을 하지 말라. 단지 다른 관념만 일으키지 않으면 그대로 산은 산이고, 물은 물이며, 승은 승이고, 속은 속인 것이다. 산하도 대지도 일월도 성신도 모두 너의 마음 밖에 존재하는 것은 아니다. 삼천세계가 모두 바로 너 자신인 것이다. 그밖에 어디에도 장황하고 번거로운 것은 없으며, 마음 밖에 법(사물)은 없는 것이다. 눈에 가득한 청산도 허공의 세계도 있는 그대로 歷然하기 때문에 털끝 하나만큼도 너에 대하여 의견을 나타내 보이지 않는다. 그러므로 모든 소리와 모양은 그대로 부처의 지혜의 눈이다. 법은 홀로 일어나지 않고 외적인 조건을 매개로 하여야만이 비로소 생긴다. 그러한 만물 탓으로 사람들은 많은 지혜를 소유하고 있는 것이다. 그러나 <하루 종일

설해도 뭐 하나 설한 것이 없고, 하루 종일 들어도 뭐 하나 들은 것이 없다.> 그러므로 석가는 49년 동안이나 법을 설했어도 단지 한 글자도 설한 적이 없다고 한 것이다."

【질문】 "만약 그와 같다면 도대체 어디가 보리인 것입니까?"

【대답】 "보리에는 <여기가 그렇다>라고 결정할 수 있는 것이 없다. 부처도 보리를 얻을 수 없고, 중생일지라도 보리를 잃는 일은 없다. <가히 몸으로써 얻을 수 없고, 마음으로 구할 수 없다.> <일체의 중생이 그대로 보리의 모습인 것이다.>"

【질문】 "그러면 어떻게 보리심을 일으키는 것입니까?"

【대답】 "보리는 얻을 것이 없다. 네가 지금 단지 그 무소득의 마음을 일으켜 결코 하나의 법조차도 얻을 수 있는 것이 없다는 것을 覺悟한다면 그것이 곧 보리심인 것이다. <보리에는 주처가 없다. 따라서 얻을 것이 없는 것이다.> 그래서 이르기를, 「나는 연등불의 처소에서 무엇 하나 법으로써 얻은 것이 없었다. 그렇기 때문에 그 부처님은 내가 장래에 부처가 될 것을 증언하신 것이다」고 한 것이다. 이상으로부터 일체중생은 본래 보리이기 때문에 다시 보리를 얻는다고 하는 것은 있을 수 없는 것임을 분명히 알았다. 지금 너는 발보리심이라고 하는 말을 듣고 이 한 마음을 가지고 부처를 배워 오직 부처가 되려고만 생각하고 있다. 그러나 그러한 생각으로는 가령 영겁 동안 수행을 거듭할지라도 이룰 수 있

는 것은 단지 보신불이나 화신불 뿐이다. 너의 本源眞性佛과는 어떠한 관계도 없다. 그러므로 이르기를, 「자기 밖에서 有相의 부처를 구하려고 하면 그것은 자신과 조금도 닮지 않은 것이다」고 한 것이다."

【注記】

○ **若離於心, 別更無佛**(약리어심, 별경무불) : 傅大士의 『心王銘』(『대정장』 권51, p.457상)에 "이 심왕(마음이라는 王者) 제외하고 또 다른 부처는 없다. … 마음을 떠나서 부처는 없고, 부처를 떠나서 마음은 없다(除此心王更無別佛. … 離心非佛離佛非心.)"고 한다.

○ **祖師西來, 唯傳心佛**(조사서래, 유전심불) : 뒤의 제16단에서 「… 唯傳一心法」이라고 하는 것과 照應해서 보면 좋다.

○ **心心不異, 故名爲祖**(심심불이, 고명위조) : 「祖」에 대해서는 제4단의 주기를 참조하라.

○ **摩訶大迦葉**(마하대가섭) : 원어 Mahākāśyapa라는 것은 「커다란 가섭」의 뜻이기 때문에 여기의 「大」는 의미상으로 중복되고 있다.

○ **此一心法體**(차일심법체)… : 제16단에 「心體如虛空相似, 無有相貌, 亦無方所, …」(심체는 마치 허공과 같아서 상모도 없거니와 위치도 없다. …)고 하는 것과 조응시켜 이해하면 좋다.

○ **理論者箇法**(이론자개법)… : 하구의 「解得他」와 그 다음 구의 「見得他」의 「他」는 이미 주기한 것처럼 구어의 3인칭대명사로 「그것」 또는 「그」의 뜻이다. 여기서는 상구의 「者箇法」을 이어받아서 「그것」이라는 의미이다. 뒤의 제12단의 「者箇慈悲, 若爲汝起心動念學得他」도 여기와 완전히 같은 구문이다.

이 두 글도 종래의 읽는 방법은 잘못되었다. 「者箇」는 구어로서 「遮箇」 「這箇」와 같은 의미이다.

○ **忽悟卽得(홀오즉득)** : 「忽」은 점차적인 단계를 인정하지 않을 때 쓰는 표현이다. 우리의 깨달음은 점차적인 단계를 밟아서 오는 것도 아니고, 그것이 온다고 예고하고 오는 것도 아니다. 깨달음은 언제나 시간을 초월해서 오는 것이다. 마음의 인식과정을 알면 이 말의 뜻은 쉽게 이해할 수 있을 것이다. 유식의 四分說을 참조하라.

○ **心如木石(심여목석)** : 마음의 본질은 무심에 있다는 뜻이다. 이 말은 『이입사행론』 제18단·『백장광록』·『종경록』 권78 등에 인용되어 있다. 『이입사행론』 제19단에 「心如石頭」라고 한 것도 같은 취지다. 백장은 초대 조사의 말이라고 하며 두 곳이나 인용하고 있다. 그 중 하나를 보면, "질문, 모든 대상에 대하여 어떻게 마음을 목석처럼 만들어 버릴 수 있습니까? 대답, 모든 존재는 본래부터 스스로 말하지 않으며, 공은 스스로 말하지 않으며, 물질도 스스로 말하지 않으며, 사물의 선악이나 더러움과 깨끗함도 의식적으로 사람을 얽어매는 일은 없다. 다름 아닌 사람 그 자신이 쓸데없이 사량함으로써 온갖 억측을 만들어 내고, 지견을 일으키고, 애착과 공포의 마음을 일으킬 뿐이다. 만약 모든 존재가 그 스스로 생긴 것이 아니라 인간의 일념의 망상이 전도되어 생긴 것임을 깨닫고 마음과 대상이 본래부터 관계가 없다는 사실에까지 이해가 미치면 미혹은 깨끗이 사라지고 하나하나의 대상은 말끔히 소멸하여 없어진다. 바로 그곳이 그대로 도량이 되는 것이다."

○ **心生則種種法生, 心滅則種種法滅(심생즉종종법생, 심멸즉종종법멸)** : 『능가경』이나 『능엄경』 등에 보인다. 그리고 『대승

기신론』에도 인용하고 있어서(암파문고본, p.32) 선가는 즐겨 인용한다.

○ **覺妄起時, 覺正是佛, 可中若無妄念, 佛亦無(각망기시, 정각시불, 가중약무망념, 불역무)** : 이 말의 시원은 신회의 『단어』 제25단에는 「若有妄起卽覺, 覺妄俱滅, 卽是本性無住心.」(만약 망념이 일어나면 망념이 일어난 사실을 곧 바로 자각하면 깨달음과 망념이 모두 없어지는데 이것이 곧 본성의 무주심인 것이다.)고 하고, 『남종정시비론』 제48단에서는 「心若有念起, 卽便覺照. 起心卽滅, 覺照自亡, 卽是无念.」(마음에 만약 망념이 일어나면, 곧 바로 망념이 일어난 사실을 깨달아 비추어라. 망념이 없어지면 깨달아 비추는 것까지도 없어지는 것이며, 이것이 곧 일체의 망념이 없는 무념이다.)이라 하며, 그리고 『문답잡징의』 제19단에 「心若有念, 卽便覺照. 若也起心卽滅, 覺照自亡, 卽是無念.」(마음에 만약 망념이 일어나면 곧 바로 覺照해라. 만약 또 일어난 마음이 곧 멸하고, 각조도 또한 저절로 없어지는 것이 곧 무념이다.)이라고 생각된다. 이것이 규봉종밀의 『도서』(『대정장』 권48, p.403상)에서 "망념이 일어나면 곧 바로 깨달아라. 그러면 망념은 사라진다(念起卽覺, 覺之卽無.)"라고 간단명료하게 표현하고 있다. 이것에 대한 자세한 설명은 정유진 『신회의 문답잡징의 연구』(경서원, 2008), pp252~254의 주기를 보라.

○ **覺正是佛(각정시불)** : 중국에서는 옛날부터 佛을 覺, 또는 覺者라고 번역했다. 또 부처의 지혜를 大覺이라고 칭한다.

○ **可中若無妄念(가중약무망념)** : 「可中」도 구어로 「만약」의 뜻이다. 다음의 「若」(만약)도 의미상으로 중복하는 만큼 한층 더 강한 어조인 「만약 만일」 「만약 일단」이라는 생각을 들게 하는

어기가 된다. 종래 이것을 「이 가운데」라고 읽은 것이 잘못되었다는 것을 이미 『전심법요』 제11단의 주기에서 지적했다.

○ **佛有何處所(불유하처소)** : 제8단의 「若見有我, 卽是處所」와 제9단의 「菩提無是處」를 참조. 이 구는 "부처에게는 처소가 없다" 또는 "부처는 주처가 없다"라고 바꾸어 말할 수 있다. 달마의 『이입사행론』 제33단에 보이는 「卽一切處無處」의 이론도 참고가 된다(柳田聖山, 『達摩の語錄』, p.156 이하를 보라). 여기에서는 유전성산이 주에서 들고 있는 『如來莊嚴智惠光明經』 권하(『대정장』 권12, p.245중)의 글을 인용해 두고자 한다. "자성이 청정하다고 하는 것은 곧 불가득이라고 하는 것(入矢義高는 '인식의 대상으로써 措定할 수 없다'는 뜻이라고 함)이며, 불가득이라고 하는 것은 곧 無處라고 하는 것이며, 무처라고 하는 것은 곧 진실이며, 진실이라고 하는 것은 곧 허공이다(自性淸淨者, 卽是不可得. 不可得者, 卽是無處. 無處者, 卽是實. 實者, 卽是虛空.)."

○ **問從何來(문종하래)** : 그 물음을 질문자 자신에게 되돌려 보내어 그 물음이 시작된 근원으로 질문자의 눈을 향할 수 있게 하여 그 원점에 서서 다시 한 번 성찰해야 할 것을 시사하는 것이다. 이것과 같은 경우를 나타내는 것으로서 『조주록』(秋月龍珉, 『趙州錄』 <禪の語錄11>, p.322)의 예를 들어보자. 「질문, 근본에 돌아가 구극의 것을 얻었다면 어떻게 될까요? 대답, 대단히 황송합니다. 질문, 무슨 뜻인지 모르겠습니다. 대답, 그 <모릅니다>는 도대체 어디에서 나온 것입니까?」(問, 歸根得旨時如何. 師云, 太慌忙生. 云, 不審. 師云, 不審從甚處起.)

○ **語默動靜, 一切聲色, 盡是佛事(어묵동정, 일체성색, 진시불사)** : 상기의 주기에 지적한 『이입사행론』 제33단(柳田聖山, 『

達摩の語錄』<禪の語錄1>, p.156)의 같은 일단에 "모든 사물의 장소, 모든 색욕의 장소, 모든 악업의 장소를 보살은 활용하여 모두 불사로 하고, 모두 열반의 경지로 삼으며, 모두가 구극의 진리인 것이다. … 보살은 모든 장소가 그대로 理法의 장소인 것을 꿰뚫어 본다. 모든 장소를 버리지 않으면서도 모든 장소에 집착하지 않으며, 모든 장소를 분별하지 않고 모든 불사로 삼는 것이다. … (一切事處, 一切色處, 一切惡業處, 菩薩用之, 皆作佛事, 皆作涅槃, 皆是大道. … 菩薩觀一切處, 卽是法處, 菩薩不捨一切處, 不取一切處, 不簡擇一切處, 皆作佛事.)"고 말한다. 여기에서 모든 존재·모든 사물이 그대로 불사이다라고 하는 어투이며, 그들 모두를 불사로 삼는다고 하는 어투는 아니지만 근본취지에 있어서 변화가 있는 것은 아니다.

○ **三千世界都來是汝箇自己**(삼천세계도래시여개자기) : 「都來」도 구어로 「모두」의 뜻이다. 「汝箇自己」는 희귀한 표현이다. 「汝」와 「自己」를 동격으로 연결하는 말투이다. 寒山의 시에 "왜 다른 생명을 죽여 가지고 와서 汝己를 살리는 짓을 해야 하는가"라고 한 「汝己」도 이것과 같은 의미이다(入矢義高, 『寒山』一中國詩人選集5一, p.178 참조).

○ **虛空世界**(허공세계)… : 『전심법요』 제8단의 「虛空早晩向爾道有同有異.」(도대체 허공이 언제 너에게 같다거나 다르다고 말하던가?)를 참조하라. 『임제록』에도 "삼계는 스스로 <내가 삼계다>라고 말하지 않는다(三界不自道, 我是三界.)"(『대정장』 권47, p.500하)라든가 "부처님의 경지는 스스로 <나는 부처의 경지입니다>라고 말할 수 없다(佛境不能自稱, 我是佛境.)"(『대정장』 권47, p.499상)고 한 것과 같은 모양의 擬人表現이 보

인다. 『유마경』'문질품'(『대정장』 권14, p.545상)에 "이들의 법(사물・존재)은 서로 관계가 없으며, 생할 때 <나는 생한다>고 말하지 않으며, 멸할 때도 <나는 멸한다>고 말하지 않는다(此法者, 各不相知, 起時不言我起, 滅時不言我滅.)"고 한 것이 이 용례의 빠른 예 가운데 하나일 것이다. 또「與汝作見解」의「與」는 어법으로부터 말하면 第3格(dative)을 나타내는 전치사이다.

○ **佛之慧目(불지혜목)** : 『고존숙어록』의 텍스트에는 「目」자가 없다.

○ **終日說, 何曾說(종일설, 하증설)**… : 『유마경』'제자품'(『대정장』 권14, p.540상)의 "원래 법을 설하는 자는 설하는 것도 없고 보이는 것도 없으며, 그 법을 듣는 자는 듣는 것도 없고 얻는 것도 없다(夫說法者, 無說無示, 其聽法者, 無聞無得.)"고 한 것에 대하여 僧肇는 다음과 같이 해설한다. "설하는 것이 없다고 말해도 말하지 않는다고 하는 것은 아니며, 설하는 것이 전혀 없다고 말하는 것이다. 듣는 것이 없다고 말해도 귀를 빌려주지 않는다고 하는 것이 아니며, 듣는 것이 전혀 없다고 하는 것이다. 설하는 것이 없기 때문에 종일토록 설해도 뭐 하나 설하는 것이 없고, 듣는 것이 없기 때문에 하루 종일 들어도 뭐 하나 듣는 것이 없다(無說豈曰不言, 謂能無其所說. 無聞豈曰不聽, 謂能無其所聞. 無其所說故, 終日說而未嘗說也, 無其所聞故, 終日聞而未嘗聞也.)."(『대정장』 권38, p.347중)

○ **釋迦四十九年說(석가사십구년설)**… : 『능가경』 권3(『대정장』 권16, p.498하)에 "대혜가 또 부처님께 사뢰어 말씀드리면 세존은 이렇게 분부한다. 「나는 어느 날 밤에 최고의 깨달음을 얻었다. 그로부터 어느 날 밤 완전한 반열반에 들어갔다. 이 전

후의 기간 중에 나는 한 자도 설하지 않았다. 이미 설한 것이 없었을 뿐만 아니라 앞으로 설할 것이라고 말한 적도 없다. 설함이 없는 것이 부처님이 설하는 방식인 것이다」"(大慧復白佛言, 如世尊所說. 我從某夜得最正覺. 乃至某夜入般涅槃. 於其中間乃至不說一字, 亦不已說當說. 不說是佛說.)고 말한다.

○ **菩提無是處**(보리무시처) : 제9단 최후의 주기를 참조하라.

○ **不可以身得, 不可以心求**(불가이신득, 불가이심구)… : 이 2구는 『유마경』'보살품'(『대정장』 권14, p.542중)의 글이다. 경전에는 「心求」의 2자가 「心得」으로 되어 있다.

○ **一切衆生卽菩提相**(일체중생즉보리상) : 역시 『유마경』'보살품'(『대정장』 권14, p.542중)의 글이다.

○ **菩提無所得**(보리무소득) : 보리라고 하는 것은 취득할 수 있는 어떤 價値體와 같은 것으로 존재하는 것은 아니다. 즉 사물로써 파악할 수 있는 것과 같은 객체적인 법(존대)이 아니다. 만약 그렇다면 그것은 하나의 境(대상)에 지나지 않게 된다.

○ **菩提無住處**(보리무주처)… : 『유마경』'관중생품'(『대정장』 권14, p.548하)의 글이다. 경에 "무주는 대체 무엇을 근본으로 하는가? 무주는 근거처가 없다. 문수사리여, 무주의 근본에서 일체법이 성립한다"고 한다. 무주는 밑바탕이 없는 것. 의지할 만한 기본체를 가지지 않은 것을 말한다. 아무 것에도 의지하지 않는 것이 진실한 의지처가 되는 것이다.

○ **我於然燈佛所**(아어연등불소)… : 『금강경』의 글이다(암파문고본, pp.92, 62 참조). 연등불은 석가모니 부처님이 세상에 출현하기 이전의 과거불 24인 가운데 한 사람이다.

○ **謂將一箇心學取佛去**(장위일개심학취불거) : 「謂」는 대단히 읽기 거북하다. 아마 어떤 자의 오자일 것이다. 「謂將」를 「將

謂」로 하고 있는 텍스트도 있지만 그것에는 전혀 의미가 없다.

○ **本源眞性佛**(본원진성불) : 『전심법요』 제2단 끝의 주기를 보라.

○ **外求有相佛, 與汝不相似**(외구유상불, 여여불상사) : 이 2구는 인도 제8조 佛陀難提의 전법게이다.

11. 수은의 비유

問, 本旣是佛, 那得更有四生六道種種形貌不同.

師云, 諸佛體圓, 更無增減. 流入六道, 處處皆圓. 萬類之中, 個個是佛. 譬如一團水銀, 分散諸處, 顆顆皆圓. 若不分時, 祇是一塊. 此一卽一切, 一切卽一. 種種形貌, 喩如屋舍. 捨驢屋入人屋, 捨人身至天身, 乃至聲聞緣覺菩薩佛屋, 皆是汝取捨處, 所以有別. 本源之性, 何得有別.

【번역】

배휴가 여쭈었다.

"중생이 본래 부처라고 한다면 어째서 또 4생이라든가 6도라고 하는 여러 가지 다른 모습들이 있을 수 있는 것입니까?"

선사가 대답했다.

"모든 부처는 그 본체가 원만하게 충족하고 있어서 거기에 또 늘어나는 것도 줄어드는 것도 없다. 그것이 6도에 轉入

할지라도 그 어느 곳에서나 원만함을 잃지 않는다. 이와 같이 모든 종류의 중생들도 하나하나가 부처이다. 비유하자면 마치 한 덩어리의 수은이 사방으로 나누어 흩어질지라도 그 한 방울 한 방울은 모두 둥근 것과 같다. 만약 분산하지 않을 때는 단지 하나의 둥근 덩어리로 있다. 이 하나가 곧 일체이고, 일체가 곧 하나이다. 여러 가지 姿態들이라고 하는 것도 비유하자면 살고 있는 집과 같은 것이다. 즉 나귀의 집을 버리고 사람의 집으로 들어가기도 하고, 또 사람의 몸을 벗어버리고 천인의 몸으로 태어나기도 하며, 내지 성문 · 연각 · 보살 · 부처라는 집도 모두 너 자신이 어디에 들어가서 살 것인지를 결정하는 것이다. 그 때문에 집의 차별이 있는 것이지만 본래 근원적인 성품에는 무슨 차별이 있겠는가?"

【注記】

○ **四生六道**(사생육도) : 사생은 살아 있는 것의 태어나는 방법을 네 가지 종류로 분류한 것으로 태생 · 난생 · 습생 · 화생의 4종이다. 육도는 중생이 각각의 업에 의하여 삶을 누리는 여섯 가지의 세계, 즉 지옥 · 아귀 · 축생 · 수라 · 인간 · 천을 말한다.

○ **一卽一切, 一切卽一**(일즉일체, 일체즉일) : 『능가사자기』의 '璨禪師傳'에 인용되어 있는 「詳玄傳注」나 승찬의 『신심명』(『대정장』 권51, p.457중)에 보인다.

12. 無緣慈悲

問, 諸佛如何行大慈悲, 爲衆生說法.

師云, 佛慈悲者無緣, 故名大慈悲. 慈者不見有佛可成, 悲者不見有衆生可度. 其所說法, 無說無示, 其聽法者, 無聞無得, 譬如幻士爲幻人說法. 者箇法, 若爲道我從善知識言下領得會也悟也. 者箇慈悲, 若爲汝起心動念學得他. 見解不是自悟本心, 究竟無益.

【번역】

【질문】 "모든 부처님은 어떻게 큰 자비를 베풀어 중생을 위하여 법을 설하십니까?"

【대답】 "부처의 자비라는 것은 無緣이기 때문에 큰 자비라고 한다. 사랑함(慈)이라는 것은 지향해야 하는 이상상으로서 부처의 존재를 인정하지 않는 것이고, 슬퍼함(悲)이라는 것은 제도해야 하는 대상으로서 중생의 존재를 인정하지 않는 것이다. <그 설하는 법은 설하는 것도 없

고 보이는 것도 없으며, 그 법을 듣는 자는 듣는 것도 얻는 것도 없다. 비유하자면 마술사가 자신이 만들어낸 幻人을 향하여 설법하고 있는 것과 같은 것이다.> 이와 같은 理法을「어떻게 제가 선지식으로부터 가르침을 받아 말끝에 이해하여 회득했습니다, 깨달았습니다」라고 말할 수 있겠는가? 이 자비는 어떻게 자네가 마음을 일으키고 사념을 진행시켜 그것(자비)을 배워서 얻을 수 있겠는가? 내가 보는 견해로는 <자신의 本源의 마음을 깨닫지 못하면 결국 아무 이익도 없다>고 생각한다."

【注記】

○ **問(문)** : 이 질문도 앞 제11단의 제1문과 같은 문제의식에 서 있다. 즉 중생이 본래 부처라면 제불이 일부러 중생을 위하여 법을 설할 까닭이 있겠는가라는 의문으로부터 나온 질문이다.

○ **佛慈悲者無緣(불자비자무연)** : 중생을 緣(발판)으로 한「衆生緣慈悲」와 법을 연으로 한「法緣慈悲」는 다르다. 그리고 부처의「無緣慈悲」는 그와 같은 일체의 연이 없는 것이다. 즉 자비를 베푸는 주체도 그 베풂을 받는 대상도 모두 완전히 버려진 곳에서 이루어지는 大悲이다.

○ **其所說法(기소설법)…** : 이미 제10단의「終日說, 何曾說」의 주기에 인용했다.『유마경』의 원문에는「其所說法」으로 되지 있지 않고「夫說法者」로 되어 있다. 그 쪽이 물론 발라서 읽기 쉽다.

○ **者箇慈悲(자개자비)…** : 이미 제10단의「理論者箇法」의 주기

에서 지적했다. 종래의 읽는 방법은 「… 學得他.」라고 읽지 않고, 「學得」에서 구를 끊고 「他」를 하구로 붙여서 「他의 견해는 … 」라고 읽고 있지만 완전히 잘못되었다. 여기의 「타」(그것)는 상구의 「이 慈悲」를 가리킨다.

13. 몸도 마음도 부리지 않는 것이 정진

問, 何者是精進.

師云, 身心不起, 是名第一牢强精進. 纔起心向外求者, 名爲歌利王愛遊獵. 去心不外遊, 卽是忍辱仙人. 身心俱無, 卽是佛道.

【번역】

【질문】 "정진이라는 것은 어떠한 것입니까?"

【대답】 "몸도 마음도 일으키지 않는 것, 그것을 최고의 牢强精進이라고 한다. 겨우 마음을 일으켜 밖을 향해 구해 가는 본연의 자세는 <가리왕이 遊獵을 좋아함>이라고 부른다. 마음을 제거하여 밖에서 놀지 않는 것은 곧 인욕선인이다. 몸도 마음도 함께 없는 것이 곧 불도이다."

【注記】

○ **第一牢强精進**(제일뢰강정진) : 『思益梵天所問經』 권4(『대정장』 권15, p.57상)에 "不退轉이라는 이름의 天子가 말했다. 「모든 법(존재)에 대하여 집착하지도 않고, 단절하지도 않으며, 무엇

인가를 더하지도 않고, 멸하지도 않으며, 거기에 더러움도 깨끗함도 인정하지 않고 법 그 자체로부터 벗어나는 것, 그것이 보살의 제일정진이라는 것입니다. 말하자면 몸도 어떠한 發動을 하지 않고, 마음도 어떠한 발동을 하지 않는 것입니다」라고 한다. 그러자 세존은 불퇴전 천자를 칭찬하며 말한다. 「정말 훌륭하다. 지금 이 천자가 말한 <몸도 어떠한 발동을 하지 않고, 마음도 어떠한 발동을 하지 않는다>고 하는 것이야말로 第一牢强精進이라는 것이다」(於諸法無着無斷無增無減. 不見垢淨出於法性, 是名菩薩第一精進. 所謂身無所起, 心無所起. 於是世尊讚不退轉天子, 善哉善哉. 讚已語思益梵天言, 如此天子所說, 身無所起, 心無所起, 是爲第一牢强精進.)"고 하는 말이 보인다.

○ **歌利王愛遊獵(가리왕애유렵)** : 가리왕(Kali-rāja)의 이야기는 『금강경』에 나온다(암파문고본, p.78). 석존이 전세에 忍辱仙人이었던 때의 이야기이다. 어느 때 가리왕이 궁녀를 데리고 유람차 산으로 나가 나무 밑에서 쉬며 잠이 들었기 때문에 궁녀들은 선인의 처소로 법을 듣고자 갔다. 잠에서 깬 왕은 이것을 보고 화가 나 선인의 귀·코·손·발을 절단했지만 선인은 성을 내지도 않고, 원한을 품지도 않았으며 이것을 잘 견디며 참아내었다고 한다. 여기에 「遊獵을 즐기다」고 하는 것은 원래의 이야기를 조금 변화시킨 것이다.

○ **身心俱無(신심구무)** : 『금강경』에는 "그 때조차도 나에게는 자기라고 하는 생각도, 살아 있다고 하는 생각도, 개체라고 하는 생각도 개인이라고 하는 생각도 없었으며, 또한 생각한다고 하는 것도, 생각하지 않는다고 하는 것도 없었다"라고 말한다(紀野·中村의 두 사람에 의한 범문의 번역. 암파문고본, p.79).

14. 무심의 실천

問, 若無心行此道, 得否.

師云, 無心卽便是行此道, 更說什麽得與不得. 且如暫起一念便是境. 若無一念, 便是境忘, 心自滅, 無復可追尋.

【번역】

【질문】 "만약 무심으로 이 도(理法)를 실천해 가면 괜찮겠습니까?"

【대답】 "무심이 곧 바로 이 도를 실천하는 것이다. 그렇기 때문에 무슨 좋다, 나쁘다고 하는 말 따위는 필요 없다. 예를 들면 잠시라도 한 생각 일으키면 그것이 벌써 경계가 된다. 만약 한 생각이 없으면 그대로 경계(대상)는 망각되는 것이며, 마음은 저절로 소멸하여 더 이상 探求할 것이 없게 될 것이다."

【注記】

○ **得否(득부)** : 「得」은 「괜찮다 · 좋다 · 알맞다」 「그래서 좋다 ·

그런 까닭에 좋다」의 의미이다. 「얻을 수 있다」 「할 수 있다」의 뜻은 아니다.

○ **若無一念, 便是境忘**(약무일념, 편시경망) : 『전심법요』 제6단의 「若欲無境, 當忘其心…」을 참조하라. 거기에서도 지적한 것처럼 「忘」은 「亡」의 의미로 바꾸어 읽어도 좋다. 또 같은 제5단의 「心境雙忘, 乃是眞法」도 같이 참조하라.

15. 삼계를 벗어나야 함

問, 如何是出三界.

師云, 善惡都莫思量, 當處便出三界. 如來出世, 爲破三有. 若無一切心, 三界亦非有. 如一微塵破爲百分, 九十九分是無, 一分是有, 摩訶衍不能勝出. 百分俱無, 摩訶衍始能勝出.

【번역】

【질문】 "3계를 벗어난다고 하는 어떠한 것입니까?"

【대답】 "선도 악도 모두 생각지 않으면 바로 그 자리에서 즉시 3계를 벗어나게 될 것이다. 여래가 이 세상에 출현하신 것은 3유를 부수기 위함이다. 만약 일체의 마음이 없다면 3계도 존재하지 않게 될 것이다. 만약 하나의 미진을 부수어 100分하고, 그 99분까지는 없애버리고 1분만 잔존하고 있어도 대승을 완전히 벗어난 것은 아니다. 그 100분의 미진이 모두 다 없어야만 비로소 대승에서 훌륭히 벗어난 것이다."

【注記】

○ **善惡都莫思量**(선악도막사량) : 육조혜능의 말로 이미 『전심법요』 제16단에 나왔지만 사실 이 말은 하택신회가 최초로 한 말이다. 돈황본 『육조단경』에는 이 말이 보이지 않는다. 자세한 것은 기출의 해당 주기를 보라.

○ **三有**(삼유) : 욕계・색계・무색계의 삼계에 삶을 누리며 살아있는 것(중생)의 각각의 생존을 欲有・色有・無色有의 3종으로 나누어 삼유라고 총칭한다.

○ **如一微塵破爲百分**(여일미진파위백분) : 이 비유는 『금강경』 가운데 삼천대천세계의 티끌을 말하고 있는 것(암파문고본, p.70)에 발상의 힌트를 얻은 것일 것이다.

○ **摩訶衍**(마하연) : Mahāyāna의 음역이다. 큰 수레라는 의미이다. 즉 보수적 소승에 대하여 해방적 민중 불교인 대승의 가르침을 말한다.

○ **百分俱無, 摩訶衍始能勝出**(백분구무, 마하연시능승출) : 반야공의 실천적인 입장을 대승선이라고 한다면 공 그 자체마저도 초월하는 입장은 최상승선의 입장이다. 여래청정선을 일명 최상승선이라 한다. 이는 철저한 반야바라밀이 되지 않으면 안된다. 예를 들면 『돈오입도요문론』 제19단에 "또 이르기를, 대승과 최상승의 뜻이 어떠한가? 답, 대승이란 것은 보살승이고, 최상승이란 것은 불승이다. 또 묻기를, 어떻게 닦아야 이들 가르침을 체득할 수 있는가? 답, 보살승을 닦는 것은 대승이다. 보살의 가르침을 증득하여 다시 관할 생각을 일으키지 않고 닦을 곳이 없는 데에 이르러서 담연히 상적하여 늘어남도 없고 줄어듦도 없는 것을 최상승이라 하며, 이것이 바로 불승이다(又云, 大乘最上乘, 其義云何. 答, 大乘者是菩薩乘, 最上乘

者是佛乘. 又問, 云何修而得此乘. 答, 修菩薩乘者, 卽是大乘. 證菩薩乘, 更不起觀, 至無修處, 湛然常寂, 不增不減, 名最上乘, 卽是佛乘也.)"고 한다. 쉬운 예를 들면 불성을 보았을 때 <불성을 본 것>은 대승선의 입장이고, <불성을 보았다는 생각마저도 없는 것>은 최상승선의 입장이다.

16. 각자 자기의 마음을 깨달아야 함

上堂云, 卽心是佛. 上至諸佛, 下至蠢動含靈, 皆有佛性, 同一心體. 所以達摩從西天來, 唯傳一心法, 直指一切衆生本來是佛, 不假修行. 但如今識取自心, 見自本性, 更莫別求.

云何識自心.

卽如今言語者, 正是汝心. 若不言語, 又不作用. 心體如虛空相似, 無有相貌, 亦無方所, 亦不一向是無, 有而不可見. 故祖師云, 眞性心地藏, 無頭亦無尾, 應緣而化物, 方便呼爲智. 若不應緣之時, 不可言其有無, 正應之時, 亦無蹤跡. 旣知如此, 如今但向無中棲泊, 卽是行諸佛路. 經云, 應無所住而生其心. 一切衆生輪迴生死者, 意緣走作, 心於六道不停, 致使受種種苦. 淨名云, 難化之人, 心如猿猴, 故以若干種法, 制禦其心, 然後調伏. 所以心生種種法生, 心滅種種法滅. 故知一切諸法皆由心造, 乃至人天地獄, 六道修羅, 盡由心造. 如今但學無心, 頓息諸緣, 莫生妄想分別, 無人無我, 無貪瞋, 無憎愛, 無勝負. 但除却如許多種妄想, 性自本來清淨, 卽是修行菩提法佛等. 若不會此意, 縱爾廣學勤苦修行, 木食草衣, 不識自心, 皆名邪行, 盡作天魔外道, 水陸諸神. 如此修行, 當復何益. 志公云, 本體是自心作, 那得文字中求. 如今但識自心, 息却思惟, 妄想塵勞, 自然不生. 淨名云, 唯置一牀, 寢疾而臥, 心不起也. 如今臥疾, 攀緣都息, 妄想歇滅, 卽是菩提. 如今若心裏紛紛不定, 任爾學到三乘四果十地諸位, 合殺祇向凡聖中坐. 諸行盡歸無常, 勢力皆有盡期, 猶如箭射於空, 力盡還墜, 却歸生死輪迴. 如斯修行, 不解佛意, 虛受辛苦, 豈非大錯. 志公云, 未逢出世明師, 枉服大乘法藥. 如今但一切時中, 行住坐臥, 但學無心, 亦無分別, 亦無依倚, 亦無住著, 終日任運騰騰, 如癡人相似. 世人盡不識爾, 爾亦不用教人識不識. 心如頑石頭, 都無縫罅, 一切法透汝心不入, 兀然無著, 如此始有少分相應. 透得三界境過,名爲佛出世. 不漏心相, 名爲無漏智. 不作人天業, 不作地獄業, 不起一切心, 諸緣盡不生, 卽此身心是自由人. 不是一向不生, 祇是隨意而生. 經云, 菩薩有意生身, 是也. 忽若未會無心, 著相而作者, 皆屬魔業, 乃至作淨土佛事, 並皆成業, 乃名佛障. 障汝心故, 被因果管束, 去住無自由分. 所以菩提等法, 本不是有. 如來所說, 皆是化人, 猶如黃葉爲金錢, 權止小兒啼. 故實無有法名阿耨菩提. 如今旣會此意, 何用區區. 但隨緣消舊業, 更莫造新殃, 心裏明明. 所以舊時見解, 總須捨却. 淨名云, 除去所有. 法華云, 二十年中, 常令除糞, 祇是除去心中作見解處. 又云, 蠲除戲論之糞. 所以如來藏本自空寂, 幷不停留一法. 故經云, 諸佛國土, 亦復皆空. 若言佛道是修學而得, 如此見解, 全無交涉. 或作一機一境, 揚眉動目, 秖對相當, 便道契會也, 得證悟禪理也, 忽逢一人不解, 便道都無所知. 對他若得道理, 心中便歡喜. 若被他折伏不如他, 便卽心懷惆悵. 如此心意學禪, 有何交涉. 任汝會得少許道理, 祇得箇心所法, 禪道總沒交涉. 所以達摩面壁, 都不令人有見處. 故云, 妄機是佛道, 分別是魔境. 此性縱汝迷時亦不失, 悟時亦不得. 天眞自性, 本無迷悟. 盡十方虛空界, 元來是我一心體. 縱汝動用造作, 豈離虛空. 虛空本來無大無小, 無漏無爲, 無迷無悟. 了了見, 無一物, 亦無人, 亦無佛, 絶纖毫的量, 是無依倚無粘綴一道淸流, 是自性無生法忍. 何有擬議. 眞佛無口, 不解說法. 眞聽無耳, 其誰聞乎. 珍重.

黃檗際禪師宛陵錄 終

【번역】

선사는 설법의 자리에 올라가서 말씀하셨다.

"마음이 부처이다. 위로는 모든 부처님으로부터 아래로는 꿈틀거리는 벌레를 비롯하여 유정에 이르기까지 대개 살아 있는 모든 것들은 전부 다 불성을 갖추어 있어서 누구나 동일한 마음의 본체를 가지고 있다. 그러므로 달마대사는 인도로부터 와서 오직 한 마음의 법만을 전하여 일체 중생은 태어나면서부터 부처이고 수행을 통하여 부처가 되는 것이 아니라는 것을 直示하였다. 단지 지금 바로 자기 마음을 자각하여 자신의 본성을 보고 알아차리는 것일 뿐 결코 다른 데서 찾으려고 하지 말라."

어떻게 자기의 마음을 자각하는 것입니까?

"지금 실제로 말을 하고 있는 것이 바로 너의 마음인 것이다. 만약 말을 하지 않으면 작용도 하지 않는다. 마음의 본체는 마치 허공과 같아서 모양도 없고, 또한 위치나 방향도 없다. 그렇다고 해서 완전히 존재하지 않는 것이 아니라 존재하고 있으면서도 볼 수 없는 것이다. 그러므로 조사가 말하기를, 「사람의 진성은 깊은 마음의 바닥에 숨겨져 있어서 머리도 없거니와 꼬리도 없다. 그러나 緣에 대응하여 중생을 교화하기 때문에 편의상 그것을 지혜라고 이름붙인 것이다」고 한 것이다. 만약 연에 대응하여 나타나지 않을 때는 그것을 있다고도 없다고도 규정할 수 없지만 바로 호응하여 나타나고 있을 그 때에도 그것을 보이는 자취는 없다. 자기의 마음이 이와 같은 것인 줄 안 이상 지금 다만 <없는> 그 가운데 머물러야 한다. 그것이 곧 모든 부처의 길을 가는 것이다. 경에서 말씀하시기를, 「머무는 곳 없이 더구나 그 마음을 내어야 한다」고 했다. 일체 중생이 윤회전생하는 것은 대상에 사로 잡혀 사념을 영위하고, 마음은 육도를 두루 돌아다니며 멈추지 않아 그래서 갖가지 괴로움을 받는 결과인 것이다. 『정명경』에 이르기를, 「교화하기 어려운 사람은 마음이 원숭이처럼 침착하지 않기 때문에 몇 종류의 법을 사용하여 그 마음을 제어하고, 그 다음에 완전히 心服시킨다」고 한다. 그러므로 <마음이 일어나면 갖가지 법(존재・대상)이 생겨나고, 마음이 소멸하면 갖가지 법도 없어지는 것이다.> 그러한 주장으로부터 일체의 모든 법(존재)은 전부 마음이 만들어 낸 것이며, 그리고 또 인간계 · 천상계 · 지옥계, 육도와 아수라 등도 모두 마음이 만들어 낸 것인 줄을 알아야 한다. 지금 단지 해야 할 일은 무심을 배워 여러 가지 인연을 단번에 종식시켜 망상이나 분별심을 일으키지 않으면 인아의 생각이 없어지고, 탐욕과 성냄도 없어지며, 싫어함도 애착도 없어지고, 이기는 것도 지는 것도 없어지게 되는 것이다. 다만 이와 같은 여러 가지 망상을 없애 버리기만 하면 저절로 본성은 본래의 청정함을 드러내게 된다. 이렇게 되면 곧 보리의 법을 닦는 부처와 같게 될 것이다. 만약 이 뜻을 會得하지 못하면 설사 네가 널리 배우고 애써 수행하며 나무껍질을 먹고 풀을 옷으로 삼을지라도 자신의 마음을 자각하지 않은 이상 그것은 모두 삿된 소행인 것이며, 모두 다 천마나 외도, 물귀신이나 땅귀신이 되고 만다. 이러한 수행이 도대체 무슨 이익이 있겠는가? 지공이 말하기를, 「본체는 자신의 마음이 지은 것이거늘 어찌 그것을 문자 속에서 찾으려고 하는 것인가」라고 했다. 지금 단지 해야 할 일은 자기의 마음을 자각하여 사념을 終止시키는 것이다. 그렇게 하면 망상도 現身의 번뇌도 저절로 일어나지 않게 된다. 『정명경』에 이르기를, 「오직 침상 하나만을 남겨 두고 거기에 병들어 누워있었다」고 하는 것은 이는 마음이 일어나지 않은 것을 말한다. 그와 같이 하여 그는 지금 앓아누워 있기 때문에 외경과의 관계는 모두 끊어지고 망상은 소멸한 것이다. 그것이 바로 보리인 것이다. 지금 만약 마음속이 어지러워 靜止되지 않으면 비록 네가 3승·4과·10지 등 보살수행의 모든 지위(階程)를 배워 통달했다고 할지라도 결국 범·성이라는 상대적인 가치세계에 머무르고 있는 것에 지나지 않는다. 제행은 모두 무상으로 돌아가는 것, 인간의 힘이라는 것은 전부 없어질 때가 있다. 마치 화살을 공중을 향해 쏠 때 화살의 힘이 다하면 땅으로 다시 떨어지는 것과 같이 결국 생사의 윤회로 다시 돌아가는 것이다. 이와 같은 수행은 부처의 본의도 알지 못한 채 허무하게 쓰라린 勞苦를 받을 뿐이다. 어찌 크게 잘못된 생각이 아니겠는가? 지공이 말하기를, 「출세간의 지혜가 뛰어난 밝은 스승을 만나지 못했기 때문에 대승의 법약을 복용해도 효과가 없다」고 하였다. 지금 중요한 것은 모든 때 모든 기회에 일상의 다니고 머물고 앉고 눕는 하나하나의 행동 가운데 오로지 무심만을 배워 무엇을 분별하지도 않고, 어떤 것에 의지하지도 않으며, 또한 무엇에 집착하지도 않고 하루 종일 형편에 맡겨 빈둥빈둥거리며 마치 바보처럼 살아가는 것이다. 세상 사람들이 모두 너를 모르고, 너 또한 세상 사람에게 알려야지 하는 생각이라든가 알려지고 싶지 않다는 등의 생각을 할 필요도 없다. 마음은 마치 단단한 돌과 같이 전혀 금도 균열도 없기 때문에 일체 법이 너의 마음을 뚫고 들어갈 수 없어서 굳건하게 무엇과도 관계를 가지지 않는다.

이와 같이 되어야만 비로소 조금은 상응하는 것이 있다고 하는 것이다. 이렇게 하여 3계라는 차원을 꿰뚫고 나간 것을 부처가 세상에 출현했다고 한다. 마음의 작용을 밖으로 세지 않게 하는 것을 무루지라고 이름한다. 인간계와 천상계의 업(소행)을 짓지 않고, 지옥의 업을 짓지도 않으며, 나아가 일체의 마음을 일으키지 않아 여러 가지 인연이 전부 발생하지 않을 때 이 몸과 마음이 그대로 자유로운 사람(自由人)인 것이다. 그렇다고 해서 아무 것도 전혀 생겨나지 않는 것을 말하는 것이 아니라 단지 자신의 의사에 따라 생겨나는 것이다. 경에 이르기를, 「보살은 자기 뜻에 따라 화신을 생기게 하는 신통이 있다」고 한 것이 바로 그것이다. 만약 마음이 없는 줄을 모르고 모양에 집착하여 여러 가지 소행을 한다면 그것은 모두 마군의 업(소행)에 속하며, 또 나아가 정토의 염불수행을 한다하더라도 모두 업을 짓는 소행인 것이며, 이것이 부처라는 장애를 형성하는 것이다. 그것이 그대 자신의 마음을 장애하기 때문에 그대는 인과의 굴레에 얽매여 일체의 행동이 자유를 잃게 된다. 그러므로 보리라고 하는 이른바 법들은 理法으로서 본래 존재하는 것이 아니다. 여래가 설한 법이라고 하는 것은 실은 모두 사람을 교화시키기 위한 방편인 것이며, 말하자면 마치 누런 나뭇잎을 돈으로 가장하여 일단 어린아이의 울음을 그치게 하려고 하는 것과 같은 것이다. 요컨대 <실로 어떠한 법도 존재하지 않는 것을 아뇩보

리라고 이름한다>고 한 것이다. 이제 지금까지 말한 의미를 알았다면 어찌 사소한 일에 얽매일 필요가 있겠는가? 다만 그 때 그 때 있는 그대로 숙업을 소멸해 갈 뿐 다시 새로운 재앙을 짓지 말라. 그렇게 하면 마음속은 밝고 밝게 될 것이다. 그러므로 지금까지 이미 이루어 놓은 견해(관념)는 모두 말끔히 버리지 않으면 안 된다. 『유마경』에도 「있는 것을 모두 제거했다」고 하며, 『법화경』에서도 「20년 동안 항상 똥을 소제하게 했다」고 한다. 이것은 단지 마음속에 지은 관념을 제거하는 것을 말하는 것이다. 또 말하기를, 「무의미한 의론이라는 똥을 깨끗하게 제거한다」고도 말하고 있다. 다시 말해서 여래장은 본래 공적하여 거기에 남아 있는 것은 아무 것도 없는 것이다. 그렇기 때문에 경에 이르기, 「여러 불국토도 역시 모두 공하다」고 한 것이다. 그런데 만약 불도는 배우고 닦는 것에 의하여 무엇이 이루어진다고 말한다면 이와 같은 사고방식은 가장 중요한 것과는 전혀 하등의 관계가 없다. 혹은 또 하나의 활동이나 하나의 경계를 꺼내 보이기도 하며, 눈썹을 치켜 올리기도 하고 눈을 부라리기도 하는 것으로써 자기가 對處한 자세를 나타내 보여 나는 도와 일체가 되었다고 한다든가 선리를 체험적으로 깨달았다고 공공연하게 말하는 무리가 있다. 그리고 선을 모르는 어떤 사람과 만나면 저 사람은 아무 것도 모르는 녀석이라고 말한다. 만약 그 상대와 論戰을 하여 자기가 유리할 때는 마음속으로 기뻐하지만 만약 상대에게 논파되어 굴복하게 되면 이욱고 마음은 슬픔으로 가득 찬다. 이와 같이 心境禪이 중요한 것과 무슨 관계가 있겠는가? 비록 그대가 약간의 도리를 알았다고 하더라도 그것은 다만 심소법에 불과할 뿐이다. 이와 같은 것과 선도는 어떠한 관계도 없는 것이다. 그러므로 달마대사가 벽을 앞으로 하여 앉았다고 하는 것은 자기 자신의 사념을 절대로 품어서는 안 된다고 하는 것을 보여준 것이다. 그래서 말하기를, 「機心을 잊는 것은 불도이고, 무엇을 분별하는 것은 마군의 세계다」고 한 것이다. 이 인간의 본성이라고 하는 것은 비록 네가 미혹해 있을 때라도 결코 잃어지지 않으며, 또 깨달았을 때라도 역시 새롭게 획득되었다고 하는 것은 아니다. 가지고 태어난 이 자성은 본래 미혹함도 깨달음도 없다. 온 시방의 허공계도 그 근본은 우리 일심의 본체의 투영인 것이다. 비록 그대들이 여러 가지 활동을 영위하여 보일지도 어찌 허공 밖을 벗어날 수 있겠는가? 허공은 본래 크지도 않고 작지도 않으며, 유루도 없고 유위도 없으며, 미혹함도 없고, 깨달음도 없다. <거기에는 한 물건도 없고, 사람도 없으며, 부처도 없다는 것을 똑똑히 보았다.> 거기에는 털끝만큼도 計量할 수 있는 것이 없다. 그것이 바로 의지할 것도 없고 달라붙을 것도 없는 한 줄기의 맑은 흐름인 것이며, 자성 그 자체에 구족된 무생법인인 것이다. 어찌 무슨 의론의 여지가 있겠는가? 진실한 부처는 입이 없기 때문에 설법할 줄 모른다. 진실한 들음은 귀가 없기 때문에 그 누가 들을 수 있겠는가? 편히 쉬십시오."

【注記】

○ **達摩從西天來, 唯傳一心法(달마종서천래, 유전일심법)** : 『마조어록』 제68단 '示衆'에 "달마대사는 남인도에서 와서 오직 대승의 일심법을 전했다(達磨大師從南天竺國來, 唯傳大乘一心之法.)"고 하는 말이 있다(入矢義高, 『馬祖の語錄』, p.190).

○ **直指一切衆生本來是佛(직지일체중생본래시불)** : 제7단에는 더 정중하게 "일체 중생의 본원심의 본체는 본래불이며, …"라고 말하고 있다. 또 이 일단에서 「達摩從西天來」부터 「有而不可見」까지의 부분은 요약한 형이지만 『종경록』 권98에 「黃檗和尙云」이라 하며 인용되어 있다.

○ **卽如今言語者, 正是汝心(즉여금언어자, 정시여심)** : 이것만큼 확실한 발언은 『전심법요』에는 아직 보이지 않았지만 사실 이것은 馬祖大師(709~788)의 의견을 그대로 계승한 것이다. 『종경록』 권14에 인용되어 있는 마조의 語(『대정장』 권48, p.492상)에 말하기를, "자네가 만약 마음[의 본체]을 알고 싶다고 한다면 단지 지금 그와 같은 것을 말하고 있는 것이 자네의 마음 그 자체이다. 그 마음을 부처라고 이름하는 것이며, 또 실상법신불인 것이며, 또 도라고도 부르는 것이다. …(汝若欲識心, 秖今語言, 卽是汝心. 喚此心作佛, 亦是實相法身佛, 亦名爲道. …)"<이 마조의 語는 이미 『전심법요』 제5단의 「與虛空同壽」의 주기에 자세하게 인용해 두었다.>. 또 같은 『종경록』 권98에 인용한 太原和尙의 語(『대정장』 권48, p.942중)에도 "대개 발심하여 입도하려고 생각한다면 우선 자신의 본심을 알지

않으면 안 된다. … 달마가 직지한 마음이라고 하는 것은 지금 실제로 말을 하고 있는 것이 자네의 그 마음인 것이다(夫欲發心入道, 先須識自本心. … 善知識, 直指心者, 卽今語言是汝心.)"고 한다. 이것 역시 마조의 취지를 계승한 것이다. 또 옛날부터 달마의 찬술이라고 여겨져 온 『혈맥론』(『대정장』 권48, p.373중)에도 "그대가 나에게 질문하고 있는 것, 그것이 그대의 마음임에 틀림없다. 내가 그대에게 대답하고 있는 것, 그것이 나의 마음임에 틀림없다. 만약 나에게 마음이 없다면 어떻게 그대에게 대답할 수 있겠는가? 만약 그대에게 마음이 없다면 어떻게 나에게 질문할 수 있겠는가?(汝問吾, 卽是汝心. 吾答汝, 卽是吾心. 吾若無心, 因何解答汝. 汝若無心, 因何解問吾.)"라고 말하며, 마음이야말로 부처임에 틀림없다(卽心是佛)라는 것은 바로 그러한 의미인 것이라고 서술하고 있다. 이것도 역시 분명히 마조의 입장에 선 발언이다.

물론 梁의 寶誌和尙의 『大乘讚』(『대정장』 권51, p.449중)에 "만약 도의 참된 본체를 깨닫고자 한다면 성색도 언어도 배제하지 말라. 언어가 그대로 큰 도인 것이며, 번뇌를 斷除할 필요가 없는 것이다(若欲悟道眞體, 莫除聲色言語. 言語卽是大道, 不假斷除煩惱.)"고 말하고 있어서 마조보다도 훨씬 빠른 선례같기는 하지만 이 『대승찬』이 과연 양대의 저작인지 아닌지에 대하여 의문이 있기 때문에 현재의 발언은 역시 마조로부터 시작된다고 생각해도 좋다(그것은 마조의 종지에 대한 종밀의 검토에 의해서도 旁證된다. 『中華傳心地禪門師資承襲圖』 <암파문고본, pp.216~218> 참조). 또 같은 『종경록』 권98, 吉州思和尙(靑原行思)의 語(『대정장』 권48, p.940중)로써 "지금 말하는 것, 그것이 자네의 마음이다. 이 마음이 부처이고, 또 실상법신불인 것이다(卽今語言, 卽是汝心. 此心是佛, 是實相法身佛.)"고 말하고 있는 것은 마조의 말과 완전히 같은 내용의 발언을 들고 있지만 이것은 도저히 행사의 말이라고는 인정하기 어렵고, 아마 『종경록』의 저자의 부주의에 의한 混同일 것일 것이라고 생각한다.

그런데 이와 같은 일상의 언어나 思念을 그대로 眞心의 발현이라고 하는 입장은 <靈覺性>을 일상성의 영위 그 자체로 인정하는 입장과 같은 것이지만 이것을 본래성과 일상성과를 안이하게 癒着시키는 것으로써 엄하게 비판하는 입장도 한편으로 있다. 예를 들면 南陽慧忠(『경덕전등록』권28)이나 玄沙師備(동상, 권18) 등이 그러하며, 또 石頭希遷도 그러했다. 『전등록』권14에 潮州의 大顚和尙이 처음 석두를 참알했을 때 석두에게 "어느 것이 자네의 마음인가?"라는 질문을 받고 "말을 하고 있는 것이 그것입니다"라고 대답한 바, 석두는 "곧 바로 저리 가"라고 하며 一喝로써 쫓아 버렸다고 한다(那箇是汝心. 師曰, 言語者是. 便被喝出.) →『대정장』권51, p.312하). 또 『전심법요』제5단의 「靈覺性」과 「與虛空同壽」의 주기를 아울러 참조하면 좋다.

○ **若不言語, 又不作用**(약불언어, 우불작용) : 종래 이 2구 전체를 아래의 「心體…」에까지 걸쳐서 「만약 말하지도 않고, 또 마음 쓰는 것을 하지도 않는다면 심체는 … 」라고 읽은 것은 잘못이다. 그렇게 읽으면 이하의 글이 전혀 의미를 이룰 수 없게 된다. 여기에서 말하는 「作用」이라는 것은 마음 그 자체의 자성으로서의 用(functioning)을 말한다. 만약 「말하다」라는 작용을 마음에서 부정한다면 그것은 또 마음의 「自性用」을 부정하는 논법이 되는 것이며, 그것은 암암리에 종밀의 홍주종 비

판(柳田聖山의 해설 참조)에 부응하는 것이기도 하다.

○ **心體如虛空相似(심체여허공상사)** : 제10단의 「此一心法體, 盡虛空…」을 참조하라. 신회는 마음속에 깊이 숨겨져 있는 불가사의한 작용을 거울에 비유하였고, 종밀은 마니보주에 비유하였다. 신회는 거울이 비추지 않을 때 그 자체가 가장 불가사의한 작용을 나타낸다고 보고 無念體上에 자연지를 세운다. 신회의 知는 마조 이후가 되면 知 또는 照(거울의 작용)에 빠지기 쉬운 수동적 정태적 경향에서 탈피하여 일상적인 시위행동 그 자체에 눈을 돌리게 된다. 그렇게 됨으로써 신회일파의 거울의 사유는 타파되기 시작한다. 마조 이후의 사람들은 견문각지 행주좌와가 모두 마음의 작용이고, 日用의 모든 것이 마음의 본질이 아닌 것이 없다고 보았기 때문이다. 무념을 明鏡에 비유한 것이 황벽에 이르면 허공으로 대치된다. 허공은 명암도 없고, 동요도 없다. 태양에도 浮雲에도 구애되지 않는다. 허공은 태양과 부운의 비유 그 이상으로 박진감을 가진다. 그러므로 황벽 이후 당대의 선자는 허공이 새로운 관심사의 하나가 되는 것이다. 참고로 허공에는 여러 가지 속성이 있는데 『종경록』 권6에 無障碍·周徧·平等·廣大·無相·淸淨·不動·有空·空空·無所의 열 가지 뜻을 들고 있다. 여기의 공공은 공마저 공으로 해 버리는 것을 말한다. 다시 말해서 공이라는 그 자체를 실체화하려고 하는 것을 공으로 만들어 버리는 것이다. 즉 공으로써 공을 부정하는 것이 공공이다.

○ **故祖師云(고조사운)** : 인도 제26조 不如密多의 전법게이다.

○ **若不應緣之時(약불응연지시)…** : 『전심법요』 제1단의 「遇緣卽施, 緣息卽寂」과 제5단의 「遇境卽有, 無境卽無」와 같은 취지이다.

○ **經云**(경운) : 『전심법요』 제15단의 주기를 보라.

○ **淨名云**(정명운) : 「淨名」은 維摩의 한역이다. 이 글은 『유마경』 '香積品'(『대정장』 권14, p.553상)에 보인다.

○ **心生種種法生, 心滅種種法滅**(심생종종법생, 심멸종종법멸) : 제10단의 주기를 보라.

○ **無人無我**(무인무아) : 인간이라고 하는 것에 그 본질로서 갖추어져 있다고 想定되는 고정적 · 실체적인 것을 「人我」라고 한다. 「法我」와 함께 얽매인 미망의 사고로써 경계해야할 대상이다. 또 『금강경』(『대정장』 권8, p.750중)에 "아상도 없고, 인상도 없으며, …"라는 의미로 해석하는 것도 가능하다.

○ **卽是修行菩提法佛等**(즉시수행보리법불등) : 끝의 「佛等」을 종래 「부처와 같다」고 읽었다. 임시로 「與佛等」의 의미로 이해해도 또한 문장의 리듬상에서 불안정하다. 원문 자체에 대하여 의문이 남는다. 「곧 이것이 보리 · 법불(법신불) 등을 수행하는 것이다」라고 읽는 방법과 「곧 이것이 [참된] 수행으로서 보리와 법불과는 같다」라고 읽는 방법도 생각할 수 있지만 그것에도 역시 文意上으로 안정성이 없다. 의문으로 남겨 둘 수 밖에 없다.

○ **志公云**(지공운) : 『전심법요』 제15단에서의 인용은 上句가 「佛本是自心作」으로 되어 있다. 거기의 주를 보라.

○ **淨名云**(정명운) : 이미 제5단에 인용되어 있다.

○ **合殺祇向凡聖中坐**(합살기향범성중좌) : 이 구는 종래 誤讀되어 「合殺」을 상구에 이어 「…의 諸位에 이르러 합살하는 것」으로 읽어왔다. 그러나 「合殺」은 부사로서 「필경」 「결국」의 뜻이다. 예를 들면 『朱子語類』 권117에 보이는 「亦未見得他合殺是如何」이라는 것은 「그가 결국 어떻게 했는지도 알 수 없

다」는 의미이다. 또 文天祥의 『指南錄』에 보이는 「眞州를 나가는 詩」 第9首의 序에도 「合殺生則生, 死則死」(어차피 산다면 살고 죽는다면 죽는다)라는 예가 있다. 이 말이 송·원시대에도 아직 사용되고 있었던 것을 알 수 있다. 또 「合殺頭」라고도 한다. 『종경록』 권98에 인용되어 있는 第1代 雲居和尙의 語(『대정장』 권48, p.947상)에 "이상 모두 다 말했지만 결국 아무도 온전히 받아 주지 않았다(盡說卻了, 合殺頭, 人總不信受.)"고 말한다. 또 이와 비슷한 논지는 이미 『전심법요』 제15단에도 보이며, 그 문장까지 거의 같다.

○ **騰騰(등등)** : 말이 달릴 때 발이 땅에 붙지 않고 공중에 떠 있는 상태. 다리가 기우뚱거리는 모습.

○ **如癡人相似(여치인상사)** : 『돈오입도요문론』 제44단에 「世人咸說我癡, 外現瞠瞠暗鈍」(세상 사람들은 모두 나를 어리석다고 한다. 겉으로 드러난 모습은 대단히 암둔해 보이지만)이란 말이 있다. 또 『證道歌』 제23게에 "정신은 청정하고 가풍은 절로 높아, 앙상히 마른 골격 사람들은 보지 않네(調古神淸風自高, 貌顇骨剛人不顧.)"라고 한 것은 모두 분별심이 없는 선승의 모습을 어리석은 사람으로 표현하고 있다. 선승의 이런 모습을 『조당집』에서는 癡人(어리석은 사람), 癡鈍人(바보 같은 사람), 癡兀人, 癡客이라고 묘사하고 있다. 송 대 無垢居士 張九成의 <六祖大鑑禪師贊>에서는 혜능의 모습을 "마치 작은 시골의 촌뜨기와 같다(似三家村裏田舍兒)"고 한다.

○ **透得三界境過(투득삼계경과)**… : 제5단의 「透脫三界凡聖境域, 始得名爲出世佛」을 참조하라.

○ **不漏心相, 名爲無漏智(불루심상, 명위무루지)** : 『전심법요』 제15단의 「無漏智」의 주기를 참조하라.

○ **自由人(자유인)** : 우리는 여기서 동서양의 자유에 대한 관념차이를 읽을 수 있다. 먼저 서양인들이 보는 자유는 주로 외적인 구속으로부터 해방되는 것을 자유라고 보지만 동양인들은 마음의 구속에서 벗어나는 것을 자유라고 보고 있다.

○ **菩薩有意生身(보살유의생신)** : 보살이 신통력으로써 자기의 뜻대로 다른 몸으로 다시 태어나는 것은 『능가경』 권3이나 『승만경』에 설해져 있다.

○ **忽若未會無心(홀약미회무심)** : 「忽若」을 종래에 「허술하게 만약」이라고 읽은 것은 잘못이다. 이 두 자를 합쳐서 가정을 나타내는 부사로 쓰인다. 「조금이라도」「만에 하나라도」의 뜻이다. 간단히 「만약」이라고 읽으면 된다. 「忽」 한 자만으로도 가정을 나타내는 용법이 당대에는 있었다.

○ **但隨緣消舊業(단수연소구업)**… : 『임제록』(『대정장』 권47, p.497하)에도 "다만 인연에 따라 과거의 업을 소멸하며, 사정에 따라 옷을 입고 싶으면 옷을 입고, 가고 싶으면 가고, 앉고 싶으면 앉을 뿐이다. 불과를 희구하고자 하는 일념의 마음조차도 없다(但能隨緣消舊業, 任運著衣裳, 要行卽行, 要坐卽坐. 無一念心, 希求佛果.)"라고 하는 말이 있다.

○ **心裏明明(심리명명)** : 이 1구는 전후의 문맥 가운데서 대단히 불안정하다. 후인이 주기한 코멘트가 실수로 본문에 섞여 들어간 듯 한 생각이 든다.

○ **淨名云(정명운)** : 『유마경』'문질품'(『대정장』 권14, p.544중)의 구이다.

○ **法華云(법화운)** : 『법화경』'信解品'에서 설하고 있는 우화이다(『대정장』 권9, p.17상). 하구의 「무의미한 논의라는 糞을 제거하다」도 같은 신해품(同上, p.17중)의 구이다.

○ **如來藏本自空寂**(여래장본자공적) : 『전심법요』 제10단의 주기를 보라.

○ **故經云**(고경운) : 『유마경』 '문질품'(『대정장』 권14, p.544하)에서 "이 방은 어떻게 하여 텅 비어 시자도 없습니까?(此室何以空無侍者.)"라고 질문한 것에 대하여 유마가 대답한 말이 「諸佛國土, 亦復皆空」이다.

○ **秪對相當**(지대상당) : 「秪對」는 「祇對」 「支對」라고도 쓴다. 「대처하다」 「처리하다 · 일을 매듭짓다」는 의미이다. 「相當」이라는 것은 대상(상대)으로 향해 가는 것, 그것과 대결의 자세를 취하는 것을 말한다.

○ **忽逢一人不解**(홀봉일인불해)… : 종래 이 一文은 「忽逢一人, 不解便道, 都無所知」라고 구를 끊어서 읽고 있었지만 그렇게 하면 의미가 통하지 않는다. 특히 「즉 말하는 것을 이해하지 아니 하고」라고 읽는 방법은 완전히 성립이 불가능하다.

○ **對他若得道理**(대타약득도리)… : 「他」(그)라는 것은 上文의 「一人」을 가리킨다. 「對」는 즉 「秪對」의 뜻이다. 「得道理」라는 것은 상대에 대하여 승리를 얻는 것, 이쪽의 말하는 것이 상대보다도 뛰어난 것. 또 여기와 같은 서술이 제7단에도 보인다. 거기에서는 「强處卽如意, 弱處卽不如意」라고 말하고 있다.

○ **心所法**(심소법) : 마음에 속하는 것, 또는 心的이라는 의미로 복잡한 정신작용을 단지 대상을 식별하는 작용뿐만 아니라 거기에 작용하는 의지 · 감정 · 충동, 더욱이 욕망 · 혐오 등 부수적으로 일어나는 정신현상을 구체적 분석적으로 파악했을 경우에 고찰되는 마음의 작용을 말한다(이상 中村元 감수, 『新佛教辭典』에 의함).

○ **達摩面壁**(달마면벽) : 壁觀이라고도 말하는 명상법. 벽이 안을 지켜 밖을 차단하는 것과 같이 자신의 마음을 지키며 명상하는 것이다. 반드시 실제로 벽을 향하여 앉는 것을 말하는 것은 아니다. 종밀의 『禪源諸詮集都序』, 『경덕전등록』의 달마장, 『釋門正統』의 達摩條 등, 모두 벽관의 의의를 그와 같이 설명하고 있다. 이 달마의 벽관이란 명상법을 도선의 『속고승전』 권20에서 '대승 벽관의 공적은 가장 높다'고 극찬하고 있다. 이 벽관이 나중에 면벽의 뜻으로 바뀐 것이다. 예를 들면 『전등록』에 "그(달마)는 면벽하여 온 종일 묵묵히 앉아 있었으므로 사람들이 벽관바라문이라 불렀다"고 하는 것은 바로 그 뜻이다.

○ **妄機是佛道**(망기시불도)… : 제3단의 끝 2구를 참조하라.

○ **盡十方虛空界**(진십방허공계)… : 제5단의 「盡十方空界, 同一心體」와 같은 뜻이다. 또 이 후의 논지는 이미 제13단 중에서도 전개되어 있다.

○ **無生法忍**(무생법인) : 일체의 법은 본래 공하여 생하는 것이 없다고 하는 진리를 인정하는 지혜를 말한다.

【補 註】

○ 『전심법요』의 제2단 「**恐落空…**」 : 唐 龐居士의 게에 "만약 발심하는 사람이 있다면 참으로 반드시 무작을 배워야 한다. 공에 떨어지는 것을 두렵다고 말하지 말라. 공을 얻는 것도 또한 나쁘지 않다(若有發心者, 直須學無作. 莫道怕落空, 得空亦不惡.)"라고 한다(『종경록』 권40에 인용 →『대정장』 권48, p.652중). 「無作」은 무위와 같다. 『유마경』 '入不二法門品'(『대정장』 권14, p.551중)에는 空・無相과 함께 「세 가지의 해탈문」

이라고 부른다.

○ **同上** 제5단 **「心地法門」**: 『경덕전등록』제5의 '南嶽懷讓(677~744)章'(『대정장』권51, pp.240하~241상)에 마조로부터 "어떻게 마음을 쓰면 무상삼매에 합치할 수 있습니까?(如何用心卽合無相三昧)"라는 질문을 받고 "네가 심지법문을 배우는 것은 종자를 심는 것과 같다(汝學心地法門如下種子.)"고 답하고 있는 것이 아마 이 말의 최초의 예일 것이다.

○ 동상 제5단 **「見法」**: 달마의 찬술이라고 하는 『澄心論』(『鈴木大拙全集』제2권, p.443)에 "일체의 법은 모두 마음이 짓는 것이다. 그 마음은 볼 수 없다. 그 볼 수 없는 것을 <법을 본다>고 하는 것이다(一切法皆是心作. 心不可見. 以不可見是名爲見法.)"고 한다.

○ 동상 제14단 **「無求」**: 『경덕전등록』권6, 百丈懷海(720~814)의 말(『대정장』권51, p.250중)에 "부처는 구하는 것이 없는 사람이다. 그것을 구하려고 하면 달아난다(佛是無求人. 求之卽乖理.)"라고 있는 것도 참조하라.

○ 동상 제15단 **「識自心」**: 『종경록』권98에 인용한 太原和尙의 語(『대정장』권48, p.942중)에 "대개 發心入道하려고 생각한다면 먼저 반드시 자기의 본심을 알아야 한다. 만약 자기의 본심을 알지 못하면 흙덩이를 쫓는 개와 같아서 獅子王이 아니다(夫欲發心入道, 先須識自本心. 若不識自本心, 如狗逐塊, 非師子王也.)"고 한다. 또 같은 권95(『대정장』권48, p.931상)에 인용한 『大莊嚴法門經』에는 修業者는 "단지 자기의 마음을 깨닫는 것만을 유념해야 한다. 왜냐하면 자기의 마음을 깨닫는 것은 곧 일체중생의 마음을 깨닫는 것이기 때문이다(但覺自心. 何以故. 覺自心者, 卽覺一切衆生心故.)"고 하는 설명이

있다. 그러나 오히려 『守護國界主陀羅尼經』권1에 보이는 설명법이 황벽의 취지에 부합한다. "보리를 알고 싶다면 자신의 마음을 깨달아야 한다. 만약 자기의 마음을 깨달으면 보리를 깨닫게 된다. … 보리의 진실한 본성을 알고자 한다면 마땅히 자신의 마음을 깨닫지 않으면 안 된다. 그 자기 마음의 본성이 그대로 보리의 본성인 것이다(欲知菩提, 當了自心. 若了自心, 卽了菩提. … 欲知菩提眞實性者, 當了自心. 如其心性卽菩提性.)." →『대정장』권19, pp.527하~528상. 또 「自心을 안다」는 것에 대해서는 『완릉록』제2단·제16단도 참조할 것.

○『완릉록』제**5**단 **「一等是學…」**: 이 구에 대해서는 일단 의문을 남겨 두었지만 『四家語錄』권5에 실려 있는 황벽의 말에도 「一等學禪, 莫取次妄生異見」라고 한다. 이 문맥에서 보면 「선을 배우기 보다는 쉽게 함부로 異見을 일으키지 말아야 한다」라는 의미일 것이다. 따라서 「一等」은 「같이 … 하기 보다는」의 의미로 풀어야 좋을 것 같다.

찾 아 보 기

【나】

【다】

【라】

【마】

【사】

【아】

【자】

【차】

【타】

【파】

지은이 **活空 唯眞**

1986년 동국대학교 영어영문학과 졸업
1987년 해인사에서 득도
1992년 해인사 승가대학 대교과 졸업
1996년 동국대학교 대학원 불교학과 석·박사과정 졸업 철학박사
현 재 동국대학교 선학과 교수

著 書: 『돈황본 육조단경 연구』『돈오입도요문론 연구』
『윤회의 주체와 실상』『번뇌장·소지장의 연구』

論 文: 「하택신회의 선사상연구」「남종선의 三學一體연구」「신회어록상에 나타난 반야사상」「하택신회의 북종선 비판」「남종선의 실천구조와 수행방법」「돈황본 육조단경의 실천사상」「無念에 대한 고찰」「유마경의 반야사상을 의용한 신회의 선사상」「신회와 혜능의 삼무관에 대하여」「혜능이 선학에 준 공과」「말나식의 성립과 현대적 의미」「신수와 혜능의 득법게에 대하여」「돈황본 <단경>상의 心病에 대하여」 외 다수

傳心法要·宛陵錄 研究

불기 2553(2009)년 3월 20일 초 판 1쇄 인쇄
불기 2553(2009)년 3월 25일 초 판 1쇄 발행
불기 2555(2011)년 9월 10일 초 판 2쇄 발행

지은이 정 유 진
펴낸이 이 규 택
펴낸곳 경 서 원
110-170 서울시 종로구 견지동 55-2
등록번호 제 1-37호 (1980. 7. 22)

☎ 편집부 02) 733-3345
영업부 02) 733-3346
전 송 02) 722-7787

ISBN 978-89-92062-31-2

파본은 바꾸어 드립니다.
값 25,000 원